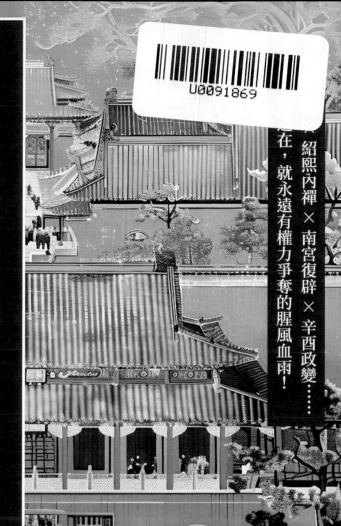

從宮變
談中國宮廷史

張程 —— 著

紹熙內禪 × 南宮復辟 × 辛酉政變……

只要皇位還在，就永遠有權力爭奪的腥風血雨！

歷史變局中，
無盡的鮮血鞏固成牢不可破的皇權

這座巍峨宮門下，曾發生過多少顛覆權力的宮變事件？

兄弟鬩牆、皇位易嗣、兵戎相見、太阿倒持……

在絕對的權力面前，沒有所謂的父慈子孝跟兄友弟恭！

U0091869

目錄

神龍政變：
武則天的最後歲月

太阿倒持：
悍婦與權閹夾擊下的皇權

甘露之變：
從指縫溜走的勝利

紹熙內禪：
從家庭危機中解脫

南宮復辟：
明英宗的第二次登基

辛酉政變：
慈禧的閃亮登場

宮門之內：
魅力與明槍暗箭

宮變簡史：
中國特色的「一二三四」

後記：
一切是皇權惹的禍

鬧朝擊犬：
有關對錯的悖論

　　西元前六百　七年末的一個深夜，晉國正卿趙盾府庭院中的一棵大槐樹上隱臥著一個魁梧的身影。這個身影就是晉國有名的大力士鉏麑。繁茂的枝葉掩蓋了他偌大的身軀，卻掩蓋不住那雙穿透葉隙的充滿殺氣的眼睛。鉏麑是受晉靈公的委託前來刺殺趙盾的。在這個萬籟俱寂的夜晚，晉國首都的權力暗流在靜靜地湧動，逐漸激化成驚天巨浪。

暗殺未遂

這一晚，操勞著晉國大小事務的重臣趙盾根本就睡不著。

離天亮還有兩三個時辰的時候，趙盾停止了在床上的輾轉反側。他索性起床，召喚僕人幫自己穿好朝服。趙盾穿得很仔細、很慢，力圖消磨盡可能多的時間：又讓僕人做好上朝的準備。不料，一切都完備後，夜依然深沉。趙盾嘆了口氣，擺擺手讓僕人們退去，閉著眼睛在臥室裡正襟危坐地等待天明上朝。

夜幕下的趙盾府上經歷短暫的匆忙後又安靜了下來。趙盾閉目養神，希望集中精神清理繁亂的思路。結果他發現這是不可完成的事情。國事、家事、君事、臣事，事事交叉糾纏，事事都不順心，折磨著趙盾的頭腦。趙盾覺得自己是晉國最忙最辛苦的人。迷迷糊糊中，趙盾想起了死去的父親趙衰。

趙家在晉國的興起要追溯到趙衰。當年晉文公重耳流亡各國的時候，趙衰是少數幾個冒死拋家、忠心追隨十九年的大夫之一。十九年後，晉文公即位，將位置極其重要的原地賜予趙家作為封邑。趙衰居原，被稱為原大夫，參與了晉國國政，是晉文公霸業的大功臣。「文公所以反國及霸，多趙衰計策。」趙衰連續輔助了晉文公、晉襄公兩代君主，功勳卓著，地位崇高。父親的經歷和言行對趙盾產生了不可磨滅的影響，不僅是權力上的，更是思想性格上的。趙衰的忠君為國和精心執

政都為趙盾樹立了榜樣。

晉文公當年逃亡的第一站是鄰近晉國的狄人部落。狄人在對外征戰的時候，俘虜了叔隗、季隗兩個女子。公子重耳就娶了季隗。趙衰則娶了叔隗為妻，生下趙盾。趙盾大概在西元前六百五十三年左右出生在狄人地區。在趙盾未滿十歲的時候，父親趙衰又追隨重耳踏上了充滿險阻艱難的流亡旅途。叔隗和趙盾母子飽嘗了離情別緒，生活相當艱難。

趙衰歸國後並沒有去迎接趙盾母子團聚，因為趙衰忌憚自己在國內的正妻、晉文公的女兒趙姬。趙姬相當開明，反而敦促趙衰將趙盾母子接到晉國。叔隗和趙盾這才來到晉國。當時趙盾已經成為了聰明能幹的青年。趙姬深明大義，主動向國君要求，以年長的趙盾為趙衰嫡子，而捨棄自己生的三個兒子。來自狄人部落的趙盾在深明大義的趙姬、賢惠善良的叔隗和寬厚穩重的趙衰三人的薰陶栽培下，迅速成長為翩翩公子。早年在狄人部落的閱歷和之後的正規貴族教育塑造了趙盾既強悍率直、豪爽大度，又知書達理、深諳政治的性情。死前兩年，趙衰就放心地讓趙盾接替自己參與國政，成為晉國正卿。

趙盾主政後不久就遭遇了政治考驗。年輕的晉襄公和父親趙衰同年逝世，國家的政治變動壓力一下子全壓到了趙盾身上。晉國朝野在選擇新國君的時候遇到了難題。晉襄公的太子夷皋還是一個尚在母親懷中的小孩。大臣們普遍擔心君主年幼無知，不能主持國事，對國家不利。趙盾也認為國家正處多事之秋，決定扶立已經成年的晉襄公的弟弟公子雍，並派出了大夫士會等人去秦國迎接公子雍。不料，晉襄公的夫人穆嬴不同意，採取了女人特有的抗議方式。她天天抱著太子夷皋去晉國宗廟哭啼；每次朝會時，她和夷皋也是持續不停地哭泣。穆嬴不僅哭個不停，還公開責問趙盾：「國君臨終前將太子託付給你，說太子能否成為合

格的國君全靠大夫你的教育輔導。現在先君還沒入土，你就要放棄自己的責任，辜負先君的信任嗎？」除了硬的一面，穆嬴還來軟的一面，就差給趙盾下跪求情了。趙盾在軟硬進攻面前，心軟了，最終同意立太子夷皋為新國君。當時公子雍已經在士會等人的陪同下，被秦軍護衛著進入了晉國領土。趙盾還發兵伏擊了公子雍一行，以絕後患。

太子夷皋即位後就是晉靈公。

回憶中的趙盾隱約記得自己當時的感覺是如釋重負，感覺自己獨立邁過了一條政治大河。事實證明，趙盾當年的決策轉變是個不大不小的錯誤。

這一夜，晉靈公夷皋也不能入眠。

下定決心要暗殺趙盾，不是一件容易的事情。趙盾是朝廷重臣，輔政多年，功勞有目共睹；更重要的是，自己的君位是趙盾扶立成功的。如果說趙盾身上有什麼大錯，晉靈公一時也找不到。但是趙盾一站在旁邊，夷皋就覺得全身不自在，心情極其壓抑。最後，他終於忍無可忍了，決定在肉體上消滅掉趙盾。

晉靈公剛登基的時候，晉國大事全由趙盾一人主持，獨攬朝政。那時候夷皋還很小，只記得每天上朝的時候趙盾來回穿梭，指點江山。夷皋忙著在寶座上把玩自己的那些小玩具。客觀上，晉靈公夷皋要感謝趙盾。趙盾的執政使晉國度過了國君更替的政治動盪期，繼續保持了晉國在國際格局中的霸主地位。趙盾將法制引入了晉國。他「制事典，正法罪」，補充和完善原有的法律條文，使賞罰量刑有明確的客觀標準可循；「闢獄刑，董逋逃」，平反冤假錯案，處理瑣碎且過時的案子，穩定社會秩序；「續常職，出滯淹」，進行人事改革，繼續晉國選賢任能的傳統，罷黜庸才和政績平平的官吏。趙盾在全國頒布執行所有的「事典」，深入

人心。在他獨攬朝政的十多年裡，晉國平安無事，穩步發展。

夷皋想到這裡，心裡似乎安慰了一點。突然，趙盾那嚴厲、峻急的形象出現在了自己的腦海中。夷皋不禁渾身顫抖了一下，不安地在宮中踱起步來。

夷皋開始埋怨起母親穆嬴對趙盾的承諾來。穆嬴對趙盾哭訴的時候，說父親晉襄公臨死前給予了趙盾託孤之任。晉襄公到底有沒有將身後的國事託付給趙盾呢？夷皋沒有絲毫印象了。但是母親已經公開這麼說了，當時也沒有人提出異議，夷皋即位後也不能反對。隨著年齡的增長，夷皋更願意將母親的承諾理解為一種政治交換。母親是用國家的輔政大臣之位來換取自己的君位。

就因為母親的那一句話，夷皋度過了十幾年的「虛君」生活。這十幾年中，晉靈公對趙盾的專權越來越不滿。西元前六百二十一年，趙盾被任命為中軍副將，擔任中軍主帥狐射姑的副手。任命發表後，太傅陽處父剛出使衛國歸來。陽處父接受過趙家的恩惠，和趙家關係極好，被公認為是趙氏集團的中堅人物。現在，陽處父竟然矯詔以晉襄公的名義更改了狐、趙兩人的職位，任命趙盾為中軍主帥，狐射姑成為趙盾的副將。晉國一共有三軍，分別是中軍、上軍、下軍。其中中軍是晉軍的精銳，是晉軍的指揮機關。趙盾擔任中軍主帥就成為了晉軍的實際指揮官，利於專權。陽處父私易中軍主副帥自然引起了士谷、梁益耳、箕鄭、先都等大夫的強烈不滿。於是四家聯合攻殺陽處父等人。掌握了實權的趙盾將士谷等四位大夫處以死刑，並逼走了狐射姑，徹底控制了晉國國政。晉靈公夷皋雖然年幼，但對這一切都看在眼中。身為旁觀者，夷皋不清楚趙盾的處境和決策過程，但心中對趙盾的不滿越積越深。

終於，備受煎熬的夷皋派出了刺客鉏麑。

這一夜的第三主角無疑是鉏麑。

鉏麑的心裡也不平靜。鉏麑是刺客，靠暗殺吃飯，但他也是俠客。春秋時期的刺客和俠客是不分的。與後世許多純粹以金銀報酬為目的的刺客不同，鉏麑有自己的價值觀和政治抱負。他出身貧困，沒有世襲貴族的政治遺產，但又放棄不了濟世救民的志向。所以他進入不了正常的政治管道，不能按照正常的遊戲規則參與社會博弈，只能進入非正常管道，或者說是地下社會，當人們說的刺客，當人們說的「混黑社會」。但如果我們用現代人對黑道的態度去對待鉏麑，他一定會急忙反駁。鉏麑是秉持著安定國家、匡扶百姓的崇高理想去當刺客的。所以當晉靈公透過關係告訴他正卿趙盾專權妄為、欺壓君主的時候，鉏麑毫不猶豫地接受了刺殺趙盾的任務。

當鉏麑在大槐樹上觀察到趙盾坐等上朝的情景後，內心有了懷疑。冷靜思考的結果是：趙盾為了晉國的穩定和發展做出許多貢獻，趙盾的個人品德也是值得欽佩的。刺殺這樣一個人是否與自己的志向互相衝突呢？鉏麑握刀的手猶豫了。

僕人多次過來催趙盾抓緊時間休息一下。天亮後除了上朝，還有繁重的國務需要趙盾去處理。趙盾的年紀不小了，徹夜不眠加上繁重的政務，他的身體肯定吃不消。無論僕人催促幾次，趙盾都揮揮手，把僕人趕走了。

鉏麑看到這一幕，心裡更加躊躇。晉靈公的轉告可能有道理，有為君者的苦衷，但趙盾的表現證明他是一個忠臣。鉏麑雖然沒有受到正規的政治教育，但殺忠臣明顯是與自己的理念相悖的。國君是虛無飄渺的，大臣是和百姓直接接觸的父母官。由底層而來的鉏麑很珍惜忠臣。猶豫到四更天，鉏麑下定了決心。他感嘆道：「趙盾不忘恭敬，民之主

也。殺害忠臣，是不忠；違背答應國君的承諾，是不信。殺忠臣，棄君命，都是大罪。我不如選擇其中一罪去死！」說罷，鉏麑跳下大槐樹，再一頭向槐樹巨大的身軀撞去。等趙盾府的僕人聞聲出來的時候，鉏麑已經死了。

鉏麑無奈的這一撞，使自己在中國刺客史上留下了深刻的印記。後人有詩贊鉏麑曰：

> 鉏麑觸槐壯古今，不作庸奴害忠良；
> 俠肝義膽人稱讚，槐開五色顯精神。

這裡我們再來看看鉏麑撞死的那棵大槐樹。這棵大槐樹後來開出了紅、黃、粉、藍、紫五色花朵，傳說這是鉏麑的精神所化。當時人們稱它為多彩槐，後人又稱它為五色槐。「世有五色槐，其樹桿冠似不驚人，槐花之色卻驚世駭俗，紅黃粉藍紫於每瓣之內，大有天工難作之美，而國槐一色者多也，兩色者鮮之，五色於一體者舉世無雙也。」五色槐是中國獨有的特殊樹種，因為它是深植於中國的深厚歷史的。

趙盾聞訊出來看到地上血腥的一幕，馬上明白了是怎麼回事。

鬧朝擊犬

正史和野史的記載對晉靈公夷皋都很不利。

晉靈公即位十多年後，晉靈公才成年。根據歷史記載來看，夷皋不僅沒有達到父親成才的願望，而且不行君道，荒淫無道，是典型的昏君。他推行重稅滿足自己豪奢的生活（厚斂以雕牆）。他最喜歡的娛樂活動就是坐在宮廷臨街的高臺上，用彈弓射百姓或者命令僕人們彈射百姓。看到百姓驚慌躲避或者頭破血流時，夷皋就哈哈大笑，以之為樂。當時晉國的形勢並不樂觀。在國際上，晉國的霸權面臨南方楚國的猛烈進攻，地位不穩；在國內，晉國需要為繼續漸漸力不從心的國際競爭和防範少數民族進攻籌集足夠的軍隊和物資。晉靈公的所作所為和國家發展的方向完全背道而馳，自然招致了包括趙盾在內的朝野的惡感。

大家都知道熊掌其肉難熟，要想做好熊掌是很困難的。一次，晉靈公的廚師就沒有把熊掌做好。晉靈公品嘗後覺得熊掌沒做熟，竟然當場將廚師打死，讓人用蓆子包裹屍體拖出宮廷拋到野地裡去。宮女們出宮的時候，恰好碰見了趙盾和大夫士季。

趙盾知曉情況後，馬上就要去勸諫晉靈公的荒唐行為。士季勸阻說：「您的祿位最高了。如果您進去勸諫，國君聽不進去，那我們這些官小爵微的人再說話就沒作用了。不如讓我先進去規勸國君，如果他聽不進，您再進去進諫也不遲。」趙盾同意了。士季入宮後伏地行禮。夷

皋裝作沒看見。士季起步靠近他再行大禮，夷皋還是裝作沒看到。第三次，士季幾乎走到了國君的座位前面行禮，夷皋才假裝看見他。不等士季開口，夷皋就說：「大夫不要說了，寡人知道自己的過錯了，從現在起一定改正過錯。」士季大喜過望，行稽首禮祝賀道：「誰能沒有過錯？有錯就改，善莫大焉。國君知錯就改，是國家的大幸，是百姓的大幸。督促國君勤政，是我等大小臣工的職責。只要君臣同心，晉國就永遠不會衰落。」出來後，士季告訴了趙盾結果，兩人都很高興。

誰能想到晉靈公夷皋是那種積極且迅速地承認錯誤，但只停留在口頭，堅絕不改正的人。他滿口承認錯誤，承諾改正，只是為了避免大臣們囉唆的進諫而已。第二天，夷皋我行我素，飲宴荒誕如常。這一次，趙盾火氣更大了，毫不留情地當眾進諫，言辭激烈。迫於趙盾的地位，自知理虧的晉靈公不得不當眾承認自己的過錯，表示接納諫言。幾天後，夷皋就故態復萌了。趙盾陸續又勸諫了多次，言辭越來越激烈；夷皋每次都當眾承認錯誤，表示改正，但就是不改。君臣多次在朝堂殿外爭吵起來，當然總是趙盾在教訓夷皋。晉國流傳很廣的一條政治新聞是：正卿趙盾在桃園（一個名字叫做「桃」的園子，而不是種滿桃樹的園子）門前圍堵國君夷皋，堅決不讓國君去玩。如此反覆，夷皋在心中產生了暗殺趙盾之心。

我們反過來猜測一下晉靈公的內心。沒有人天生就是虐待狂和殺人魔。同樣，只要稍有智商的君王都不會任由國家沉淪下去，更何況這還是自己的祖宗家業。晉靈公夷皋生長在作為春秋霸主的晉國，從小耳濡目染祖宗的豐功偉業，掌握著春秋最強大國家的政權。他既不是弱智白痴，也不是天生的昏君。他的心中肯定有自己的執政思路，有自己的外交抱負──暫且不論它們對不對，成熟不成熟。夷皋和每一個正常的君

主一樣，希望做一個勤政有為的君主。前提是你有政務讓他去做，有決策讓他去裁定。可惜的是，趙盾長期主政晉國，很能幹，也做得很好，同時也嚴重削弱了夷皋的權力，限制了夷皋的作為。也許在趙盾眼中，夷皋永遠是那個在穆嬴懷中的小孩，永遠是需要自己輔佐的國君。但他忽視了，現在的夷皋已經長大了。相對無所事事的夷皋覺得精力無處發洩，不知不覺地選擇了逃避，用奢侈享樂來麻痺自己，性情也變得暴戾了。他的表現又反過來加深了趙盾認為國君還很幼稚，需要自己輔政的想法。衝突就此產生，而且越來越大，最終導致了國家的不幸。

夷皋暗殺趙盾的表面上看起來是昏君對忠臣的迫害，實際上卻是虛君對權臣的抗爭。

晉靈公一計不成，再生一計。這一次，他吸取教訓，精心策劃了一場宮廷刺殺。

國家的實權掌握在趙盾家族手中，晉靈公不敢採取光明正大的方式剷除趙盾，只好繼續使用「下三濫」的手段。晉靈公非常喜歡養狗，並且在曲沃建造狗圈飼養訓練猛狗。他甚至讓狗穿戴上等品質的衣服，吃常人難以獲得的美味佳餚。據說佞臣屠岸賈為了討好晉靈公，拚命誇讚晉靈公的這個愛好。晉靈公和狗在一起的時間越來越長了。當鉏麑行刺失敗的時候，晉靈公又一次來到了狗圈。看到凶猛活躍的猛狗時，他計上心來。

晉靈公命人扎一個趙盾模樣的稻草人，再挑選一條最凶猛的惡狗。惡狗先被餓了三四天，再被放出來。晉靈公再讓人拿著鮮美的腸子引誘惡狗，但先不給惡狗吃。接著，將腸子當著惡狗的面裝進稻草人的「胸部」。結果可想而知了，餓極了的惡狗掙脫鏈條，撲向稻草人，三五下就把稻草人撕開，掏出腸子來吃得乾乾淨淨。訓練得久了，惡狗就形成了

條件反射，認為「趙盾」胸中有美味的腸子，一看就有撕咬的欲望。晉靈公覺得時機成熟了。

晉靈公隨即裝出痛改前非的樣子，邀請趙盾來宮廷赴宴，共商國是。這是一場鴻門宴。晉靈公不僅把餓了好多日的那條惡狗安排在宴會廳屏風後面，還在殿堂裡暗藏一隊甲士，只等擲杯為號，出來殺害趙盾。安排好雙保險，晉靈公誠懇地向趙盾發出了邀請。

趙盾不知有難，欣然赴宴了。隨行的只有車伕提彌明一人。

宴會開始，晉靈公先說了很多承認錯誤的話，表示之後一定要勵精圖治，還請趙盾等大臣多多輔助。君主都這麼說了，趙盾半信半疑也只好向晉靈公祝賀。酒過三巡，晉靈公不經意地對趙盾說：「寡人聽說正卿久經戰陣，全靠了一把鋒利的佩劍。不知正卿能否解來佩劍，借寡人觀賞一下啊？」春秋時期，大臣們上朝還是可以佩帶武器的。趙盾毫無防備之心，就要解下佩劍，遞給晉靈公。

堂下的提彌明見狀，大吃一驚。大臣雖然可以佩劍上殿，但當著國君的面拔劍，是大不敬的行為。晉靈公此舉，無疑是要從趙盾身上得到一個斬殺他的藉口。覺察這一陰謀的提彌明趕忙登上朝堂對趙盾大喊道：「臣下陪同國君飲酒，超過三爵就不合禮節了！」趙盾猛然驚醒。晉靈公也大吃一驚，愣住了。趙盾回頭看去，只見晉靈公的眼睛褪去了先前承認錯誤的誠懇，閃現出殺機。趙盾多次衝殺戰陣，情知大事不好，慌忙起身告辭，往堂外跑去。提彌明配合地上去把趙盾扶下堂來。兩人急步下堂。

晉靈公迅速反應過來，高呼放狗、甲士殺出。一時間，人奔犬吠，都撲向趙盾二人而去。餓了多日的惡狗最先衝到趙盾背後，就要向趙盾的後心咬去。就在惡狗飛身躍起，情況千鈞一髮之時，提彌明轉身彎

腰，一手扼住惡狗的喉嚨，一手托住惡狗的身子，將牠高高舉起。不等惡狗掙扎，提彌明狠命地把惡狗摔在地上。惡狗哀鳴了幾聲，死了。

提彌明摔死惡狗後，卻耽誤了逃跑的時間，被衝上來的甲士團團圍住。另一邊，趙盾沒能跑到大門口，也被逼了回來。主僕二人被一圈圈長矛利刃緊緊逼迫。提彌明不等敵人逼近，猛地拔出趙盾的佩劍，拉著趙盾殺向大門。甲士們沒有料到趙盾和提彌明冒死突圍，更被提彌明的氣勢所震撼，漸漸讓出了一條路。提彌明大喊殺敵，左突右衝，掩護著趙盾踏上了宮門。晉靈公惱羞成怒，跺著腳在堂上高呼，莫要放走了趙盾！甲士們硬著頭皮殺向宮門。提彌明一把將趙盾推出宮外，毅然轉身堵在門口，瘋狂揮劍退敵。血戰中，提彌明多處受傷，最後一腿跪地作戰，直至身亡倒地。

這時，奔出宮門的趙盾到處尋找不到自己的車子。他年紀大了，加上朝服肥大累贅，一時間不知道如何是好。更要命的是，宮廷甲士又陸續圍了上來。其中有一個甲士跑得最快，趙盾都能看到他的面容了。趙盾頓時有一種上天無路、入地無門的感覺。誰想，圍殺趙盾最快的那位武士突然丟開長矛，一把背上趙盾就跑。那人還邊跑邊說：「正卿放心，我這就帶您去車子那。」趙盾驚魂稍定，忙問他是誰。只聽那甲士說道：「您還記得桑樹下的奄奄一息的那個人嗎？」原來趙盾一次在首山（即首陽山，今山西永濟縣東南）打獵時中途在一片桑樹林中休息。休息時，趙盾發現不遠處一棵桑樹下躺著一個人，就過去問他是否生病了？那人回答說自己已經三天沒有吃東西了，又放不下臉皮去乞討，所以在桑樹下等死。

趙盾於是給他乾糧。那人狼吞虎嚥了一半，突然停了下來，把剩下的包起來不吃了。一問，原來他的家中還有老母，也是三日未進食。趙

盾好心地送了他更多的食物和肉，並給了他一百枚錢讓他找點事情做。此人名叫靈輒，後來進宮當了衛士。當天靈輒參加了圍殺趙盾的行動，念及舊情，更是不想殺害忠臣，就在趙盾的生死關頭挺身而出相救。靈輒將趙盾背上他的車輛，猛拍了馬匹，看著趙盾駕車衝入大街，他才自己尋路逃亡。

趙盾灑淚上車，催馬向城外跑去。甲士們衝到大街上時只看到趙盾車輛揚起的長長灰塵。

晉靈公夷皋的宮廷刺殺行動失敗了。

遭到國君迫害的趙盾僥倖逃脫後，選擇了逃亡。

趙盾帶上兒子趙朔，緊急逃出首都，準備逃往國外。他的這個舉措為自己贏得了聲譽。趙盾其實具備反攻晉靈公，為自己討個說法的能力——歷史上的權臣經常這麼做，但他主動逃避，正好說明了他並沒有謀逆之心。看之後事態的發展，如果趙盾脫險後就聚集力量，不論是攻打宮廷，還是自衛，他在歷史上的評價都將會是另外的情況。

我們不知道趙盾在流亡途中的言行。事實上，趙盾逃亡的時間非常短。幾天後，晉靈公就被趙家的勢力殺死了。有關晉靈公之死的關鍵內容，正史上的記載簡單得不能再簡單了。這就為傳聞的流傳生長提供了肥沃的土壤。流傳最廣的說法是趙盾還沒有逃出國境，就在逃跑的途中巧遇了自己的族弟、晉靈公的姐夫、將軍趙穿。趙穿之前不在首都，聽到趙盾的哭訴後，異常憤怒。他讓趙盾先不要出國，自己再去和晉靈公「談談」。趙盾就在國內找了個地方暫住了下來，不久便傳來了趙穿殺死晉靈公的消息。

有關趙穿刺殺晉靈公的傳說版本也有兩個。其中一個版本是趙穿先去找晉靈公講理，問他為什麼要謀殺趙盾。然而晉靈公不但不聽，還對

趙穿惡聲惡語。憤怒的趙穿就帶領軍隊一擁而上，在桃園殺死了晉靈公。第二個版本被記錄在了《東周列國志》中，是這樣的：趙穿進了宮後，哭哭啼啼，主動向小舅子承認錯誤，還主動要求懲罰與趙盾同族的自己。晉靈公很感激，自然沒有處罰趙穿，而是更信任姐夫了。趙穿之後幾日一直陪著晉靈公在桃園遊玩，趁機指出桃園缺乏強大的護衛力量。晉靈公就放心地讓趙穿組織一支護衛力量。趙穿挑選親兵組成了桃園的衛隊，還向他們灌輸了晉靈公是昏君，逼走忠臣趙盾的思想。這一晚，夜很深了，晉靈公還在桃園飲宴。趙穿很輕易就率領衛隊殺死了晉靈公。

《史記》對這麼重要的事件，只有記錄下一行字：「盾遂奔，未出晉境。乙丑，盾昆弟將軍趙穿襲殺靈公於桃園。」這是典型的「春秋筆法」。趙穿弒君是難以否定的。但晉國的史官既沒有說趙盾參與趙穿刺殺晉靈公的謀畫，也沒有說趙盾對趙穿的行為毫不知情。趙盾在整個事件中角色和地位模糊不清。

晉靈公死後，趙盾返回首都，仍然執政國家。他主持立晉襄公的弟弟、晉靈公的叔叔黑臀為新國君。這就是晉成公。晉成公並沒有追究趙氏家族的責任，對趙盾等人相當客氣。晉國恢復了一團和氣。

難判對錯

趙盾在君位更替後，面臨著心靈的煎熬。

趙盾重掌大權後，非常在意史官對晉靈公之死的記載。於是他就把太史令董狐找來，詢問他的記錄情況。董狐坦率地把大事紀錄給趙盾，讓他親自去看。上面赫然寫著「秋七月，趙盾弒其君。」董狐還告訴趙盾，這段紀錄已經在朝野公布了。趙盾猛然感到一陣晴天霹靂。

春秋歷史紀錄和史官的地位遠遠高於之後的朝代。史官們忠實地記錄發生的一切，百姓們都信任歷史紀錄，將歷史紀錄作為前後相望、褒貶人物的主要依據。政治人物雖然權力、金銀、美女什麼都有了，但依然逃不過輿論和歷史的評判。他們尤其在意歷史紀錄。趙盾當即質問董狐：「先君不是我殺的！我當時並不在都城，你怎麼讓我承擔弒君罪名呢？」董狐坦然回答說：「您身居相位，的確在國君被弒時逃亡了。但您沒有走出國境，而是居留在國內，歸來後又不懲辦凶手。凶手又是您趙家子弟。您說您沒有參與弒君，誰能相信呢？」趙盾聽後嘆息說：「為臣者，行為一定要謹慎。我就是一個教訓啊！」

趙盾的感嘆引起了後人更多的感嘆。宋代文天祥的〈正氣歌〉裡就有這個典故：「在齊太史簡，在晉董狐筆。」後人普遍認為，晉靈公被殺時，趙盾逃奔在外，應該是沒有參與對晉靈公的刺殺行動，認為董狐的記載是對趙盾的不公。孔子就為趙盾惋惜：「趙宣子，古之良大夫

也，為法受惡，惜也，越竟乃免。」孔子認為趙盾是忠臣，如果他當初能夠逃過邊境，那麼之後的評價會對他有利得多。晉景公三年（西元前五百九十七年），混到司寇的屠岸賈計劃誅殺趙氏家族，就承認：「盾雖不知，猶為賊首。」可見，即使是趙盾的政敵也認為趙盾確實不知道弒君一事。但是沒有確定的證據證明趙盾沒有參與弒君行動的謀畫，趙盾在這件事情上怎麼樣都是說不清楚的。正如他感嘆的，為臣者的確要萬分謹慎才行。

趙盾和趙穿殺死晉靈公更立他人，客觀而言，開了晉國大臣專權的先例。

晉靈公沒有為君之道，行為失當，典籍有確鑿的記載。趙盾等人力諫無效，趙盾還招來殺身之禍。在這樣的情況下，晉靈公的死解決了很多問題，既處理掉了君臣衝突，也為晉國的勵精圖治提供了可能。但在整個事件的背後，趙氏的專權是不可否認的歷史事實，趙盾不僅是忠臣，還是幹臣。在趙盾執政期間，晉國的霸業繼續維持，他的政績是需要肯定的。趙盾輔佐晉靈公、晉成公兩代，維持了晉國國力和國際地位的穩定，為晉景公在春秋後期的復霸及一連串勝利奠定了基礎。只是這一切都建立在權臣專制的基礎上。

晉靈公的遇刺也發揮了推動大臣專權的作用。晉成公即位後，晉國統治集團中需要緩和政治緊張氣氛。晉成公就對以趙家為主的卿大夫做出了更多的讓步，立卿大夫嫡子為公族，餘子為公室，庶子為公行，賜給土地，作為食邑。趙盾的異母弟趙括被封為公族大夫，兒子趙朔娶晉成公女兒為妻，並受封「旄車之族」使掌公行。

早在晉獻公時期，晉國就開始了君弱卿強的趨勢。

晉國是經歷了以小宗武力取代大宗的內亂才穩定下來的。晉獻公

時，晉國為了吸取之前公室相爭的歷史教訓，對同姓公族舉起了殺戮的屠刀和放逐的鞭子，任用異姓大臣進入權力核心。也就是說，最後瓜分晉國領土的趙、韓、魏三家都是春秋前期受封的卿大夫，對晉國的霸業和守成都有著巨大的貢獻。他們長期承擔了國家政權的運轉。趙家就是在這樣的背景下逐漸掌握晉國政權的。

這裡就有一個君主和臣工之間的關係難題：君主離不開臣工的輔助，而成為賢臣，輔佐君主成就大業也是多數臣工的人生目標，歷史上有多少人夢寐以求成為趙盾那樣大權在握、推行抱負的大臣呢？可我們也必須意識到，沒有君主希望永遠被置於受輔助的狀態。中國古代君主從小就被灌輸了天之驕子、普天之下莫非王土、乾綱獨斷等思想。時間越往後推移，君主對天下視如己出的觀念，對權力的渴望就越強。於是，君主和賢臣的權力衝突就出現了。對君主來說，他和權臣、賢臣的鬥爭是理所應當的；而臣工們在輔佐君王之前，最好想清楚君主是否需要這樣的幫助。君臣關係可能是古代歷史上最難處的人際關係了。弄不好就刀光劍影，讓人唏噓不已。

我們舉兩個歷史上的例子。乾隆朝的和珅是個弄權的大貪官，乾隆本人多少也知道和珅的所作所為。但和珅做到一點，那就是他弄權有著自我約束，他可是時刻維護著乾隆的權威！當時的天下可能沒有人比和珅更照顧到乾隆的情緒，維護乾隆的權力了。乾隆本人始終大權獨攬，沒有任何受威脅的感覺。所以乾隆對和珅始終寵愛。

諸葛亮可能是古代讀書人入仕時效仿的最大的楷模。在蜀漢政權中，諸葛亮是難以否定的權臣，國家事無大小俱決於諸葛亮府上。幸好劉禪是個傻子（或者是在裝傻），蜀漢君臣才沒有爆發權力衝突。在三國實力對比中，蜀漢的力量是最薄弱的，最經不起權力衝突，更需要君臣

顧全大局。諸葛亮固然可敬，但切不可成為學習的為臣榜樣。如果讓乾隆和諸葛亮成為搭檔，國家不出現權力衝突才怪。君臣的權力衝突沒有對錯可言。君臣各有道理，關鍵是顧全大局，尋找權力的平衡點。筆者覺得最和諧的君臣狀態是制度成熟的明朝。有興趣的讀者可以去看看黃仁宇的《萬曆十五年》，裡面對君臣關係有精彩的描述和精闢的論斷。

晉靈公夷皋和趙盾的權力衝突，也不能用對錯來評斷。

晉景公時，四朝元老趙盾逝世，享年五十多歲。晉國給趙盾諡號宣孟。

晉景公也對趙家的龐大力量憂心忡忡。他成功地利用朝臣衝突幾乎滅亡了趙氏之族。而十五年後，趙家的遺腹子趙武在趙家殘餘勢力和其他公卿大家的支持下重新恢復了趙家，參政執政。古典戲劇中有兩個名劇《鬧朝擊犬》和《趙氏孤兒》，說的就是趙家勢力在晉國的沉浮。人們感嘆趙家傳奇經歷的同時，卻很少想到晉國分裂的種子正在這段時期萌芽、成長。以後，異姓大臣的勢力在晉國坐大。晉厲公為了扭轉這個趨勢，加強公室，曾利用大臣間的衝突誅滅掌權大臣，但他自己卻被自危的兩家大臣欒氏、中行氏殺死。晉國君弱臣強的局面成為了不可逆轉的定局。晉昭公以後，晉國形成了強大的范、中行、智、韓、趙、魏六卿，公室已不復成為重要力量。國家內政開始因為六卿之間的爭權奪利而激烈動盪。

吳國的季札出使晉國的時候就敏銳意識到「晉國之政，卒歸此三家（趙、韓、魏）」的必然性結局。春秋後期，六卿屠殺公族，細分國君直接控制的土地，進一步削弱公室，「晉益弱，六卿皆大」。六卿之間也展開了殘酷的鬥爭。西元前四百五十七年，智、趙、韓、魏四家攻滅並分占了范氏、中行氏的土地。晉出公怒了，公卿大夫竟然背著國君私分土

地。他計劃聯合齊、魯討伐四卿。四卿卻反過來進攻晉出公。晉出公兵敗，逃往齊國，結果死在了路上。人們不禁要感嘆：天道真的是變了。趙、韓、魏又聯合滅亡了智氏，瓜分土地。晉幽公時期，晉國國君害怕三位大夫的力量，反過來朝拜韓、趙、魏三大夫。西元前四百○三年，周王冊封韓、趙、魏為諸侯。一個超級大國以解體的方式退出了歷史舞臺。

晉國就是沒有處理好權力悖論而走向解體的反面典型。

專諸刺王僚：

褪去的春秋道德

　　春秋時有一位刺客成就了一場政變，而這場政變也成就了這位刺客，讓他成為刺客的千古代表和效仿的楷模。這場政變就是吳國公子光發動的推翻吳王僚的政變，這位刺客就是專諸。公子光和吳王僚的權力恩怨，伍子胥和專諸的精彩表演，讓一場簡單的爭權奪利的政變變成了膾炙人口的傳說。

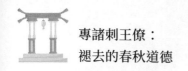

劍已出鞘

西元前五百一十四年冬天，遠在郢都的楚平王的死訊在吳國首都姑蘇掀起了軒然大波。

吳國覬覦楚國的國際地位和領土財富已經很久了。無奈從哪方面比，吳國和楚國都類似於小蛇與大象的比例。儘管吳國是一條靈活多變、富有進取精神的小蛇，依然熬不過楚國的正面打擊。在過去的二三十年時間裡，吳國騷擾楚國的邊境地區、蠶食楚國的附庸小國，勝多敗少，仍沒有在實質上改變兩國的實力對比。吳國需要的是一次能夠置楚國於死地的機會。楚平王的死訊傳來後，公子光堅持認為吳國等待的機會終於來到了，鼓吹吳國趁楚國國喪的混亂時期出兵伐楚。吳王僚表示贊同。伐楚一事就此拍板定了下來。

第二年春天，吳國的精銳部隊在姑蘇舉行了隆重的出征儀式。吳王僚的兩個弟弟蓋餘、屬庸擔任伐楚主帥，將軍鋒指向楚國的潛城。吳王僚率領百官親自到城門口為兩位弟弟送行。當時正是江南的春天，小草已經萌芽，林木已經復甦，花蕾等待綻放的機會。大軍出征時，整個姑蘇都沐浴在初春陽光的照耀下和群情激昂的氛圍中。將士們陸續出發，大群百姓圍觀送行，有熱烈歡呼的，有戀戀不捨的，也有父母祝福兒子、妻兒揮別丈夫和父親的。

為了取得伐楚戰爭的圓滿成功，吳王僚派出了吳國行人（負責外

交）、三叔季子季札出使晉國，觀察中原諸侯對吳國伐楚行動的反應，化解可能的外交阻力。同時，吳王僚的兒子慶忌北上鄭國、衛國等地，試圖聯繫這些對楚國不滿的國家共同出兵，參與對楚國的攻城略地。即使不成功，也可以防止這些國家站在楚國一邊與吳國為敵。

在熱熱鬧鬧的人群中有一雙沉靜陰冷的目光。這雙目光從公卿隊伍中越過吳王僚的肩膀，注視著這個場面。成群結隊的百姓和一張張奔赴戰場的面容彷彿都與他無關。他也許是唯一一個與周密的政治軍事部署、與轟轟烈烈的出征場面無關的人。他並不在乎這次伐楚行動的成敗。從某個角度來說，他甚至希望這些國家精銳部隊一去不復返。

這個人就是鼓吹伐楚最賣力的公子光。

公子光的父親是吳王諸樊。身為長子的公子光並沒有在父親之後成為吳王。這一直是他心中的隱痛。

公子光的爺爺吳王壽夢死的時候，並不想立公子光的父親諸樊為繼承人。他屬意的人選是小兒子季札。但季札卻不想做君王，百般退讓。最後，諸樊身為長子，成為了新的吳王。《史記》上說諸樊只是「攝行事當國」，也就是暫時行使國君的權力。因為季札依然是全國上下認為理所應當的新君主。現在季札不願意擔任吳王，就由大哥諸樊暫時坐了王位。

人們為什麼擁戴季札呢？因為季札是一個道德高尚、能力出眾的公子。這在文教非常薄弱，處於春秋各國邊緣的吳國來說是一件非常罕見的事情。季札曾經遊歷中原，對各諸侯國的音樂分別作出了精闢的評論，讓對吳國始終擁有文化優越感的中原諸侯不禁對吳國刮目相看。季札出使鄭國的時候見到了重臣子產，一見如故。季札對子產說：「鄭國的統治階層生活奢侈，這樣是持久不了的。貴國的國政必將委託到您的身

上。您他日為政，一定要謙虛禮讓。不然，鄭國將敗。」季札第一次出使的時候經過徐國。徐國國君非常喜歡季札的佩劍，想要索取，但又不好意思明說。季札看出來了，願意以佩劍相送。但因為還有外交任務，要出使多個國家，不能沒有佩劍，所以沒有送給徐國國君。季札返回吳國時又經過了徐國，先前的徐國國君已經死了。季札於是將佩劍繫在徐君墳墓的樹上，離開徐國。有隨從不解地說：「徐君已經死了，為什麼還要把劍送給他啊？」季札說：「不然。我心中早就已經把佩劍送給徐君了，怎麼能夠因為他的死而違背自己的心願呢？」結果，季札出使了中原諸侯國一周，滿載盛譽而返，大大地風光了一回。時人都尊稱他為季子。

　　季札在政治上其實是一個不貪戀權力、閒雲野鶴般的人物。這樣的人在政治界很少見，卻是實實在在存在的。當諸樊的生命也走向終結的時候，權力問題就出現了。諸樊始終將自己定位為「守夜者」和「看門人」，虛位以待弟弟季札。一旦季札想即位的時候，諸樊就會將王位「物歸原主」。沒料到自己的生命走到了季札的前面，他依然想傳位給季札。這一次季札又拒絕了。諸樊兄弟四人，長幼排序是諸樊、餘祭、餘眛、季札。諸樊見季札無意繼位，也不立太子，規定了王位依照兄弟的次序傳遞下去，希望最後把國君的位子傳給季札。

　　諸樊死後，餘祭繼位。餘祭死後，傳給餘眛。餘眛死後，季札還在壯年，朝野擁戴季札登位。季札還是逃避不肯就位，吳國人選擇擁立餘眛的兒子僚為國君。吳人說：「先王有命，兄卒弟代立，必致季子。季子今逃位，則王餘眛後立。今卒，其子當代。」因為兄終弟及的次序沒辦法繼續了，僚於是成為了吳王。

　　諸樊的兒子公子光非常不滿，曾經對親信說：「如果以兄弟為次，那麼三叔季子應當立為王；如果以兒子為序，那麼我才是繼承人，當立為

王。」公子光認為按照子承父業的次序，王位應該回到長子這一系，由自己即位。因為吳王僚的實力比公子光強大，並且得到了相當的民意支持，公子光在僚即位之初不敢輕舉妄動，表面上支持吳王僚。暗地裡，公子光蓄養謀臣武士，以求推翻吳王僚自立。

血腥政變的種子就此種下了。

公子光也好，吳王僚也好，都是一時人傑。

公子光在八年後討伐楚國，大敗楚師，在居巢扶持了傀儡力量干涉楚國內政：同年又率軍北伐，打敗陳、蔡兩國軍隊。一年後，公子光又主持伐楚，攻占了居巢、鍾離兩地。在吳國朝野看來，公子光是一個能臣幹吏。但功勞越大，資歷越深，公子光的心理就越不平衡，他漸漸認為身旁的吳王僚搶奪了自己的寶座。隨著時間的推移，公子光的心理失衡變得更加嚴重。

吳王僚執政十三年，帶領吳國穩步邁向了強國之位。吳國是一個遲到的大國，因為吳國的來歷沒有定論，其國境位於今天中國江蘇省南部蘇州一帶，據說發源於梅里一帶。傳說周文王的伯父太伯和仲雍為了將他們的王位讓給周文王的父親季歷，出逃到江南地區領導當地的原住民建立了吳國。周朝建立後，王室派人尋找太伯和仲雍的後人，得知他們建立了吳國後，正式冊封吳國為諸侯。這個傳說的準確性無可考證，很有可能是吳國人為了往自己臉上貼金，增加血統的高貴而編造的。

真實的考古挖掘表明，直到春秋中期，吳國的社會都不發達，只能算是天下邊緣的一個次要小國。吳國到春秋時才剛剛開始從中原引入君主制度。儘管吳國與中原的諸侯國交往越來越密切，但很少有諸侯拿正眼去看它。這樣的情況在晉國實行「聯吳制楚」策略後才得到扭轉。當中原國家停止了戰爭，尤其是晉、楚兩大國四十多年內沒有再發生戰爭

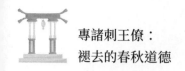

時，外交的中心轉移到了東南地區。

吳王僚並沒有讓晉國失望。西元前五百一十九年，吳王僚率公子光等，興兵進攻楚國控制的淮河流域要地州來（今安徽鳳臺）。楚平王即命司馬蔿越率楚、頓、胡、沈、蔡、陳、許七國聯軍前往救援，令尹子瑕帶病督軍。進軍途中，子瑕病亡，蔿越被迫回師雞父。此時，吳王已移軍鍾離，尋找戰機。公子光認為，楚國聯軍同役不同心，主帥又剛死，士氣必然不振；代理元帥蔿越不負眾望，難以統御全軍，建議吳軍乘機進擊，以奇襲取勝。吳王採納公子光建議，揮軍前進，於古代用兵所忌的晦日七月二十九突然出現在雞父戰場。蔿越倉促以六國軍隊為前陣，掩護楚軍作戰。吳王以左、中、右三軍主力預作埋伏，而以不習陣戰的三千囚徒為誘兵攻胡、沈、陳軍。

剛接戰，吳國的誘兵就潰退而逃，三小國軍隊貿然追擊。三國軍隊很快遭到伏擊而失敗，吳軍俘獲胡、沈兩國的國君和陳國的大夫嚙。這時候，吳國又採取了一個計策，故意釋放了俘虜，讓他們逃回聯軍營地，謠傳國君被殺了。吳軍在後面乘勝擂鼓吶喊進攻，許、蔡、頓等軍在謠言和吶喊的大軍面前，喪失了鬥志，不戰自潰。在後面督戰的楚軍原本想以小國軍隊為掩護，還沒來得及列陣就受到前面潰軍的猛烈衝擊，在吳軍的進攻面前潰不成軍，大敗而回。吳軍奪取了州來。州來戰役象徵著吳國成為了天下外交格局的重要力量，不僅戰鬥勇敢，而且計謀出眾，絲毫不亞於中原任何國家。東南方向的吳國在這個時期為天下帶來了巨大的驚喜，也為春秋後期歷史塗抹上了亮色。

吳王僚和公子光在不同的地位上為國家做出了突出的貢獻。如果兩人能夠珠聯璧合，攜手合作，極可能為國家帶來更大的發展。可權力的貪念往往大於國家利益。公子光的雙眼被王位的光芒所照耀，不能顧及

其他了。政變是可怕的，聰明的人發動的政變更可怕；兄弟相殘是可悲的，原本可以和睦共處、和衷共濟的兄弟相殘更可悲。

　　當吳王僚派出伐楚大軍的同時，身後的公子光已經握緊了腰間的佩劍，鞘劍分離了。

籌備再三

公子光手中最鋒利的劍不是腰間的佩劍，而是伍子胥。

若干年後，當公子光即將告別人世的時候，他召見最多的人不是兒子夫差，而是伍子胥。公子光將身後之事都託付給伍子胥，並且要求夫差像對待自己一樣對待伍子胥。公子光和伍子胥兩人共同經歷了政治風雨，經歷了危機，也分享了榮耀。彌留之際，公子光恍惚中又聽到了伍子胥流浪時在姑蘇街巷吹奏的笛聲。

正是這悠揚深厚的笛聲吸引了公子光。當時公子光正疲倦地坐在車上，謀劃著如何奪取那夢寐以求的王位。他面臨的最大問題是實力的差距。姑蘇城裡遍布忠於吳王僚的軍隊和大臣們，自己的力量實在太弱了。公子光越想越頭痛，皺著眉頭閉目養神。恰恰在這時，一陣悠長、厚重、難以捉摸的笛聲傳入了耳朵。公子光馬上喜歡上了這個聲音，細細品味起來。這笛聲似乎滿含著不滿和抗爭的意圖，但這種意圖是掩藏在層層寬容、灑脫的外衣後面的。這由遠及近的身影多麼契合自己的心意啊。

公子光睜開眼睛尋找演奏者。那是一個衣衫襤褸的老人，有著花白的頭髮，魁梧又骯髒的身體和一雙逼視前方旁若無人的眼睛。他吹著笛子，緩緩地經過公子光的車輛。周邊奔跑著一群嬉笑遊戲的孩童，不停地用柳枝抽打著吹笛人，叫他瘋子。公子光連忙讓車伕跟隨著這個怪

人，繼續觀察著他。沿途有幾個好心的老人遞給吹笛人若干米糧。吹笛人都不卑不亢地接受了。「噢，原來是個乞丐啊。」車伕不經意地說了一句。公子光微微地搖了搖頭。公子光的車輛一直跟隨他到了他棲身的一間破茅屋，心裡盤算著改日專門前來拜訪，結交這個怪人。這個吹笛人就是伍子胥。

幾天後，公子光果然來找伍子胥。破茅屋裡已經人去屋空了。公子光茫然若失，不過他馬上就又見到了伍子胥。這一次是在朝堂上。原來吳王僚也發現了伍子胥，將他請進宮來，促膝長談。吳王僚認定伍子胥是不可多得的人才，拜他為吳國的大夫。

公子光這才知道伍子胥的名字，知道他原來是流亡到姑蘇的楚國將領，知道他的祖父是邲之戰中赫赫有名的伍參。伍子胥的實際年齡遠遠比他的外表要年輕。家族在楚國被楚平王族誅後伍子胥僥倖逃生。艱苦的生活和報仇心切讓他過早地衰老了。伍子胥出逃到吳國的過程充滿傳奇色彩。正史中涉及得不多，民間傳說卻很多。什麼「蘆中人」、「過昭關」、「一夜白頭」等說的都是伍子胥。他真的是九死一生才逃奔到吳國的首都姑蘇。滿懷報仇之心的伍子胥最初只能在姑蘇街頭吹笛賣藝，乞討為生。伍子胥被任命為大夫後，公子光心中一沉。伍子胥似乎非常感激吳王僚，吳王僚也就又多了一個親信。多一個人才被吳王僚所用就為自己的爭位之路增加了一點障礙。公子光心裡一直是這麼想的。

伍子胥擔任大夫之初，見識非凡，很得吳王僚的信任。沒幾天，復仇心切的伍子胥就吳楚兩國的關係現狀、吳國的應對政策做了詳細的分析，強烈建議吳國在昏庸的楚平王統治晚期興兵伐楚，並願意充當先鋒。伍子胥在楚國為將多年，才能出眾；他的這篇報告數據詳實，感情充沛，說動了吳王僚。吳王僚同意出兵伐楚。公子光知道後，偷偷進宮

勸諫吳王僚說：「這是伍子胥為了一己私仇，要動用吳國的軍隊為他復仇。伐楚不論成敗，伍子胥都出了口氣。但我們吳國不能這麼草率。」吳王僚冷靜想想，認為伐楚的時機的確尚未成熟，收回了伐楚的決定，並對伍子胥有了不好的看法。伍子胥大為失望，公子光暗暗高興。之後公子光多次在吳王僚耳邊說伍子胥的壞話，吳王僚對伍子胥的印象更差了。伍子胥見事無可為，主動掛冠而去，到姑蘇城外的菜園耕種為生去了。

如果平常人遭遇伍子胥這樣的坎坷和困頓，肯定會志向消磨，雄心不再。但是伍子胥不是平常人，不僅報仇滅楚之心不滅，還敏銳地發現了公子光的不臣之心。吳王僚和公子光同樣的雄心勃勃、能力出眾。吳王僚不可引以為助了，伍子胥主動向公子光的陣營靠攏。公子光和伍子胥一拍即合，引為親信。兩人在治國外交、行軍作戰等許多問題上都思想相通，尤其是在推翻吳王僚、伐楚強吳兩大問題上達到了完全的默契。

伍子胥一邊在城外種菜，一邊替公子光出謀劃策。

伍子胥認為要想推翻吳王僚，最便捷的方法就是刺殺。

刺殺成功與否關鍵看刺客。伍子胥成功地從民間挖掘出了「千古第一刺客」專諸。「專諸者，吳堂邑人也。」東南土地多出溫柔書生，但專諸偏偏就是慷慨激昂、捨生取義的壯士。專諸生長在一個並不美滿的家庭中。其父終日不務正業又沉溺賭博。性情暴躁的他常常對妻子拳腳相加；其母賢惠持家，但生性軟弱，對丈夫的欺凌逆來順受。據說一次，專諸父親不顧母親的苦苦哀求，要拿家裡僅有的一點口糧出去賭博。母親死死抱著父親的腳不讓他出門。父親一腳將她踢倒。正在門口劈柴的專諸見狀一躍而起，緊握柴刀堵在父親面前，死死地盯著父親。專諸身

上的殺氣瀰漫開來，把經過他家門口的狗都嚇得趴在路上不敢動了。專諸的父親也被兒子的殺氣所震懾了，不僅將口糧放了回去，而且再也不敢出去賭博了。當時專諸只有十二歲，憑此事名動鄉里。後來專諸的父親死了，他和老母親兩人相依為命，過著非常貧困的底層生活。

伍子胥是怎麼挖掘出專諸的呢？《史記》上的說法是這樣的：一次，專諸當街與一大漢廝打，眾人力勸不止，重重圍觀。專諸並不是虎背熊腰、五大三粗的人，但面對大漢沒有絲毫怯意，英勇搏鬥，竟然將大漢打得沒有了還手之力。這時，人群中進來一位老婦人，對著專諸輕輕一喚，鬥志蓬勃的專諸馬上停手，乖乖地跟著老婦人擠出了人群。有認識的人說這位老婦人就是專諸的老母親。伍子胥恰巧路過，見到專諸的勇武和孝順，印象很深，便結交專諸，並把他推薦給了公子光以圖大業。民間有傳說則認為是伍子胥主動去認識專諸的。據說專諸以廚師為業，一次在水邊釣魚，遇到了一位落魄的大漢前來乞討。專諸沒有簡單地給大漢剩飯剩菜，而是平等地接濟了大漢，還對大漢有所鼓勵和鞭策。這個大漢就是流亡途中的伍子胥。從此兩人成了朋友，伍子胥越來越發現專諸膽識過人，有勇有謀，就推薦給了公子光。

總之，伍子胥把專諸從社會的最底層提拔進入了「士階層」。在春秋時代，刺客不是簡單的殺手，不像後代的刺客一樣為了金銀錢財就會去取人性命。當時的刺客和俠客是合而為一的。他們擁有自己的信念與抱負，如果與心意不符，再多的錢財也買不動他們。因此，即使是後世的儒學大師也將春秋刺客和殺手嚴格區分，將他們視為「士人」。但春秋刺客又不是尋常的士人，他們的任務不是為臣為將，而是以性命來實踐理想，冒險刺殺政治障礙。公子光對專諸禮遇有加，平等相待，物質充沛。專諸很認同公子光的政策主張，對公子光的禮遇非常感激，願意執

行刺殺吳王僚的重任。於是原本與專諸無關的政權更迭和宮闈政變現在都與他緊密相關了。

專諸就在公子光的門客群中隱藏了起來。當時的貴族都有蓄士養士的風俗，也沒有人懷疑。民間和文藝作品中則說專諸放棄優越的生活，重新和老母親過起了貧困的生活，以免他人懷疑。

伍子胥和專諸兩人設計了一套刺殺吳王僚的周密計畫。

首先，伍子胥找到了一把刺殺的利刃：魚腸劍。魚腸劍，又名魚藏劍，傳說是鑄劍大師歐冶子為越王所制。他用赤堇山之錫和若耶溪之銅，經雨灑雷擊，得天地精華，製成了五口鋒利無比的利劍，分別是湛盧、純鈞、勝邪、巨闕和魚腸。關於魚腸之名的來歷，一說是由於劍身上的花紋有如魚腸，凹凸不平，因此得名；另一說是由於它小巧得能藏於魚腹之中。有人就懷疑這麼小的劍再鋒利，畢竟太短小輕薄，能刺殺成功嗎？其實，真正的刺客並不在乎工具的大小長短，關鍵是適合。吳王僚深居簡出，護衛重重，哪有機會讓一個手持重器或者長劍的陌生人靠近呢？因此，針對吳王僚的理想凶器必須符合兩大要求：短小易於隱藏，鋒利能夠保證殺傷。魚腸劍完全符合這兩個要求。

其次是尋找接近吳王僚的機會。吳王僚有一個嗜好：吃烤魚。這個嗜好讓伍子胥等人發現了機會。專諸專門去太湖邊學習製作烤魚的本領。經過三個月的勤學苦練，專諸做得一手好烤魚，並成為了太湖邊小有名氣的廚師。

最後，為了保證吳王僚被刺死後順利地接收政權，還要將效忠吳王僚的軍隊和親信盡可能地調離。剛好楚平王死了，伍子胥在悲嘆不能手刃仇敵，親自為父兄報仇的同時，意識到政變的良機來到了。於是他建議公子光勸說吳王僚出兵伐楚，並且讓公子光裝病避免被派遣領兵。公

子光就在上車的時候假裝跌倒，扭傷了腳踝。吳王僚於是派遣兩個弟弟率領姑蘇的精銳部隊伐楚；又將忠勇的兒子慶忌和依然受到民心擁戴的季子派遣到中原地區輔助伐楚大業。姑蘇城中變成了公子光和吳王僚的對決，便利了公子光的政變。

　　現在是萬事俱備了。

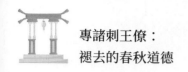

魚藏劍

伐楚的吳國大軍在前線遭遇了狙擊。楚國發兵斷絕了蓋餘、屬庸兩人的後路，吳軍進退不得，坐等後方援助。

於是公子光對專諸說：「機不可失，時不再來！我光才是吳國王位的所有人，早就應當被立為吳王。等我殺了王僚登上王位，即使三叔季子回來了，也不能廢黜我。」專諸也表示同意：「吳王僚的死期到了。他現在是母老子弱；兩個弟弟又在伐楚路中，動彈不得。方今我們吳國外困於楚，而內無骨鯁之臣，正是我們動手的良機。」公子光鄭重地對專諸行禮說：「光的身家性命就拜託你了。」專諸慷慨承諾了下來。

第二天，公子光告訴吳王僚說自己新招了一個太湖廚師，做得一手好烤魚，請國君晚上到自己家中赴宴。吳王僚答應了。公子光回家「準備」去了，除了張燈結綵恭候國君到來外，還把私養的武士武裝過後，暗藏在家中的地下室裡；伍子胥則帶領另外一隊武士，埋伏在公子光府邸周圍，準備由外向內打配合。

吳王僚對公子光的感情是複雜的。

首先，吳王僚和公子光是堂兄弟，曾經有著親密的感情。小的時候，兩個人時常在一起玩耍學習。成為吳王後，吳王僚多次派遣公子光，或者和公子光一起領兵作戰，多有斬獲。在長期共事中，公子光是自己的左膀右臂，功勞不小。照理說，吳王僚對公子光的感情會更深。

可惜不是。吳王僚在心靈深處對公子光有著深深的戒意。因為家族的權力傳承制度太複雜了，再加上公子光的能力實在太強了。權力傳承制度的糾葛讓吳王僚即位十多年後仍然對在手的權力不放心。父親死後，並沒有明確的材料，更別說制度來明確自己的權力。吳王僚只是憑藉當時多數人的意見被推舉為國君的。當時有可能繼位的公子人選很多，除了僚，還有光。在一定意義上，光比僚更有繼位的優勢。公子光畢竟是長子長孫。吳王僚覺得自己的即位是僥倖結果，並沒有厚實的基礎。公子光的能力越強，功績越大，對吳王僚的威脅就越大。

吳王僚也深知兄弟爭權對國家不利。他常常覺得自己對公子光的猜忌是以小人之心度君子之腹。他對公子光表現得非常信任，非常優待，非常尊重。逢年過節，吳王僚對公子光都賞賜有加；對公子光征戰失敗和其他錯誤，吳王僚也相當寬容。這一切都是為了國家的利益。但涉及威脅到自身權力和安全的時候，吳王僚從不假手公子光。

接到公子光誠摯的宴會邀請後，吳王僚猶豫了一下，隨即答應了。吳王僚對去公子光家裡吃烤魚有一種莫名的擔憂，但一想到國家利益和兄弟情誼還是答應了。不就是去吃頓飯嗎？公子光走後，吳王僚又猶豫了起來，怕公子光有陰謀。這十幾年來，吳王僚每當做出有關公子光的決策時，都要猶豫再三。想到這，吳王僚安慰自己說：沒事，我多留點心，防備嚴密一點，不會有問題的。傍晚出門前，吳王僚先穿上三重盔甲，再套上外衣。

「也許，光只是想和我吃吃烤魚，聊聊天而已。」上車前，吳王僚冒出了這麼一個念頭。

公子光家的這場晚宴充滿了刀光劍影。

吳王僚為了保證安全，下令將公子光府邸嚴密戒備。公子光府周圍三步一崗，五步一哨；從門口到廳堂內外布滿甲士。這些王宮武士都操

長戟，帶利刀，全副武裝。吳王僚還攜帶了不離左右的親信。為了保證食物的安全，親信們仔細檢查了食材和調料；為了保證現場的安全，宴會四周也遍布甲士。每一位上菜的廚師先被搜身，再跪著用雙膝前進送菜。整個過程中都有甲士將刀架在廚師的脖子上。

公子光心中忐忑起來，不能確信專諸能否刺殺成功。箭已射出，不能回頭了。晚宴按計畫舉行，公子光頻頻勸酒，吳王僚和親信們吃喝得也很愉快。觥籌交錯中，公子光頻繁皺眉，露出痛苦的表情。吳王僚好奇地詢問是怎麼回事。公子光謙恭地說，前幾天乘車時受的傷還沒有痊癒，每天都疼，並請求允許自己先行下去為腳部上藥止痛。吳王僚沒有起疑，很客氣地同意了，還說了注意傷病之類的話。廳堂中只剩下吳王僚和他帶來的親信和武士了。

公子光離開廳堂後，特意繞到廚房門口，看了一眼專諸。專諸埋頭做烤魚，就像什麼情況都沒有發生一樣。公子光深吸了一口氣，閃到了地下室。在地下室裡，公子光穿戴好盔甲，佩上利劍，靜靜地等待上面廳堂裡的變化。

專諸做好烤魚後，捧著菜盤，進獻給吳王僚。在廳堂門口，有人接過菜盤，有人將專諸的衣服剝下，對專諸全身進行了搜查。確信沒有武器後，兩列武士夾著專諸，將刀架到他的脖子上，讓他赤膊跪地用膝蓋前行。專諸的烤魚做得很好，香氣四溢，一進入廳堂就吸引了吳王僚的眼睛和鼻子。吳王僚示意專諸將烤魚端到桌子最靠近自己的一邊。兩邊的武士特別允許專諸前傾到桌子上，將烤魚放到吳王僚的身前。專諸跪在地上，挺直腰板，前傾將魚盤放到吳王僚的前面。就在魚盤落地的那一刻，專諸的右手迅速滑進盤中的魚肚子裡，摸出暗藏其中的魚腸劍，猛刺向吳王僚。專諸用力之大，行刺之快，極大增加了鋒利的魚腸劍的

力量，劍竟然穿透吳王僚的三重盔甲刺穿了他的胸膛！那一瞬間，血光飛濺，吳王僚大吼一聲，仰面倒地而亡。這位對吳國發展有著巨大功績的國君來不及細想就一命歸西了。

兩旁的武士也出手迅速，一擁而上，刀戟齊下，將專諸砍為肉醬。廳堂中出現了片刻的沉默。吳王僚的鮮血沾滿了桌子，也遮擋住了親信和武士們的正常思維。在這一關鍵的片刻時間裡，這些人是有機會突圍而出，和府外軍隊會合，扭轉局勢的。但良機在他們的面面相覷中流逝了。公子光聽到廳堂的響動後，率領伏兵齊出撲向廳堂。吳王僚帶來的人很快就被盡數剿滅。府外的伍子胥也消滅了周圍的王宮衛士，趕進府內和公子光會合。

公子光、伍子胥兩人戎裝在身，率軍進宮。匆促召集的大夫們紛紛見風轉舵，表示擁戴公子光為新吳王。公子光改名闔閭，終於坐上了夢寐以求的寶座。

闔閭既立，迅速穩定了局勢。

為了感念專諸，闔閭將專諸葬在了泰伯皇墳旁，葬禮優厚，並拜專諸之子專毅為上卿。伍子胥被擢升為吳國行人，負責外交。伍子胥和專毅兩人後來在吳國滅楚戰役中都成為了核心。而沾滿鮮血的魚腸劍則被函封，永不再用。

在伐楚途中苦撐的蓋餘、屬庸兩人得到宮廷政變的消息後，抱頭痛哭了起來。《史記》說兩人率軍向楚軍投降了。後人考證出司馬遷記錯了，蓋餘和屬庸當時棄軍逃跑了。遠在中原的吳王僚之子慶忌則招兵買馬，立志要為父親報仇。國內外的反闔閭勢力都聚攏到慶忌周圍。闔閭很快就派出刺客成功刺殺了風頭很盛的慶忌，境外的反闔閭勢力四分五裂。這三位吳王僚的至親都沒對闔閭造成實質影響。但當三叔季子出使晉國歸來後，

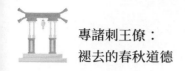
闔閭的地位才真正受到了威脅。季子跑到吳王僚的墓地放聲大哭。當時季子依然受到國內的擁戴，比闔閭更具有即位的合法性。季子依然保持著閒雲野鶴的性情，與世無爭。當闔閭恭敬地要將王位讓給三叔，請三叔順應民意的時候，季子淡淡地說：「這王位是你奪得的，你就坐吧。」季子依然當他的大夫。民間則傳說季子退出朝野，歸隱山林。闔閭這才坐穩了王位。吳國即將迎來更大的發展，登上歷史的巔峰。

反思光與僚的爭鬥，它無關國家、道德、責任的神聖與光榮，只是個人意念之爭。歸根結柢，權力才是罪魁禍首。吳國先輩混亂了權力繼承的秩序，想當然地認為要將王位傳給品行高潔的某個人（季子），為此錯過了多次明確權力序列的機會（壽夢死時，諸樊死時）。要知道權力傳承制度是政治的核心內容之一。歷史上的宮門之變多數因此而起。非正常的權力傳承不僅是動亂的泉源，即使完成了平和的權力交接，也往往在野史和民間留下諸多的疑問。可惜春秋時的吳國人似乎不明瞭這一點。

在你爭我鬥的政治場中，季子無疑是一個另類。有人將吳國的宮廷流血事件歸咎為季子個人的不明事理。季子多次退讓了送到眼前的王位。如果他接受了吳國就會避免流血嗎？我認為並不見得。兄終弟及的順序和父死子續的順序，其衝突始終會存在，說不定季子死後吳國宮闈流血再起。而我們對季子不僅不能責備，反而應該用一種崇敬的目光瞻仰他。畢竟在你來我往、非名即利的政治場上，季子的存在實在是太難得了。我們不能用骯髒的政治潛規則去要求一個品行真正高潔的君子。這場政變的另一個重點是專諸的成名。有人說他是「一劍酬恩拓霸圖」，有人說他是被公子光犧牲掉的棋子，也有人說他是「士為知己者死」。總之，專諸千古揚名了。

季子與專諸，可能是這場政變其中最令人欣慰的兩名人物。

巫蠱之禍：
流血的父子情

　　發生在武帝晚年的巫蠱之禍撲朔迷離，眾說紛紜，是西漢王朝史上最大的謎團。這場災禍延綿數年，牽連誅死者包括太子、皇后、嬪妃、公主、皇孫等皇室成員和丞相等公卿大臣。都城長安在劇變最激烈時期日夜籠罩在刀光劍影之中，街道溝壑盡是屍體。謎團歸謎團，巫蠱之禍對王朝政治所造成的破壞是實實在在的。它導致了帝國統治上層的嚴重危機，釀成了一連串的命案，也促成了漢武帝末期的政治轉向。

巫蠱風起

　　所謂的巫蠱之禍在徵和元年（西元前九十二年）冬天的十一月就出現預兆了。

　　當時京城長安聚集了許多方士和巫師。在西漢社會中一直存在的巫蠱風氣此時旺盛了起來。京城的百姓紛紛求助巫蠱來排解煩惱，安撫心靈。有許多女巫公開在宮中來來往往，教宮中的嬪妃們唸咒。嬪妃也許是長安城中最需要巫蠱幫助的人群了。她們生活壓抑，長期照耀不到陽光，雖然錦衣玉食，卻承擔著巨大的心理壓力和各種明槍暗箭。

　　情況在當年的十一月發生了變化。在位的漢武帝對巫蠱現象採取了行動。朝廷發三輔騎士先是在皇家的上林苑大張搜捕之網。整頓巫蠱的行動從皇室開始，「以身作則」，迅速蔓延到全長安城。朝廷關閉長安城門，在城裡進行地毯式搜查。搜查行動持續了十一日才告一段落。史載：「巫蠱起。」

　　負責整頓巫蠱行動的「專案組長」名為江充。漢武帝任命江充為使者負責整頓巫蠱。江充帶領著許多胡巫（少數民族的巫師、巫婆們）在長安城裡這邊看看，那邊轉轉，一有風吹草動就掘地三尺搜尋偶人。誰敢有半句怨言，就被銬上鎖鏈押送監牢。江充一行人抓捕了許多參與巫蠱的人，也抓捕了許多在夜裡祭祀的人。

　　所有被捕的人看起來都證據確鑿。胡巫們每當看到「鬼」的時候，

受懷疑的地方就會出現汙染和巫蠱的跡象。有人上前理論就被抓到監牢中「驗證」，燒鐵鉗灼，屈打成招。在酷刑之下，百姓們相互誣告指認，導致被捕的人越來越多。這些人都被冠以「大逆亡道」的罪名遭到屠殺。在這段時間裡，受到巫蠱株連而死的前後有數萬人。

六十七歲的漢武帝劉徹沒有看到這一切。六十七歲在西漢已經算是極其高壽了，活到這個年紀的漢武帝出現了許多生理和心理上的毛病。絕大部分時間，他沒有住在長安城內的長樂未央宮，而偏愛城外的甘泉宮（今陝西省咸陽市淳化縣城北甘泉山南麓）。在甘泉宮裡，這位西漢最偉大的君主靜靜地調養著飽受疾病困擾的身體。遺憾的是，老年人的心理問題遠比生理毛病難以調理。將中國君主專制制度推向前所未有高度的劉徹累了，面對牢牢在握的權柄疑惑了起來。他感覺自己的權威正面臨潛在的威脅，變得不自信了；他不能確認威脅潛在什麼地方，因此要多重出擊，即使不能將暗箭掐死在搖籃裡，也能用威權震懾住敵人。晚年劉徹當時最主要的近臣就是江充。漢武帝喜歡江充，不是因為江充出身高貴，才學出眾，而在於江充敢辦事。在明哲保身、爭權奪利的宮廷中，能夠找到敢辦事的人是相當困難的事情。江充在漢武帝病重的時候就奏言，認為皇帝的疾病根源在於有人利用巫蠱暗算皇上。

劉徹不一定就信江充的話，但他敏銳地發現了這其中包含著針對自己的威脅因素。早在元光年間，劉徹的第一位皇后陳阿嬌失寵，曾使用巫蠱之術詛咒受寵的衛子夫。漢武帝知道後乾脆廢黜陳阿嬌，並牽連女巫楚服及宮人三百餘人，盡行誅殺。幾十年後再次接觸巫蠱，漢武帝來不及細想就任命江充為使者治巫蠱。

「使者」只能算是一個差使，算不上是官職。有人以為差使沒有穩固的職權、官署，權力不大。但江充的這個差使可比所有的官職都要重

要，因為他是漢武帝欽命的差人，直接對皇帝負責。他的職權的確不固定，可就是這不固定的權力讓江充可以上下其手，為所欲為。

江充的表現帶有很強的流氓性。這和他的出身有關。江充也許是劉徹朝廷中出身最卑微的近臣。其他人出身不好，至少也能牽連上還算顯赫的先祖。而《漢書》對江充的身世交代只有簡單的一句話：「江充字次倩，趙國邯鄲人也。」江充本名江齊，大概就是普通得不能再普通的小老百姓。江充有著強烈的權力欲望和發達欲望，不惜將善鼓琴歌舞的妹妹獻給趙國太子丹作為自己前進的臺階。江充一度和趙太子走得很近。後來太子丹怕江充將自己的醜事揭發出去，先下手為強，朝江家舉起屠刀。江充的父親、兄長都被殺了。江充逃了出來，來長安告御狀，將太子丹和姐姐及王后通姦淫亂、交通郡國豪猾、攻剽為奸的事情和地方官吏不敢過問的醜聞惡行都揭發了出來。漢武帝大怒，將太子丹收監，嚴厲懲罰了趙王父子。

江充從此進入了漢武帝的視野。漢武帝至死都清晰地記得與江充初次見面的情景。那一次，江充別出心裁地穿著紗袍，圍著裙裾，戴著插著羽毛的步搖冠，加之身材魁梧，相貌堂堂，漢武帝一見就稱奇，對左右說：「燕、趙固多奇士。」漢武帝與江充談話後，發現這個出身卑微的年輕人頭腦清晰、回答乾脆，很是欣賞。江充自願出使匈奴。漢武帝問他如何應對強悍的匈奴人。江充回答說：「因變制宜，以敵為師，事不可豫圖。」的確，外交錯綜複雜，難以預測，最有用也最核心的原則就是見機行事、因變制宜了。江充歸來後，拜為直指繡衣使者，負責抓捕三輔地區的盜賊，禁察逾侈行為。

直指繡衣使者也叫做繡衣直指御史，是西漢侍御史的一種。之所以得名是因為使者出使時持節杖，穿繡衣，以示特別和尊寵，表示這是皇

帝派出的專使。繡衣使者的權力很大，可以調動地方郡國的軍隊、獨行賞罰，甚至可以誅殺一定級別的官員。它的設立是漢武帝為懲治地方奸猾、辦理大案而特事特辦的，一般情況下並不常置。

應該說江充獲得了很高的起點，那麼他是怎麼做的呢？後世的評價者批評江充只會「賣直邀寵」，大致是說他這個人立功心切，不按常規出牌，做事不講情面，專找顯貴大官的麻煩。當時貴戚近臣多奢僭，江充一一揭露彈劾，奏請收繳這些人的逾制物品，限制這些人的待遇享受。江充將許多達官顯貴列入送到由皇帝直轄的北軍服役，出擊匈奴立功贖罪的黑名單內，漢武帝都同意了。江充立即移書光祿勛、中黃門，按照名單逮捕近臣侍中，送到北軍中去。江充還嚴令門衛禁止達官顯貴自由出入宮殿。於是「貴戚子弟惶恐，皆見上叩頭求哀，願得入錢贖罪。」漢武帝同意了貴戚人家以錢贖罪的方法，一下子為北軍聚攏了數千萬的財物。當時北軍正在為軍費發愁，江充為皇帝解決了一道大難題。

一次，江充跟從漢武帝去甘泉宮。恰逢太子的家臣乘車馬在馳道中行進。按制，馳道是皇帝專用的。江充鐵面無私將太子的家臣送到官署懲處。太子劉據知道後慌忙派人向江充求情：「我並不是愛惜車馬，而是不希望父皇知道這件事。父皇年紀大了，就不讓他老人家操心了。希望江君能夠寬容一次！」江充不肯通融，將整件事情告訴了漢武帝。劉徹專門嘉獎了江充：「江充給為臣子作出了表率。」漢武帝認定江充忠誠正直，奉法不阿，決心重用他。江充的迅速竄紅，證明他對當時的政治形勢和漢武帝的心理狀態有充分的了解和掌握。

西漢盛世已經隨著漢武帝的老去而進入了暮年。在渾渾噩噩的狀態下，江充這樣的「異態分子」最容易出頭了。博出頭後的江充立即威震京師。

　　江充被升遷為水衡都尉。離開了宮廷的近臣並不具有優勢。不久，江充就因為親戚的違法行為受到株連，被免官。可江充一點都不在乎，因為他知道漢武帝會記起自己的。

　　巫蠱的風氣在長安城中愈演愈烈，在第二年的正月將丞相公孫賀牽連下獄。

　　公孫賀是被逼著出任丞相的。在君權高度集中的背景下為能力出眾和欲望強烈的皇帝當丞相是一件危險的事情。漢武帝為了隨心所欲地施展拳腳，一改任命貴族顯貴為丞相的慣例，任命了七十多歲的儒家讀書人公孫弘為宰相，沒幾年又將公孫弘一家滿門抄斬。之後的丞相都非顯貴，因此都需要匍匐在皇帝的光環之下。丞相李蔡、嚴青翟、趙周等人都不得善終，被屠戮。只有石慶戰戰兢兢，小心辦事才避免了前任的命運。可石慶依然遭到多次公開的譴責，死在了家中。所以當公孫賀知道自己被拜為丞相時，嚇得不敢接受印綬，頓首涕泣乞求說：「臣本邊鄙小人，以鞍馬騎射之功為官，實在不是擔任宰相的材料。請皇上開恩啊。」大臣們聽了也都覺得悲哀。漢武帝也被感動得流淚，讓人扶起丞相。公孫賀跪著不肯起來，最後鬧得漢武帝拂袖而去。公孫賀不得已才接受任命。出來後，同僚們都問他為什麼這麼做。公孫賀說：「現在主上賢明，我不足以稱，恐怕辜負了丞相的重責，從此進入多事之秋了啊。」

　　其實，公孫賀也算是達官顯貴了。他的妻子是漢武帝皇后衛子夫的姐姐，他和漢武帝算是連襟。在朝廷中，公孫賀得到了衛家勢力的支持，兒子公孫敬聲又擔任太僕，父子並居公卿之位。在常人看來，即使是漢武帝劉徹也不能輕易廢殺公孫賀。可只有公孫賀本人才知道自己的危險。終於在巫蠱之風吹起後，公孫賀成為了犧牲品。

　　整個案子要從公孫敬聲說起。與戰戰兢兢的父親不同，公孫敬聲自

恃是漢武帝的外甥，驕奢不奉法，竟然大膽到擅自挪用禁軍北軍的軍費，金額高達一千九百萬。事情敗露後，公孫敬聲下獄論死。剛好當時朝廷在大肆搜捕通緝犯、陽陵大俠朱安世而不能得。漢武帝一天多次催逼早日逮到朱安世。公孫賀於是自請逐捕朱安世，請求能以功贖兒子公孫敬聲的罪過，得到了漢武帝的同意。後來，公孫賀果然抓到了朱安世。

朱安世身為大俠，不是浪得虛名的。當他得知公孫賀是用自己來贖出兒子時，朱安世笑道：「公孫賀他自己就要大禍臨頭了。南山之行不足受我辭，斜谷之木不足為我械。大不了，大家同歸於盡。」朱安世於是從獄中上書，告發公孫敬聲與陽石公主私通，還派巫師祭祀詛咒皇帝，並且在皇帝前往甘泉的馳道上埋下偶人，祝詛有惡言。有關私通的事情並不能置公孫家於死地，但是有關巫蠱詛咒皇帝的告發將公孫賀父子推向了死亡的深淵。漢武帝很快命令相關部門處理公孫敬聲巫蠱案。漢武帝的命令中有「窮治所犯」四個字，事實上替整件案子定下了基調。公孫賀父子最終死在獄中，公孫家被族誅。還有多位王朝的重量級人物受到株連致死，包括衛皇后的女兒諸邑公主、陽石公主和已故大將軍衛青的兒子衛伉。

公孫賀一案遠遠超過了巫蠱案本身，而變成了牽連後宮和外戚勢力的大案子。當年四月，長安城颳起大風，掀翻房屋，吹折樹木。一時間人心惶惶。大家都知道，在公孫賀、衛伉和兩位公主的背後，都有皇后衛子夫和她兒子 —— 太子劉據的影子。

在漢武帝末年，皇后衛子夫已經失寵。衛子夫的失寵不能簡單地以年老色衰來解釋，更是因為衛家勢力的發展引起了漢武帝的反感。江充很清楚漢武帝的家事心理，再加上他與太子劉據及衛氏都有過節，怕漢

武帝死後劉據成了新皇帝砍自己的腦袋，決定先向劉據下手，徹底剷除衛家及太子的力量。巫蠱事起後，江充將之作為權力鬥爭的工具。之前的動靜和無辜百姓的鮮血在一定意義上都只能算是鋪墊，最後都要把巫蠱的矛頭對準劉據。

剷除了公孫家族這個衛家和劉據勢力的外圍力量之後，江充思索著如何將矛頭對準劉據。當時，甘泉宮中的劉徹常常做惡夢。在夢中，有許多人拿著大棒朝漢武帝砸過來。劉徹認定巫蠱詛咒的陰謀依然存在。江充趁機進諫說，宮廷左右有人從事蠱道祝詛，需要窮治其事。漢武帝又一次授權江充在宮廷中追查巫蠱之事。

一張更大的血網形成了。

太子劉據是位相當不錯的太子，具備成為一代明主的潛質。

劉據是劉徹的長子，元狩元年立為皇太子，年僅七歲，衛子夫也因此被立為皇后。衛家勢力隨著衛子夫的失寵和衛青、霍去病的逝世而大為衰落，但只要太子劉據存在，衛家勢力都不會受到實質性的削弱。劉徹在二十九歲時才有了兒子，非常珍惜劉據，努力將劉據培養成合格的接班人。劉據到了讀書的年紀，漢武帝就為他安排了當時最好的師資，教授他《公羊春秋》、《穀梁》。劉據加冠後獨立建立了東宮。漢武帝還專門為劉據建築了博望苑，讓他有接待賓客的場所，希望他多見識，多學習。

劉據沒有辜負劉徹的期望，將儒家知識學得滾瓜爛熟的，精通得很，性格仁恕溫謹。而劉徹雖然推崇儒學，卻只將其作為統治工具。劉徹自己卻跳出了儒學說教的框架之外，真正奉行的是「外儒內法」，崇尚權威和強法。而劉據沒能真正體會父親的苦心，反而是沉迷於儒家的說教之中。父子倆的深度衝突似乎是不可調和的，儘管劉據嚴格按照儒家

理論孝順父親劉徹。隨著太子越來越接近繼位的時間，漢武帝越來越嫌棄太子缺乏帝王才能，認為兒子「不類己」。漢武帝採用董仲舒「罷黜百家，獨尊儒術」的建議以儒治國的目的是加強專制統治，而寬厚的太子是真心實意地要建設儒家心中的理想世界。我們可以認為，漢武帝父子的衝突更多的是政治理念的衝突。

隨著漢武帝晚年寵愛的趙婕妤生下愛子劉弗陵後，父親劉徹和皇后衛子夫、太子劉據見面的時間越來越少了。劉據開始出現了不安的情緒。對於接班人來說，最後的階段常常是最煎熬的階段。漢武帝也察覺了兒子的情緒，就對自己的小舅子、太子的舅舅、大將軍衛青說：「太子敦重好靜，必能安天下，不使朕憂。欲求守文之主，安有賢於太子者乎！聞皇后與太子有不安之意，豈有之邪？可以意曉之。」從這段話來說，劉徹雖然對劉據不滿意，但並沒有廢立太子的意思，而是叫衛青安撫太子。病中的衛青就勸外甥劉據隱藏一下真實的想法，別和皇上爆發直接衝突，這樣對大家都不好。劉據顯然沒有聽懂衛青的意思，還是經常勸諫漢武帝減少與周邊民族的戰事。漢武帝最後急了，語重心長地告訴劉據說：「我這樣做是為了你將來能夠安享太平啊。」母親衛子夫也常常勸劉據要善於揣摩漢武帝的心思，而不要干涉朝廷大事，更不要涉及人事問題。可惜，劉據沉溺於儒家說教太深，沒有聽進去。

衛青死後，劉據失去了重要的外朝保護。公孫賀死後，一旦有事，劉據只能孤身作戰了。

鋌而走險

西元前九十一年的夏天，漢武帝劉徹依然在甘泉宮休養。

七月，在宮廷中追究巫蠱的專案組正式組成，組長就是江充，成員有按道侯韓說、御史章贛、黃門蘇文三人。這個專案組的結構很能彰顯出問題：江充是劉徹信任的、敢辦事的人；韓說是侯爵，代表貴族顯貴；章贛是負責監察的專門官員，本應該成為專案組的負責人，但現在只在組裡代表朝臣。宦官蘇文進入專案組顯示了漢武帝對整件事情的關注，因為蘇文向來和太子劉據不和。他曾向漢武帝進讒言說經常去皇后宮中的劉據長時間停留在皇后宮中是為了和宮人行淫穢之事。漢武帝在個人道德上對劉據還是放心的，沒有相信蘇文的誣告，同時將服侍太子的宮女增加到兩百多人。現在，漢武帝將明知與太子不和的蘇文送入專案組，其實在心靈深處已經懷疑太子與巫蠱、與自己的重病有所關聯了。這恰好符合了江充的目的。

江充主持典治巫蠱後，稟報說長安宮中有蠱氣，得到漢武帝允許後入宮大挖特挖。江充連漢武帝的寶座周圍都掘地三尺，先是在後宮希幸夫人的地方發現了巫蠱，後來又進入皇后宮中和太子的東宮四處挖掘。太子宮的挖掘有「重大發現」。江充等專案組成員和胡巫們挖到了桐木人和一卷帛書。帛書中寫著一些亂七八糟的符號。經過江充和胡巫的指認，「翻譯」出帛書上的內容是詛咒漢武帝劉徹早死。江充收起挖掘到的

成果，聲稱要出城稟告皇上。

這下子，事情嚴重了！

劉據向太子少傅石德詢問應該怎麼辦。石德身為太子師傅，與劉據的利益休戚相關。太子一旦出事，石德也跑不了。於是他建議劉據說：「前丞相公孫賀父子、兩位公主及衛氏皆被以巫蠱的名義處死。現在巫師與使者在東宮掘地得到驗證，根本說不清楚到底是有人故意放在東宮栽贓給我們，還是本來就埋在那裡。太子殿下無以自明。殿下不如假傳聖旨，收捕江充等人，懲處他們的奸詐之罪。」石德做了一個殺頭的臉色，繼續說：「反正皇上現在重病，在甘泉宮休養。皇后和宮中屬吏都是擁護太子殿下的。殿下完全可以起兵自衛。」劉據聽到師傅造反的建議後，瞠目結舌，不知所措。石德的進一步勸說幫他下定了決心：「現在皇上是否在世，我們根本不知道。奸臣如此猖狂，太子就忘記了秦朝扶蘇的往事了嗎？」秦朝的扶蘇就是在父親秦始皇死後，被趙高、李斯等人矯旨殺死的。劉據在情勢緊迫之下，同意了石德的建議。

沒過多久，宮殿中就來了皇上的使者。使者帶來的聖旨命令將專案組的所有成員立即逮捕下獄。措不及防的江充束手就擒。他畢竟年輕，缺乏政治閱歷和磨練。按道侯韓說是官場「老油條」了，懷疑使者有詐，不肯受詔。使者也不多說，以抗旨為名，招呼武士將韓說當場殺死。御史章贛也拒絕受詔，與武士發生衝突，結果受傷而逃。宦官蘇文沒有和江充三人在一起，而是在深宮負責挖掘工作。聽到消息後，蘇文慌忙溜走，逃歸甘泉宮報信。

劉據還派出了一路兵馬，由太子舍人無且率領，持皇帝的純赤包符節於當天夜裡進入未央宮，向母親衛子夫報消息。衛子夫事先並沒有參與造反的謀畫，如今面對兒子派來的武士，知道箭在弦上，不得不發

了。她對兒子的冒險給予了完全且積極的配合。衛子夫將皇后中宮的侍衛車馬和長樂宮的侍衛車馬全都交給了兒子，並開啟了武器庫。劉據分發眾人武器，真正地踏上了武裝叛亂的道路。

劉據通告留在長安城中的百官，說江充造反，太子替皇上除害，命令百官協助除奸。劉據命令將江充帶出來，痛罵說：「趙虜！你禍亂趙王父子還不夠，竟然來挑撥我們父子關係！」江充被斬首示眾。在整個過程中，江充都沒有說一句服軟的話。也許他早就知道「人在江湖漂，怎能不挨刀」的道理。至於與江充聯合的那些胡巫們都被綁在上林苑的樹上活活燒死。

劉據很快就控制了局面。他的造反或者說「兵諫」能夠取得成功嗎？

當時，接替公孫賀的丞相劉屈氂留在長安城中。

劉屈氂成為丞相也是出於專制的需要。漢武帝劉徹自公孫賀後對外人感到失望，於是扶持皇室成員出任丞相。劉屈氂就是劉徹的哥哥中山靖王劉勝的兒子，是自己的親姪子；同時劉勝是庶出，又有幾十個兒子，劉屈氂在宗法上對劉徹這一支沒有任何威脅。

現在劉屈氂是唯一可能與劉據爭奪長安城的人。而且劉屈氂偏愛劉據的弟弟、昌邑王劉髆，又和劉髆的舅舅、將軍李廣利結成了兒女親家，和李廣利一起暗地謀劃扶立劉髆取代劉據的太子位置。只是他沒有參與江充策劃的巫蠱之禍。他對江充的表演心知肚明，只是出於推翻劉據的共同目標，劉屈氂也沒有出來阻止江充主導的鬧劇。江充突然被殺，劉屈氂一下子被推上了檯面。劉據搶先發兵攻入丞相府，劉屈氂拔腿就逃，連丞相印綬都來不及拿。

劉屈氂逃出府邸後的表現令人費解。照理說現在太子劉據起兵造

反，劉屈氂正可以乘機以「平叛」為名剷除政敵。但劉丞相沒有這麼做，反而是找了一個安全的地方隱藏起來。劉屈氂不敢輕舉妄動，因為他捉摸不住漢武帝的真實想法。清官難斷家務事。對於皇帝的家務事，官員是更難斷，也不敢斷。弄不好就會招來殺身之禍。劉屈氂是反對劉據，但是他還不敢公開與太子對陣，而希望透過施加影響來促成漢武帝廢太子。明知劉據公開造反，劉屈氂最好的處理方法也是找個地方先躲起來。

劉屈氂安全後，最重要的是試探漢武帝對此事的態度。於是他派遣丞相長史趕赴甘泉宮，將長安城的動亂報告漢武帝。

甘泉宮的劉徹也度過了一個不眠之夜。

最早是逃回來的蘇文哭訴了太子謀反的消息。漢武帝對自己的兒子還是了解的，聽到消息後的第一反應是不相信。漢武帝說：「太子不會造反的。一定是江充等人把太子逼急了，太子才鋌而走險的。來人，回長安宣召太子來甘泉宮問話。」漢武帝不愧為傑出的君主，閱盡了人情世故，做事畢竟穩重。在關鍵時刻，劉徹的決定無疑有助於整個事態朝著積極的方向發展。

漢武帝派出了使者去徵召太子。執行命令的使者是個膽小鬼，徘徊在長安城周圍，許久都不敢進去宣召太子。最後，使者乾脆回報漢武帝說：「太子的確謀反，不但不應召，還想殺了下臣。臣是僥倖逃脫回來的。」劉徹不禁懷疑劉據是否真的造反了。

就在漢武帝猶豫不定的時候，剛好劉屈氂派遣的丞相長史來到了甘泉宮。丞相長史帶來的消息是太子起兵謀反了，已經占領了包括丞相府和皇宮在內的大部分城市。漢武帝這才相信兒子的確是造反了。

大怒的劉徹喝問：「丞相現在在幹什麼？」

丞相長史回答說：「丞相正在對外封鎖消息，不敢發兵。」

這句話火上澆油。劉徹更加生氣地怒問：「事情都已經到了這一步了，還有什麼祕密可言？我看是丞相沒有周公這樣的匡扶國事之心。周公難道會不誅管、蔡這樣的叛賊嗎？」劉徹將兒子的行動定位為叛亂，親手頒發了一道璽書給丞相劉屈氂。在書中，劉徹親自籌劃了對兒子劉據的鎮壓方案：「捕斬反者，自有賞罰。以牛車為櫓，毋接短兵，多殺傷士眾。堅閉城門，毋令反者得出。」《漢書》為我們記錄下了這個計畫主要有三條措施：對叛軍開出賞格，殺賊有賞；用牛車等物品構築障礙，盡量避免短兵相接，防止擴大傷亡；緊閉城門，防止叛亂者逃出長安。為了加大勝算，劉徹拖著病體，從甘泉宮移駕前往城西鄰近長安的建章宮，以便就近指揮。

短短的幾句話，政治手段高低立即顯現。漢武帝劉徹不愧為政治高手。

長安城裡亂哄哄的，平靜不下來。這場動亂變成了對長安控制權的爭奪戰。

太子劉據發兵後，宣傳漢武帝已經在甘泉宮病重，太子恐怕宮廷有變，防止奸臣作亂而主動起兵。身為國家儲君，按照劉據的宣傳，他的行為是完全正當的。一說報國鋤奸，誰不支持啊？劉據也一度組建了可觀的武裝力量。劉據派遣使者赦免長安城中的囚犯和刑徒，用武庫的兵器武裝自己，分別由太子少傅石德、太子賓客張光等人率領，以控制長安。另一邊，皇帝劉徹從甘泉宮來到了城西的建章宮，向三輔各縣發下詔書徵兵入長安平叛；又下詔書曉諭朝廷重臣，任命丞相劉屈氂兼任討伐太子的主將。

為了壯大兵力，劉據破格提拔長安的囚犯如侯持節杖，假冒聖旨徵

召長水及宣曲的胡族騎兵，並提供武裝。剛好侍郎莽通從皇帝身邊出使長安，見狀當機立斷逮捕了如侯。莽通對胡人們說：「如侯的節杖有詐，你們不要聽他的。」莽通將如侯斬首，反過來率領胡族的騎兵進入長安交給大鴻臚商丘城指揮。之前，漢朝宮廷的節杖都是純赤的，太子也持赤節，所以才會出現如侯這樣的陰謀。之後，皇帝將節杖改為黃旄，和太子的節杖相區別。

劉據身為太子，可以合法調動的軍隊有直屬皇帝指揮的北軍。為了壯大兵力，劉據也派人持太子節杖去命令監北軍使者任安出兵協助自己。任安接受了太子節杖，但他留了一個心眼。任安也知道清官不斷皇帝家務事，哪邊都不能得罪，當臣子的不管怎麼做都討不到什麼好。於是他收下節杖後，一轉身就下令緊閉軍門，嚴禁官兵外出。北軍這支捍衛皇室最主要的軍事力量，在這次動亂中採取了觀望態度，既不應太子，也沒有向丞相劉屈氂方面靠攏。

短兵相接是避免不了的。劉據率領著官兵，裹挾長安四市的數萬名百姓勇敢地迎戰四面八方湧過來的鎮壓軍隊。太子軍與丞相軍在長樂宮西闕下大戰了五天。死者數萬人，鮮血流滿了長安的溝渠，最後漫到了街道上，浸染著雙方的屍體。整個長安城瀰漫著刺鼻的腥臭味。丞相一方源源不斷地得到兵源和物資補給，太子軍最後戰敗。

太子劉據帶著兩個兒子南奔覆盎城門，希望逃出城去。戰鬥開始的時候，劉屈氂就按照漢武帝的指令，選派官員駐守長安各個城門。分配駐守南門的是司直田仁。田仁認為劉據畢竟是漢武帝的親生兒子。虎毒不食子，漢武帝終不會對兒子斬盡殺絕。自己緊閉城門，對劉據逼迫太甚於己不利，於是也不關城門，就眼睜睜看著太子和兩個皇孫從身邊逃出城去。劉屈氂得到太子逃出長安的報告後，怒不可遏，要殺了田仁。

御史大夫暴勝之勸劉屈氂說：「司直是二千石的高官。丞相要先奏請皇上，怎麼擅自斬殺大臣呢？」劉屈氂於是放過了田仁。

漢武帝知道後，大怒，專門派人去責問御史大夫：「司直放走叛亂者，丞相要斬他，合法合理。你怎麼敢制止？」暴勝之惶恐不安，自殺謝罪。監北軍使者任安，雖然沒有參與太子的叛亂，但是接受了太子節杖，被認為懷有二心；司直田仁放縱太子，兩人都被判處腰斬。這三個高官的下場，為劉據失敗後的殘局收拾奠定了血腥的基調。

漢武帝劉徹頒布詔書說：「侍郎莽通斬獲反將如侯，長安男子景通從通捕獲反賊石德，可謂是元功。大鴻臚商丘成力戰獲反將張光，功勞也不小。莽通因功封重合侯，景通因功封德侯，商丘成因功封秺侯。」而各個太子賓客，只要出入過宮門都被誅殺；其中跟隨太子發兵的，一概族誅；趁亂劫掠長安的士兵和官吏全部發配邊遠的敦煌郡。為了防止逃亡在外的太子回長安搗亂，長安諸城門屯駐士兵防備太子回城。

對於皇后衛子夫，漢武帝派主管宗室事務的宗正劉長樂、主管皇宮警衛的執金吾劉敢等人入宮收回皇后印璽，廢黜皇后。衛子夫早已經做好了勝負兩手準備，不願受辱，自殺身亡。蘇文等人將衛皇后用小棺材葬在城南桐柏山。衛氏一族外戚被徹底誅滅。

長安城下了幾場雨，街道上的血汙很快就被沖洗乾淨了。西漢王朝畢竟還得向前走。

白髮思子

　　巫蠱之禍最大的掃尾工作就是追捕「前」太子劉據。

　　劉徹似乎失去了理智，一再強壓朝臣和各地郡縣抓捕劉據及兩個孫子。抓劉據事小，如何處置事大。看劉徹那樣子，似乎要吃掉兒子的肉才解恨。史載在叛亂平定初期「上怒甚，群下憂懼，不知所出」。

　　就在群臣膽顫心驚，不敢開口的情況下，壺關三老令狐茂上書曰：「臣聞父者猶天，母者猶地，子猶萬物也。故天平地安，陰陽和調，物乃茂成；父慈母愛，室家之中子乃孝順……子無不孝，而父有不察，今皇太子為漢適嗣，承萬世之業，體祖宗之重，親則皇帝之宗子也。江充，布衣之人，閭閻之隸臣耳，陛下顯而用之，銜至尊之命以迫蹴皇太子，造飾奸詐，群邪錯謬，是以親戚之路隔塞而不通。太子進則不得上見，退則困於亂臣，獨冤結而亡告，不忍忿忿之心，起而殺充，恐懼逋逃，子盜父兵以救難自免耳，臣竊以為無邪心……往者江充讒殺趙太子，天下莫不聞，其罪固宜。陛下不省察，深過太子，發盛怒，舉大兵而求之，三公自將，智者不敢言，辯士不敢說，臣竊痛之……臣不勝惓惓，出一旦之命，待罪建章宮下！」

　　令狐茂主要談了兩個問題：第一個是對太子起兵殺江充的看法。他認為江充不是什麼好人，太子是被小人逼急了才鋌而走險的；第二個是勸漢武帝停止對太子和皇孫的追殺。整篇文章從父子親情入手理論，入

情入理，情真意切。

漢武帝將上書讀了好幾遍，很有感觸。但他嘆嘆氣，還是放下了令狐茂的上書。有大臣希望漢武帝下赦免詔書，放過劉據。劉徹就是不下這樣的詔書。

再說太子劉據帶著兩個兒子從城南的覆盎城門脫逃後，向東逃到了湖縣的泉鳩里（今河南靈寶西部與陝西交界處的泉里村），藏匿於一戶農家。

當地官府沒有想到太子會隱藏在貧賤的農夫家中，一直沒有懷疑到泉鳩里。

收留太子父子三人的農夫家實在太窮了。本來就整天為吃飽飯而掙扎的主人家平白多了三張吃飯的嘴，經濟情況的窘迫可想而知。主人家忙完農活，還日以繼夜地做草鞋，再拿到市場上去賣，補貼家用。

太子父子三人看到主人家的辛勞，過意不去，也曾幫助主人家一起編織草鞋。後來劉據看情況不能再堅持下去了，想起有一個故人在隔壁的新安縣，記得他家很富裕，就想找他接濟一下。劉據能想出這樣的主意來，足見他受儒家思想教育之深，也可見他在政治上的幼稚程度。當他還是太子的時候，能夠與他來往的肯定都非富即貴。這些人看中劉據的是太子的光輝，真正的摯友並不多。人心也不像劉據理解得那麼簡單。果然，湖縣的故人收到太子的求助信後馬上向本縣官府告發。

新安（今河南澠池附近）縣令李壽得知太子的下落後，立刻帶人來捉拿。官兵圍捕太子，將農家團團圍困住。農家主人為了掩護劉據，上前與官兵搏鬥，兩位皇孫為了掩護父親也上去搏鬥，都被官兵殺害。劉據自知不能逃脫，躲進房間，在窗戶前懸梁自盡了。山陽縣人張富昌當時在新安縣當縣卒，一腳踢開門；李壽上去抱下劉據。劉據沒被搶救回

來，死了。漢武帝得到死訊後，傷感之餘下詔說：「蓋行疑賞，所以申信也。其封李壽為邢侯，張富昌為題侯。」李壽和張富昌二人僅因為微小的功勞就得以封侯。

劉據雖然是太子，但是年紀也不小了，生育有三男一女。女兒嫁給了平輿侯的嗣子。太子敗後，他的四個子女都同時遇害。太子妃史良娣和衛子夫一起葬在長安城南；其中一個皇孫史皇孫和皇孫妃王夫人及皇孫女葬在廣明。隨太子遇害的兩個皇孫和太子一起葬在湖縣。

事情似乎到此結束了。八月，天下發生地震。

慢慢地，坊間有關巫蠱之禍的傳聞越來越多。人們越來越不相信太子用桐木子詛咒皇上早死的說法。輿論開始朝著有利於劉據的方向發展。《漢書》說是：「久之，巫蠱事多不信。」

劉徹經過冷靜的思考，也明白兒子劉據起兵的確是惶恐自衛，並沒有謀害自己的意圖。

關鍵時刻，一位小官的冒顏直諫扭轉了整件事情的評價。負責守護西漢開國皇帝陵墓的高寢郎車千秋上書為廢太子劉據喊冤。他寫道：「子弄父兵，罪當笞。天子之子過誤殺人，當何罪哉！臣嘗夢一白頭翁教臣言。」意思是說：「兒子對著父親舞刀弄槍，應該受到鞭笞。如果皇子過失殺人，那又應該作何處理呢？」車千秋的意思是漢武帝對劉據的處理太過絕情了，即使兒子有錯，也不應該被斬盡殺絕。當然，車千秋膽量畢竟有限，最後假託這些話都是一個白頭老翁在夢裡教自己說的，來為自己開脫。劉徹對車千秋的上書非常感慨，非常重視。平地一聲雷，車千秋竟然因為這次上書而被擢升為丞相。

巫蠱動亂的處置完全被顛倒了過來。先是江充被滿門抄斬，接著是宦官蘇文在橫橋公開燒死；在泉鳩里加兵刃於太子的人都被族誅，包括

李壽、張富昌等人。劉徹可憐兒子無辜遇害，在湖縣修建了思子宮，在宮殿中修建了歸來望思之臺。他希望透過這些宏偉的建築能夠挽回兒子的生命，彌補自己的過錯。天下人聽說後，沒有不感到傷感悲哀的。早知今日，為何當初不三思而後行呢？

　　一年後（徵和三年），有個叫郭穰的人密告說劉屈氂的夫人祝詛皇上，貳師將軍李廣利也參加了禱祠活動。這是真正的巫蠱罪行。兩家的目的無非是要讓昌邑王劉髆早日為帝。劉徹一查，證據確鑿。劉屈氂被腰斬於長安東市，其妻則在華陽街被梟首示眾；當時貳師將軍李廣利正率軍與北方匈奴作戰，漢武帝也沒放過他，將他留在後方的妻子兒女全部逮捕入獄。前方的李廣利害怕了，乾脆率軍投降了匈奴。他的妻子兒女隨即被斬首。

　　至此，巫蠱之禍中的各個人物都有了自己的結果。

　　巫蠱之禍的發生相當程度是因皇位繼承權而起。劉據死後，誰是劉徹接班人的問題更加突出，衝突也更加激烈了。

　　除了廢太子劉據和早死的齊王劉閎外，劉徹的兒子還有四個。他們分別是燕王劉旦，廣陵王劉胥，昌邑王劉髆和年幼的劉弗陵。廣陵王性情暴戾，很不受劉徹喜歡；昌邑王經過劉屈氂和李廣利一案後在繼承秩序中被徹底排除在外：剩下的燕王劉旦年長有才，最有希望繼位。劉旦也以未來的太子自居，上表請求入京隨侍父皇左右。不想劉徹雷霆大怒，下詔責罵燕王劉旦，還削弱了封給燕國的三個縣的土地。原來，劉徹選定的接班人是年幼的劉弗陵。因為他覺得劉弗陵最像自己。不過一貫專權的劉徹也耍了個小心機，在指定劉弗陵即位前，勒令他的生母趙婕妤自盡，以免日後出現幼主在位太后垂簾的情況。

　　原本可以如此簡單處理的權力接班問題，為什麼要出現象巫蠱之禍

那樣的流血事件呢？也許只有在劉據死後，權力布局才會如此簡單易行吧？

讓我們在感嘆之餘，來關注當時還在襁褓之中的一個孩子。他是史皇孫的兒子、劉據的孫子、劉徹的曾孫。因為受到巫蠱之禍的株連，這個脆弱的小生命失去了幾乎所有的親人，被投入了死牢。好心的廷尉監丙吉將他祕密隱藏了下來，交代幾個善良的女囚徒，用自己微薄的收入盡可能地照顧這個可憐的孩子。這個孩子被丙吉取名為劉病已。

後元二年（西元前八十七年），漢武帝生了重病，往來於長楊、五柞宮殿之間調養。有人想在漢武帝病重間再次興風作浪，指示看風水的上書說長安監獄中有天子氣。多疑的漢武帝竟然派遣使者命令官府說，關押在長安監獄中的犯人，無論罪行輕重，一律殺之。老皇帝希望透過這樣決絕的做法來掃除一切對自己權力的威脅。

內謁者令郭穰連夜趕到丙吉主管的監獄，要執行皇帝的旨意。丙吉勇敢地抗拒聖旨，命令關閉監獄大門，拒絕使者進入。他隔著牆壁高喊：「皇曾孫在這裡。其他人因為虛無的名義被殺尚且不可，更何況這是皇上親生的曾孫子啊！」雙方僵持到天明，郭穰還是進不去監獄。他只好返回宮中將情況報告給漢武帝，並彈劾丙吉抗旨。漢武帝受到這次挫折後，反而頭腦清醒了許多，嘆氣說：「這也許是上天借丙吉之口來警示我吧！」

漢武帝沒有追究丙吉的罪過，也沒有繼續下達殺犯人的聖旨，相反卻宣布大赦天下。說來也奇怪，不久漢武帝的病竟然好了。

就是這個劉病已在十八歲的時候即位成為了漢宣帝。西漢的皇室血脈最後還是回到了劉據這一系上來。

漢宣帝初即位，就下詔為祖父劉據徹底平反。他認為「故皇太子」

（指劉據）在湖縣遇害，還沒有諡號。現在皇上要年年祭祀他，需要給他議諡號，置陵園。其實，劉病已是想以此實質性地恢復祖父的帝王待遇。相關部門很快遵照皇帝的意思奏請：「《禮》『為人後者，為之子也』，故降其父母不得祭，尊祖之義也。陛下為孝昭帝後，承祖宗之祀，制禮不踰閑。謹行視孝昭帝所為故皇太子起位在湖，史良娣塚在博望苑北，親史皇孫位在廣明郭北。諡法曰『諡者，行之跡也』，愚以為親諡宜曰悼，母曰悼后，比諸侯王國，置奉邑三百家。故皇太子諡曰戾，置奉邑二百家。史良娣曰戾夫人，置守塚三十家。園置長丞，周衛奉守如法。」劉據被議了一個不太好聽的諡號「戾」。戾，就是惡的意思。但有個諡號總比沒有強。劉據因此也被稱為「戾太子」。埋葬戾太子的湖閿鄉邪里被稱為戾園，埋葬戾太子妃的長安白亭東被稱為戾後園。因為劉病已的父親史皇孫也被追諡為「悼」，埋葬他的廣明成鄉則被稱為悼園。各人的墓葬都得到了隆重的改葬。

八年後，相關部門再次上奏：「《禮》『父為士，子為天子，祭以天子』。悼園應該改稱尊號為皇考，立廟，將園林修建為陵寢，以便四時薦享。守寢的居民應該增加到一千六百家，成立奉明縣。戾夫人改尊號為戾后，置園奉邑。」至此，劉據一家完全恢復了帝王的死後待遇，無論是名義上的，還是實質上的。

歷史就是這麼有趣。前幾代人的過錯，遲早會被後人糾正過來的。

高平陵政變：

龍種與跳蚤

　　西元二四九年初，魏國大將軍曹爽某晚做了個噩夢。在夢裡，兩隻虎銜著雷公，雷公將一個碗放在曹爽家中。曹爽百思不得其解，心裡很厭惡，就去問占卜者。負責占卜的靈臺丞馬訓解夢說：「您將會有刀兵之災。」這幾乎是砍頭族誅的同義詞，曹爽心裡更不高興了，他將馬訓斥退。馬訓回家後告訴妻子說：「最多十天，大將軍曹爽就會死在刀斧之下。」

輔臣爭權

　　任何權力安排都是現有權力格局的反映，同時反過來影響新的權力格局。

　　景初三年（西元二三九年），魏明帝曹叡去世。經過一番權力暗箱操作，司馬懿和曹爽兩人共受遺詔成為輔政大臣。曹叡的意圖是希望在身後形成功臣和皇族共治的局面。司馬懿是三朝老臣，功勳卓著，是功臣集團的代表；曹爽出身曹氏宗族，血統高貴，是皇族勢力的代表。曹魏政權相當程度上就建立在功勳世族和曹氏宗族的支持上面。

　　司馬懿是河內郡溫縣著名的世族。這個溫縣現在還叫溫縣，屬於河南省焦作市。溫縣有人向筆者介紹說他們縣現在對外的宣傳口號就是「司馬故里，太極故鄉」。可見司馬懿的家鄉父老還是很以他為榮耀的。曹操起用了司馬懿，但不太喜歡這個小後生，沒有重用。曹丕和司馬懿卻很合得來。司馬懿的地位在曹丕時代逐漸顯要。魏明帝時，司馬懿成為負責去征討蜀漢的主將。景初二年（西元二三八年），他又率兵平定割據遼東的公孫淵，成為魏國聲望甚高的三朝元老。

　　曹爽之所以成為曹氏皇族集團的首領，則和他的父親曹真有密切的關係。曹真是曹操同族子弟。曹真的父親曹邵是最早隨曹操起兵的元老之一，不幸早年陣亡。曹操很照顧陣亡兄弟的遺孤，「收養與諸子同，使與文帝共止」。曹真長大後跟隨曹操南征北戰，屢立戰功。曹丕即位後，

他先任鎮西將軍，假節，督雍涼州諸軍事，開始顯貴。曹丕死前，提前設計好了曹真、陳群與司馬懿「三駕馬車」的權力格局。曹丕死後，三人共同受遺詔輔政，其中曹真遷大將軍，為首輔。曹叡在位時，曹真因為負責對蜀作戰，再升遷為大司馬，賜「劍履上殿，入朝不趨」的待遇，達到了臣子能夠達到的最高權位。曹真這個人，能力其實一般，除了性格正直這個優勢外，終生小心謹慎，恪守臣子之道，對曹氏祖孫三代忠心耿耿。曹魏重用曹真，就是看重了這兩大優點。他的優勢可以和陳群、司馬懿等幹臣的能力相結合，保衛皇室。

曹真病逝時，魏明帝曹叡下詔表彰他「蹈履忠節，佐命二祖，內不恃親戚之寵，外不驕白屋之士，可謂能持盈守位，勞謙其德者也」。曹真死後，長子曹爽繼承了父親的爵位，另外五個兒子羲、訓、則、彥、皚皆封為列侯。曹真家枝繁葉茂，儼然是皇權的重要支柱。

曹真顯然也希望兒子曹爽能夠繼承自己的性格和優勢，邊輔佐皇室，邊維持家族的榮華富貴。誰曾想，曹真的奮鬥和功績使自己的後代飛黃騰達、平步青雲的同時，也使家族走向了族滅危險的邊緣。

曹爽的權力之路走得太順利了。

曹爽字昭伯，年少時以「宗室」、「謹重」這兩個特點為人所知，可以視作父親曹真的翻版。魏明帝曹叡還是太子的時候，和同輩、同齡的曹爽走得很近，兩人關係親密。曹叡即位後當然要依靠曹爽這樣的同族兄弟和幼時玩伴了。曹爽於是開始入仕，歷任散騎侍郎、城門校尉、散騎常侍、武衛將軍，寵待有加。這樣平坦的履歷雖然讓曹爽累積了一定的行政經驗，但顯然不能參透政治的實質，領悟政治的技巧。

曹叡病重，要選擇權力委託人時，於叔父燕王曹宇和玩伴曹爽之間選擇了曹爽擔任皇族的代表。為什麼選擇曹爽呢？除了上面陳述的原因

外，還有歷史的慣性在發揮著作用。曹叡的父親曹丕安排後事時，就設計了由曹真為代表的皇族和功臣集團共治，曹叡決定繼承這樣的安排。事實上當時的權力構造也沒有發生大的改變。慣性使然，曹爽也就機緣巧合，在曹叡的病榻前被破格提拔為大將軍、假節鉞、都督中外諸軍事、錄尚書事，成為了父親之後的又一個首輔大臣。明帝死後，曹爽年幼的姪子齊王曹芳即位，晉升曹爽為侍中，改封武安侯，食邑為兩千戶，並賜劍履上殿，入朝不趨，贊拜不名的待遇。

當曹爽受命輔政的時候，他對曹叡的感情是真摯的，既悲傷童年夥伴的去世，又感激皇帝的重託，感覺重任在肩。在曹爽悲傷哭泣的時候，太尉司馬懿也匆忙從外地趕來，受曹叡遺詔輔佐少主，成為第二輔政大臣。在葬禮上，司馬懿沒有太多的眼淚。他經歷過太多的政治場面，對死亡和榮譽已經司空見慣了。曹芳將是他侍奉的第五位主子。他用鷹一般的眼睛掃視著朝野的一切。當年，梟雄曹操就是震懾於這個可怕的眼神，才覺得司馬懿這個年輕人心術不正，棄而不用的。

曹爽和司馬懿相比，實在是太嫩了。儘管曹爽一夜之間身居首席輔政大臣的高位，但他心裡清楚，無論資歷、功勞、能力還是在朝臣中的威望和根基，自己都不能與同朝輔政的司馬懿相提並論。當年，司馬懿和父親曹真一起領兵作戰的時候，曹爽還在跟曹叡一起玩捉迷藏。曹爽因為司馬懿年德並高，用對待父親的禮節禮遇司馬懿。雖然自己爵位在司馬懿之上，曹爽凡事都不敢專斷，都和司馬懿細心商量。司馬懿對曹爽這個晚輩也比較滿意，表現得非常客氣。

然而曹爽畢竟是養尊處優長大的貴族少爺。這樣的人即便能力再高，也不會學會珍惜，不會真正的謙虛謹慎，不會理解穩重、心機對政治的重要意義；長期的優越生活條件也養成了他們追求安逸享樂的習慣。

沒過多久，曹爽的貴族公子性情就顯露出來了。他不像剛主政時那般勤勉政事了。他的身邊也逐漸聚集了何晏、丁謐等貴族子弟。這些人共同推戴曹爽。他們雖然能力不濟，但從小就在爭權奪勢的大環境中耳濡目染，勸說曹爽不要與他人分享權力，要獨斷專行。其中何晏就多次勸說曹爽：「司馬懿有政治野心，而且很得民心，我們怎麼可以對這樣的人推誠委權呢？」說一兩次，曹爽沒有反應；說的人多了，說的次數多了，曹爽心裡就有了些想法。他也想專權，也有皇族的尊貴心。最終，曹爽決定首先對司馬懿發動進攻。

曹爽讓二弟曹羲替自己上表，請皇帝轉任司馬懿為太傅。太傅雖然地位崇高，但並不直接指揮部隊，也沒有直接負責的領域，完全是虛職一個。曹爽這一招叫做「明升暗降」。曹羲的上表對司馬懿極盡吹捧之能事，簡直可以作為古代公文寫作和政治鬥爭的雙重教科書了。筆者不厭其煩，節錄精彩片段供讀者「觀瞻」：「臣聞虞舜序賢，以程、契為先；成湯襃功，以伊、呂為首……今臣虛闇，位冠朝首，顧唯越次，中心愧惕，敢竭愚情，陳寫至實。夫天下之達道者三，謂德、爵、齒也。懿本以高明中正，處上司之位，名足鎮眾，義足率下，一也。包懷大略，允文允武，仍立征伐之勛，遐邇歸功，二也。萬里旋篩，親受遺詔，翼亮皇家，內外所向，三也。加之耆艾，紀綱邦國，體練朝政；論德則過於吉甫、樊仲；課功則逾於方叔、召虎；凡此數者，懿實兼之。臣抱空名而處其右，天下之人將謂臣以宗室見私，知進而不知退。陛下岐嶷，克明克類，如有以察臣之言，臣以為宜以懿為太傅、大司馬，上昭陛下進賢之明，中顯懿身文武之實，下使愚臣免於謗訕。」話都說到這個分上了，曹芳和司馬懿都沒有辦法拒絕。再加上司馬懿這個政治老手對曹爽的突然襲擊根本沒有防備，當場措手不及，只好接受「升遷」，乖乖地交

出兵權和政權，似乎瞬間喪失了實力。

　　沒有想清楚這場政治鬥爭必要性和後果的曹爽隨即在人事上對朝臣做了一次大的調整。他讓二弟曹羲任中領軍，三弟曹訓為武衛將軍，控制了京城洛陽的軍隊，負責皇宮的警衛；五弟曹彥任散騎常侍，另兩個弟弟曹則和曹皚以列侯身分出入宮禁，就近影響、控制曹芳。同時，曹爽還重新起用因「浮華交會」而在曹叡時期遭貶抑的何晏、鄧颺、丁謐、畢軌等紈褲子弟，各任要職，視為心腹。這一連串的動作令人眼花撩亂。歷史上的很多野心家費盡心機要營建自己的政治集團，歷盡艱難坎坷；沒有人像曹爽這麼容易就實現目的的。但曹爽和其他政治集團領袖的最大不同點在於：他根本就沒有想過為什麼就要聚眾形成一個政治小團體。難道僅僅是為了專權享樂嗎？

　　《三國志》載：「由是爽恆猜防焉。禮貌雖存，而諸所興造，皆不復由宣王。宣王力不能爭，且懼其禍，故避之。」現在的輔政大臣一樣是兩個，曹爽依然對司馬懿保持著禮貌。但所有的政務都不經過司馬懿了。司馬懿惹不起曹爽，乾脆長期稱病，不上朝了。

　　人，始終是政治鬥爭成敗的決定性因素。政治鬥爭最忌所用非人。

　　那我們一起來看看曹爽所用的都是些什麼樣的人。何晏是曹爽集團的重要人物。他的出身非常複雜，和曹氏家族的關係也非常曖昧。何晏從血緣上來說是漢末大將軍何進的孫子。他的母親尹氏，已經嫁入何家，生下何晏了，還被曹操搶走，成為曹家的夫人。還有傳聞說何晏是尹氏在曹家生下的，何晏的身世便變得撲朔迷離了。何晏從小在曹魏的皇宮中長大，乾脆和公主結婚。他和曹家的關係既密切又尷尬。平日裡，何晏「動靜粉白不去手，行步顧影」，還公開好色，是忸怩作態的奶油小生和派頭十足的風流公子之混合體。當然，他也有好的一面。何晏

是魏國著名的思想家和文學家，從小就顯露出過人的才氣，對老莊學說很有研究，寫作了道德論及諸文賦著述數十篇，被後世認為是盛行於魏晉的「玄學」的早期代表人物。通常有點小成就的公子哥兒都好賣弄，何晏就尤其缺乏自知之明，到處炫耀自己的才學。曹丕特別憎惡他，每次都不呼何晏的姓名，而叫他「假子」，毫不留情地揭何晏的老底。就這麼一個人，曹爽將朝野的選舉大權都交給了他。

集團的另一個重要人物鄧颺，字玄茂，是東漢開國功臣鄧禹的後人。鄧颺很小就聞名於京師，不僅因為才能，更因為鄧颺與李勝等人為浮華虛誇，即使擔任中書職務時依然奢華隨性，不正經，因此他們這批人都被朝廷斥退。鄧颺這個人還貪財好色，之前在宮中擔任職務的時候曾經暗中許諾授予臧艾顯要官職。臧艾就將父親的小妾送給了鄧颺當作禮物。京師裡流傳有關這件事情的段子說：「以官易婦鄧玄茂。」鄧颺推薦提拔的人都是這樣的情況。何晏選舉不得人，鄧颺這個同夥難辭其咎。

何晏等人專政後，共同私自分割洛陽、野王典農屯田系統的桑田數百頃，還將湯沐地等吞為私人產業。按照現在的話來說，就是「私分國有資產」。他們不僅竊取官物，還公開向地方州郡索取賄賂。相關部門懾於他們的權威，不敢抗拒。何晏等人與廷尉盧毓素來不和。盧毓的屬下官吏有小過，被何晏等人抓住把柄，窮究盧毓的責任。何晏在沒有做出結論之前，就迫不及待地派人收取了盧毓的印綬，然後再向朝廷奏聞。對位列九卿的人何晏都敢猖狂如此，他們作威作福的程度可想而知。

曹爽個人飲食車服，擬於乘輿；尚方珍玩，充牣其家；妻妾盈後庭，還私取曹叡生前的才人七八人和將吏、師工、鼓吹、良家子女共三十三人到自己家伎樂。後來曹爽的膽子越來越大，偽作詔書，發才人五十七

人到鄴臺，讓曹叡的婕妤教習為伎；擅取太樂樂器，武庫禁兵供私家使用。這些都是侵犯皇室，大逆不道的罪行，曹爽都肆無忌憚地做了。他還建造窟室，在四周陳列綺疏，多次和何晏等人在其中飲酒作樂。曹羲非常擔心哥哥的行為，多次勸諫曹爽要收斂言行，約束心腹。曹爽不聽。曹羲就寫了三篇文章，陳述驕奢淫逸導致禍敗的歷史教訓，言辭懇切，委婉地勸誡曹爽。寫完了，曹羲託幾個弟弟將文章轉交給曹爽。曹爽知道弟弟的文章是為自己寫的，非常不高興，還是聽不進去。曹羲之後多次勸諫、影射哥哥，絲毫沒有效果。他多次伏地哭泣不起。

曹爽執政幾年間最主要的舉動是發起伐蜀之役，想藉機建立軍功。久經戰陣的司馬懿知道軍事並非曹爽所長，且伐蜀時機亦不成熟，勸曹爽不要貿然輕起戰事。立功心切的曹爽被美妙的政治前景迷惑了，執意在正始五年（西元二四四年）親赴長安，徵召六七萬軍隊進擊蜀國。結果是「關中及氐、羌轉輸不能供，牛馬騾驢多死，民夷號泣道路」，最後只能無功而返。

司馬懿將這一切都看在眼裡，「密為之備」。他雖然被剝奪了實權，但影響力依然存在。門生故舊中好多人掌握著軍隊和政權，心向司馬家。司馬懿打敗的政治對手多了去了，這一次他也自信一定能取得最後的勝利。司馬懿所缺的只是一個合適的進攻時機。

曹爽還是比一般的貴族子弟要強得多。他對司馬懿並非沒有防範。

荊州人李勝是曹爽集團成員之一，依附曹爽後才平步青雲。曹爽發動徵蜀戰役就是李勝和鄧颺的策畫。這次，李勝由河南尹任上調任荊州刺史。雖然級別沒變，但荊州地處對吳國鬥爭的最前線，軍事政治地位重要，李勝也算是高升，成為了重點要員。曹爽對終日稱病在家的司馬懿不放心，就讓李勝去探探司馬懿的底細。司馬懿曾經鎮守荊州，李勝

就以新官赴任、向前輩請教的名義去司馬懿家辭行。

司馬懿很客氣地接待了李勝。李勝沒料到司馬懿幾年不見，憔悴異常，都離不開下人的攙扶了。李勝很謙虛地向司馬懿陳述了自己功勞淺薄，橫蒙特恩，回到本州擔任主官，特地來向司馬太傅拜辭，請太傅多多指教。司馬懿根本就沒回答，而是慢騰騰地讓兩個婢女侍候穿衣。他顫巍巍地拿起衣服，沒拿住，衣服滑落；他又指指自己的嘴巴，表示口渴要喝水。婢女進了一碗稀粥，司馬懿持杯飲粥。結果像不會喝水吃飯的嬰兒一樣，司馬懿把粥流得到處都是，沾滿前胸。

李勝不禁神情慇然，眼淚在眼眶中打轉。他對司馬懿說：「今主上尚幼，天下恃賴太傅。大家都在傳說太傅舊病復發，想不到您的身體差到了這樣的程度！」司馬懿好久才緩過力氣來，氣息相屬，用極其微弱的聲音說：「我年老久疾，死在旦夕。使君這次去並州就職，並州和匈奴等少數民族鄰近，事情很多啊。你要好自為之。今日與你想見，恐怕今後不復想見了，令人傷感啊！」李勝連忙說：「太傅，我這次是回本州任官，並非並州。」司馬懿滿臉茫然地問：「噢，原來你剛從並州回來啊，辛苦了！」李勝見司馬懿胡言亂語，只好提高聲音說：「我去荊州，非並州也。」他回頭問在場的司馬懿長子司馬師：「太傅病得這樣了啊？」司馬師痛苦地點點頭。

司馬懿在司馬師和下人的提醒下，許久才恍然醒悟，對李勝說：「我老了，神情恍惚，不解君言。如今你榮歸故鄉擔任刺史，盛德壯烈，好建功勳。今日與君一別，我自顧氣力轉微，將是與你永別了。因欲自力，設薄主人，生死共別。」說著，司馬懿悵然淚下，司馬師忙上去幫父親擦去眼淚。司馬懿頓了頓，指指司馬師、司馬昭兄弟對李勝說：「這是我的兩個兒子，希望與君結為好友，希望你日後看在司馬懿的面子上

多多照顧。」說完，司馬懿又流涕哽咽。李勝也唏噓長嘆，回答說：「輒當承教，須待敕命。」最後，李勝以參加追悼會的肅穆神態，與司馬懿父子動情告別。

李勝辭出後馬上跑到曹爽府上，報告說：「司馬太傅語言錯亂，口不攝杯，南北不分。又雲吾當作並州，吾答言當還為荊州，非並州也。徐徐與語，有識人時，乃知當還為荊州耳。最後，他還將兩個兒子託付給我，分別時依依不捨。」說著，李勝連眼淚都出來了，對曹爽等人說：「太傅的病看來是康復不了了，令人愴然。」曹爽也感嘆起來，為一位前輩的即將逝世感慨不已。但心裡卻非常高興，司馬懿一死，再也沒有人會對自己構成權力威脅了。曹爽集團再也不把司馬懿放在眼裡。

其實，司馬懿是一位演技精湛的演員。如果當時有奧斯卡的話，司馬懿至少能獲得提名。可遺憾的是，曹爽等人沒有掀開演出幕簾看到幕後的司馬懿。

束手就擒

正始十年（西元二四九年）正月初六，魏帝曹芳按照慣例到高平陵（今河南洛陽東南）祭掃魏明帝曹叡的陵墓。曹爽與其弟中領軍曹羲、武衛將軍曹訓、散騎常侍曹彥都隨駕前往。曹爽集團幾乎是傾巢而出。

曹爽集團中有人指出了這麼做的危險。他就是位居大司農、人稱「智囊」的桓範。

桓範字元則，「世為冠族」，漢獻帝時就進入了丞相府，歷任羽林左監、尚書、徵虜將軍、中郎將等職。他資歷很老，仕途卻不順暢，直到投到了曹爽門下後才升任三公之一的司農。在曹爽集團中，桓範是政治經驗最豐富、行政軍事才能最突出的政壇重臣。但桓範在曹爽集團中處於相對邊緣的地位。主要原因是桓範的性情、品格和曹爽、何晏等人格格不入。而且桓範性格剛毅，恥為人下，與同僚相處不融洽。某次，桓範和妻子發生言語衝突，他竟然以刀環撞打妻子的腹部。妻子當時正懷孕，當場墮胎死亡。桓範還曾編輯漢書中的雜事成書，自以意斟酌之，取名為《世要論》。蔣濟時任太尉，與桓範等人在社下相會。群卿列坐的有好多人，桓範懷裡揣著自己編撰的書，遇見同事們還要炫耀一下，想當然地認為蔣濟等人肯定會虛心閱讀。桓範把書拿出來給左右人看，左右傳閱到蔣濟那。蔣濟根本就不看。桓範頓時心裡很不爽。當討論到其他事情時，桓範發怒對蔣濟說：「我祖薄德，公輩何似邪？」蔣濟性情

也很強毅，也知道桓範性格剛毅，乾脆對他不理不睬。宴會不歡而散。所以，儘管桓範能力不錯，對曹爽集團也很忠誠，但始終不能真正融入曹爽集團。曹爽對桓範敬而遠之，有事的時候找來商量，沒事的時候躲著他。

曹爽兄弟要全體出動郊祭，順便想散散心。桓範就勸阻說：「大將軍兄弟總萬機，典禁兵，不宜全部外出。如果有人關閉城門發動政變，誰能內入平亂呢？」曹爽很不高興地說：「誰敢造反！」曹爽執意率兄弟親信出發前往高平陵。桓範搖搖頭，獨自留在洛陽。

桓範的預言成為了現實。

在曹爽集團傾巢而出的前一天夜裡，司馬懿的小兒子司馬昭徹夜難眠。這天夜裡，父親鄭重告訴他第二天將會有決定司馬家命運的大事件發生，要他抓緊時間休息。司馬昭不知是興奮或是激動或是緊張，在床上輾轉反側。而哥哥司馬師，早已知情，參與了父親的謀畫，一上床就鼾聲如雷。

曹爽等人一出城門，久病的司馬懿就披掛上陣，帶領兩個兒子跨馬衝出了家門。司馬師在暗中早已準備了三千死士，這時紛紛發難。城中許多官員都是司馬懿的舊同事、舊部下，見狀多數加入司馬家的隊伍，少數採取觀望態度，對動亂無動於衷。司馬父子關閉了洛陽城的各個城門，之後司馬師和司馬昭又帶人占據了武器倉庫及皇宮。事先，司馬懿父子顯然在洛陽城展開了串聯。司馬懿控制了洛陽城後，太尉蔣濟、司徒高柔、太僕王觀等重臣都紛紛趕來，配合司馬懿，出謀劃策。司馬懿命令高柔代理大將軍一職，以王觀代理中領軍，分別奪取了曹爽和曹羲的軍權。曹氏兄弟還在洛陽城中留有許多中下級軍官和數量可觀的軍隊。但軍營群龍無首，接替的又是朝廷三公九卿，這些官兵沒有反抗，

很輕易地轉化成了司馬懿家族的軍事力量。

一切準備就緒後，司馬懿帶領朝廷重臣入宮，向皇太后郭氏上奏：「今大將軍爽背棄顧命，敗亂國典，內則僭擬，外專威權；破壞諸營，盡據禁兵，群官要職，皆置所親；殿中宿衛，歷世舊人皆復斥出，欲置新人以樹私計；根據盤互，縱恣日甚。外既如此，又以黃門張當為都監，專共交關，看察至尊，候伺神器，離間二宮，傷害骨肉。天下洶洶，人懷危懼，陛下但為寄坐，豈得久安！此非先帝詔陛下及臣升御床之本意也。」在奏章中，司馬懿羅列了曹爽禍亂宮廷內外的種種劣跡，事事有據可查，樁樁可以置曹爽於死地。這些都是曹爽平日不注意的後果。郭太后無話可說，追認了司馬懿之前叛亂行動的合法性，並授權司馬懿成立一個「專案小組」，查處曹爽集團的不臣不法行為。有了郭太后的批准後，司馬懿向遠在城外的曹芳上表，一一列舉曹爽的罪行，並親自帶兵占據了洛水橋頭，靜候曹爽如何反抗。

洛陽城中熙熙攘攘、動盪不安的時候，曹爽家人也沒有發揮應有的作用。司馬懿率兵從皇宮前往武庫的時候，經過曹爽的府邸。曹家門前，人逼車住，司馬懿的人馬行進緩慢。曹爽的妻子劉怖還留在家中，對帳下守衛府邸的軍官說：「大將軍在外，現在亂兵興起，怎麼辦？」軍官說：「夫人勿憂。」他上了府邸的門樓，見司馬懿正被堵在門前，拉弓引箭瞄準了司馬懿。一個叫孫謙的部將在後面拉拉他的衣角說：「天下事未可知！」政變塵埃尚未落定，是不是先作觀望，才對自己有利呢？守衛軍官猶豫了好多次，最後還是沒有射出箭去。司馬懿平安經過曹家門口。

司馬懿在前往洛水橋頭前對高柔說：「君為周勃矣。」周勃是當年誅滅諸呂之亂，安定漢室的大將軍、大功臣。高柔是司馬懿的周勃，而曹

爽的周勃在什麼地方呢？

高平陵的曹爽被司馬懿的突襲打傻了。

郊外的曹爽得到司馬懿給皇帝曹芳的上奏後，手足無措。司馬懿還未全部控制洛陽時，曹爽府上的司馬魯芝和辛敞就突圍而出去向曹爽報信。曹爽原本有可能在第一時間做出反應，但他就地躊躇，和手下反覆商量，最後「憋」出來兩個應對措施。第一是「留車駕宿伊水南，伐木為鹿角」，曹爽在郊外草草紮營；第二是「發屯甲兵數千人以為衛」，曹爽調撥了周邊幾千屯田兵增加自己的守衛。這兩個措施暴露出了曹爽十足的小家子氣。他沒有想如何去積極應對司馬懿的進攻，而首先考慮自己的守衛問題。他那幾千兵馬和一小群顯貴停留在高平陵，不是坐等覆滅，是什麼？

司馬懿也料到曹爽兄弟幾個人沒什麼拿得出手的對策。他最擔心的就是還留在洛陽城裡的曹爽集團智囊桓範。司馬懿在發動政變封鎖洛陽後就立刻以郭太后的名義徵召桓範，想任命他為中領軍，拉入自己的陣營。桓範一開始也想投入司馬懿陣營。反正在曹爽集團，桓範覺得自己也不受重視，現在司馬懿以兵權高官相誘，桓範怎麼能不動心呢？但是桓範的兒子勸他說，皇帝車駕還在外面，曹爽集團還有極大的力量，勝負難料。兒子勸桓範不如出城去和曹爽等人會合，爭取當個平亂的功臣。桓範覺得兒子的建議替自己規劃了一條更好的道路，下定決心突出城去。當時司農丞吏都勸桓範不要出城。桓範不聽。

桓範單人匹馬衝到洛陽的平昌城門，城門已閉。守衛的門候司蕃是桓範以前的屬下。桓範把他叫出來，舉起手中的令牌一晃，矯旨說：「皇上有詔召我去高平陵，你快開城門！」司蕃半信半疑，就向桓範求見詔書。桓範嚴厲訓斥他說：「你難道不是我的故吏嗎，現在何敢如此放肆？

皇上的詔書，也是你這樣的人能看的嗎？」司蕃被老上司的氣勢給壓倒了，讓人開啟了城門。桓範策馬迅速出城，回過頭來對司蕃說：「太傅造反了，你快跟從我去勤王吧！」司蕃一看，事情都這樣了，乾脆我就跟著老上級去高平陵，把寶押在曹大將軍身上吧。桓範就在前面騎馬，司蕃在後面徒步跟隨，不久就被遠遠甩在了後面。司蕃前行無望只好先找了個地方躲避起來。

司馬懿知道桓範出城的消息後，認為：「桓範雖然善於出謀劃策，曹爽卻肯定不會採用桓範的計策。」司馬懿對旁邊的太尉蔣濟說：「智囊去找曹爽了。」蔣濟也認為：「桓範是很聰明，無奈駑馬戀棧豆，曹爽不能用好桓範。」司馬懿為了攪亂高平陵曹爽陣營的決策，也為了穩住曹爽，先派弟弟司馬孚前往高平陵，以皇帝曹芳在外不可露宿為由，送帳幔、太官餐具等給曹芳使用；又接二連三地派曹爽平時的好友去做說客，告訴曹爽說自己只是為了奪權，並無意相害。

高平陵那一邊，曹爽已經明瞭了洛陽城的變故，知道司馬懿正在據守洛水，專等自己前去。不久，司馬懿的使者陸續到達。第一批是許允、陳泰兩人。他倆將司馬懿的話原般告訴了曹爽，安撫他。第二批使者給曹爽帶來了太尉蔣濟的書信，信中又重複了原先的話。第三批使者是平時和曹爽關係很好的校尉尹大目。尹大目和曹爽拉著手，鄭重地說，司馬懿只想奪取曹爽集團的權力，並不加害性命。尹大目還說，司馬懿對著洛水發誓，除了權力外不多取其他曹爽身上的東西。勸說的人多了，曹爽逐漸相信了這些承諾。

戈培爾（Paul Joseph Goebbels）曾經說過，謊話重複一千次就變成了真理。

桓範到達高平陵後，提出了一個可能扭轉局勢發展的妙計。可惜曹

爽沒有抓住逆轉困境的良機。

桓範一來，看曹爽情緒動搖，建議說：「臨難反撲是人之常情。大將軍可以調動天下兵馬，洛陽周邊就有不少部隊；高平陵距離許昌不過一天的路程，許昌的武庫足可以支持大軍的用度；我身為大司農，又帶來了印綬，足可以籌集大軍的糧草。大將軍應馬上擁戴皇上南下許昌，宣布討伐叛逆司馬懿！」桓範「南下許昌，討伐叛逆」的建議，匯聚了曹爽手中的所有優勢，只出一招就能改變全域性。第一，曹爽還掌握著小皇帝曹芳。這就讓曹爽占據了政治權威的制高點，也是司馬懿不敢對高平陵發動進攻的主要原因。曹爽利用好小皇帝，可以輕易宣布司馬懿為叛逆，為自己籠罩上忠心護主的盔甲。第二，曹爽等人職務印信俱在，權力依然在手，完全具備和司馬懿一戰的能力。其中曹爽、曹羲兄弟兩人掌握兵權，可以調動天下兵馬討伐司馬懿；桓範身為大司農，可以籌集大軍用度。第三，不遠處的許昌是理想的棲息地。許昌從東漢末年曹操迎立漢獻帝於此後，經過數十年的政治、經濟耕耘，已經成為了中原的大據點，糧草充足、城池雄厚、地位崇高。司馬家族只占領了洛陽，曹爽可以占領許昌，進可以憑藉許昌討伐洛陽；退可以做長期割據與司馬懿爭雄的打算。南下許昌，就可以匯聚曹爽的所有優勢，是整盤棋局的棋眼。

曹爽對桓範的建議猶豫不決。曹羲也沉默無言。桓範知道曹爽身邊就算曹羲還比較明白，便對曹羲說：「事情已經很明白了。您讀書是為了什麼，難道不就是為了在今天這樣關係主要安全的關鍵時刻下定決心嗎？」曹爽兄弟還是沉默不言。桓範再對曹羲說：「您的一座軍營就在城南，洛陽典農治所也在城外，現在證明您對他們的指揮還很通順。如果我們現在前往許昌，快的話半天就能到達。皇上在此，許昌還不是開門

相迎。難道您想去過貧賤的日子嗎？匹夫被逼急了，還知道劫持一個人質，有強烈的求生欲望；現在我們和天子相隨，可以號令天下，誰敢不應？」曹爽和曹羲兄弟等人還是默然不從。最後，大將軍曹爽好不容易才憋出一句話來：「諸位勿急，讓我好好想想。」

當晚，曹爽在高平陵度過了一生中最漫長的一夜。曹爽從來沒有遇到過如此緊要艱險的政治關頭。一邊是司馬懿的承諾，另一邊是帶有冒險性質的政治搏鬥，曹爽難做選擇。難題的實質最後變成了曹爽的個人定位和認同問題。長期驕奢淫逸的生活已經讓曹爽從血液裡習慣了這樣的生活；如果讓他成為族祖父曹操那樣篳路藍縷、執掌天下的梟雄，那已經是絕對不可能的事情了。而桓範的計畫就是讓曹爽再次成為曹操，重新經歷血與火的洗禮奪取天下。曹爽從心裡害怕成為曹操第二，儘管他一向崇拜這位祖爺爺。他還是安心於做一個安逸、尊貴的貴族子弟。這一夜，曹爽始終無法闔眼。

第二天五更天，初升的太陽照耀在高平陵上。周圍的人早早就聚集在曹爽的營帳裡面等待著大將軍最後的決定。曹爽憔悴不堪地坐在營帳裡，案上的燭頭滅了一個又一個。他還是沒做出決定。營帳裡聚攏的人越來越多。曹爽看看大家，猛地將案上的佩劍擲在地上：「太傅之意，不過是兵權。我交出兵權，仍不失作富家翁。」桓範一下子哭了出來：「曹子丹佳人，生汝兄弟，簡直就是豬！想不到我今日要受株連族滅了！」曹羲等人最後一次默然無聲。桓範哭著離開了營帳，孤獨地策馬返城。

高平陵到達最高潮的時候戛然而止。

成王敗寇

　　曹爽隨即將司馬懿彈劾自己的表章上奏了曹芳，主動說：「請陛下作詔免臣官，報皇太後令。」並稱願意卸甲繳槍，請求曹芳免去自己的官職。曹芳只是尚未成年的少年，並不理解其中的利益關係，將曹爽解職。曹爽交出了大將軍印綬，並送給洛陽城中的司馬懿。使者即將出發的時候，主簿楊綜拉住曹爽提醒說：「大將軍您一交出此印，恐怕就性命難保了。」曹爽搖頭說：「太傅不會失信於我的。」

　　郊祭高平陵一行就此草草收場。曹爽陪伴著曹芳，君臣默然返回洛陽。曹爽出城時，儀仗遮天，護衛如雲，回城時則是淒風淡雨，灰頭土臉的。出發時，許多人將郊祭看作是和曹氏兄弟拉關係的好機會，隨從甚多。回程時，這些附會富貴之徒隨走隨散，鄰近洛陽的時候，曹爽集團幾乎只剩孤零零的幾個人了。

　　經過洛水上浮橋的時候，司馬懿對曹芳按照君臣身分行大禮，送回洛陽皇宮。曹爽原本還想和司馬懿、蔣濟打個照面，可是司馬懿看都不看他一眼。曹爽心中不禁一沉。曹芳還宮後，曹爽兄弟滿懷惆悵地回家去。桓範隨從曹芳回城，到洛水浮橋北時望見司馬懿。不知為什麼，桓範選擇下車向司馬太傅叩頭，但說不出什麼話來。司馬懿直呼桓範的名字問道：「桓大夫為什麼要走到這一步呢！」桓範依然說不出一句話來，默默走開。

　　曹爽回到他的府第後立即被軟禁。司馬懿調撥了洛陽八百個平民將大將軍府團團圍住，並在四角建高樓密切監視。這一招相當有效，曹爽等人在百姓中的名聲相當糟糕，被召集監視的這些平民都非常盡職。曹爽被軟禁後，計窮愁悶。但他非但沒有反省思過，謀劃反撲，反而持彈到後園中玩耍（這個時候他竟然還有心玩彈弓）又一次暴露出了紈褲子弟的無知和幼稚。府外高樓上的平民馬上高喊：「故大將軍向東南方向走了！」曹爽這才沒了玩興，只能和幾個兄弟共議對策。大家思考的都只是對自己的處置問題。因為苦於不知道司馬懿的真實意圖，曹爽寫了一封信給司馬懿：「賤子爽哀惶恐怖，無狀招禍，分受屠滅，前遣家人迎糧，於今未反，數日乏匱，當煩見餉，以繼旦夕。」意思是說府上的存糧不多了，請求司馬懿支持一些糧食。曹爽兄弟幼稚地認為可以根據司馬懿是否支持糧食看出他的真實意圖來。司馬懿二話不說，馬上送來稻米一百斛和充足的肉脯、鹽豉、大豆等。曹爽兄弟自以為得計，都很高興，認定自己肯定是死不了了。

　　行文至此，我們不得不感嘆：現在的情況是天要曹爽死，曹爽不死都不行了。他實在太不適合從政了。

　　事實上，司馬懿早就緊張地進行了對曹爽集團勢力的罪證蒐集工作。屠刀早已舉起。

　　皇帝車駕入宮後就傳出詔書恢復桓範的大司農職務。看來，司馬懿還是看重桓範的能力才幹，有意留他一條生路。桓範也來到皇宮向皇帝謝恩，實際上是向司馬懿謝恩。就在桓範就要見到皇帝的時候，突然被逮捕了。司馬懿突然改變主意是因為司蕃剛好到鴻臚寺自首，將桓範之前騙開城門的那些話都說了出來。司馬懿意識到桓範對曹氏的忠誠度很高，他的危險度遠高於他的才能。他生氣地說：「桓範誣人造反，怎麼能

不受制裁呢？」相關司法官員馬上說：「按科律，誣告他人造反要以造反罪懲處。」桓範在皇宮被捕的時候，被綁得嚴嚴實實的。桓範對抓他的人說：「請綁鬆一些，我是義士。」桓範就這樣成為了第一個交付廷尉嚴懲的曹爽集團成員。

司馬懿還任命了之前受曹爽集團迫害丟官的盧毓為司隸校尉。

司隸校尉的職責之一就是處理洛陽的治安，監察百官。勾結曹爽、將皇宮事務源源不斷送給曹爽的太監張當隨即被捉拿歸案，嚴加審訊。曹爽之前從皇宮中得到先朝嬪妃、工匠和貢品，就是這個張當開的後門。現在這些事情都成為了置他們於死地的利器。欲加之罪何患無辭，更何況曹爽等人罪證確鑿。再加上司馬懿、盧毓等人連續幾天的刑訊牽連，最後審出了一個「原大將軍曹爽預謀本年三月兵變篡位」的大案子來。

這些幕後審案都是背著曹爽集團進行的，只對一個人開放。他就是何晏。司馬懿讓何晏參與了對曹爽集團的審查工作。何晏這個沒心沒肺的，還以為是司馬懿重視自己，審訊起曹爽同黨和自己先前的同夥來最為窮凶極惡。何晏還提供了許多有價值的審訊線索和證據，希望能為自己開脫。在結案時，司馬懿說：「要族誅八家。」何晏將曹、丁、鄧、李等人數了一遍，只有七家，就說只需要族誅七家就可以了。司馬懿堅持說：「必須族誅八家。」何晏突然頭皮一麻，怯生生地問：「難道也包括我何家嗎？」司馬懿冷冷地說：「是的，你也必須死。」何晏剛好就在監牢中，根本不用費心獄卒去抓，直接投入死牢。司馬懿黨羽再分頭去捉拿曹爽集團各人。

那個倒楣的李勝當時還在赴任的路上，半路被快馬加鞭的獄卒追上，逮回洛陽投入死牢。

　　正月初十日，司馬懿以謀反大罪，將曹爽兄弟及其親信何晏、鄧颺、丁謐、畢軌、李勝、桓範等下獄。這一天距離桓範勸曹爽兄弟千萬不要傾巢出發去高平陵只有五天時間。

　　謀反大罪需要通過公卿朝臣廷議做最後決定。司馬懿在廷議的時候丟擲「春秋之義，『君親無將，將而必誅』。爽以支屬，世蒙殊寵，親受先帝握手遺詔，託以天下，而包藏禍心，蔑棄顧命，乃與晏、颺及當等謀圖神器，範黨同罪人，皆為大逆不道」的言論，堅持將所有在押人等族誅。大臣們紛紛附和，只有太尉蔣濟考慮到曹真對朝廷有功，曹家又是國家宗室，請求留下曹家幾個小孩，不要斬盡殺絕，得到了大家的同意。當日，曹爽曹羲兄弟、何晏、鄧颺、丁謐、李勝、桓範、張當等人以大逆不道罪斬首，並夷滅三族。

　　有人覺得司馬懿在曹魏掀起了血腥的大屠殺，實際上司馬懿為了政權的穩定，盡快鞏固自己的權力，並沒有株連過廣。在高平陵政變中被殺的人數不滿兩百。高平陵政變還算是代價很小的政變。政變中站在曹爽一邊的魯芝、辛敞、楊綜等人，司馬懿一概都不予追究。政變發生時，曹爽司馬魯芝留在大將軍府，察覺洛陽有變，搶先騎馬殺關而出去投靠曹爽。曹爽被誅後，魯芝還被擢升為御史中丞，最後還成為了光祿大夫。主簿楊綜在清算時被相關部門安了一個誘導曹爽造反的罪名。司馬懿淡淡地說：「各為其主而已。」楊綜平安無事，還轉任尚書郎。楊綜最後成為了司馬昭的長史。這些人中後來都成為了晉朝的新貴。司馬懿的政治成熟就展現在這個地方。只有他能夠做到將政敵的屬下成功轉變成自己的部屬。

　　政變過後的第二個月，曹芳任命司馬懿為丞相，增封潁川之繁昌、鄢陵、新汲、父城，將司馬懿的封邑增加到十二個縣，兩萬戶人口，並

給予司馬懿奏事不名的待遇。司馬懿進一步掌握了曹魏的政權，為後來「司馬昭之心，路人皆知」局面的出現打下了扎實的權力基礎。

高平陵政變其實是一場並沒有多大懸念的政變。

政變鬥爭的雙方（司馬懿和曹爽）能力高低一看即知。曹爽只是因為憑藉較高的起點和突然襲擊，取得了最初權力鬥爭的勝利。但他所代表的集團墮落無能，政治上極端幼稚，被老謀深算的司馬懿抓住機會，一招斃命。當然曹爽集團內部也有能人（桓範），曹爽在政變中也有翻牌的機會，但他們的出身和性格注定了他們最後失敗的命運。

表面上看，以曹爽為首的曹氏集團的失敗彷彿是由一連串偶然事件促成的，而這一連串偶然事件背後，正是必然性在發揮它不可抗拒的作用。這個必然性就是：日益腐敗的曹氏集團不配有更好的命運。桓範的感嘆令人深思，而曹真英明一生，為什麼就生出曹爽這樣不成器的兒子來呢？這不是曹真的錯，也不是曹爽的錯，而是不同時代的人的環境不同，養成的性情也不同了，習得的能力也有巨大的差異。如果讓曹爽生活在漢末群雄爭霸的時代，他未嘗不會成為父親那樣的人。這就是為什麼龍種會慢慢變成跳蚤的道理。

中國歷代王朝的王室成員似乎都逃脫不了龍種變跳蚤的規律。

七夕夜變：

沒有預謀的開國劇目

　　偶然事件會對政治局勢造成什麼樣的影響呢？就像一粒石子落在平靜的水面上會驚起千層浪一樣，偶然事件會對現行政治制度和權力結構造成嚴峻的考驗。偶然事件既是之前歷史發展的必然結果，又會成為之後歷史發展的前提。南北朝時期，南方的宋朝就發生過一次偶然的宮廷政變。這場政變沒有預謀，沒有主角，卻開啟了一個新王朝的大門。

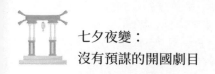

頑童當國

盛夏的一天中午，劉宋首都建康城酷熱難耐。

中領軍蕭道成是個胖子，解衣袒腹地在家裡堂中睡午覺。

突然，蕭家門口出現了一群躡手躡腳的年輕人。他們衣著華麗，容貌形態不像一般人家的子弟，但卻行為猥瑣，對著蕭家大門張頭探腦，分明又是一群市井無賴的模樣。尤其是領頭的年輕人，年約十三四歲，特別顯眼，惹人懷疑。這群人的確不是一般人，而是當朝皇帝劉昱和他的一幫侍衛。這天，好動荒唐的劉昱出宮遊玩時，經過蕭道成的領軍府，突然想進去戲弄一下這位老將軍。

領軍府有警衛認識皇帝，要行禮迎接，劉昱示意警衛不要驚動他人。他帶著侍衛，一行人輕聲細語地直入蕭家正堂。劉昱一眼看到酣睡的胖子將軍，好奇地揭開帳子欣賞起袒胸露肚的蕭道成來，只見蕭道成的肚子碩大滾圓，肚臍眼像雞蛋一般大，劉昱不禁哈哈大笑起來。

笑聲驚醒了蕭道成。蕭道成睜眼見是小皇帝親臨府邸，以為出什麼大事了，急忙起身要穿衣行禮。劉昱搖搖手說：「你的肚子是個很好的箭靶子，正好讓我試試箭法。」

蕭道成驚訝的還沒回過神來，劉昱就命令左右架起蕭道成站到幾步開外，要用他的腹部當箭靶，肚臍眼當靶心練習箭法。劉昱還有模有樣地拿起弓箭，擺出姿勢就要射。蕭道成嚇得魂飛魄散，慌忙用手捂住肚

臍，大聲申辯說：「老臣無罪，為何要射殺我？」

劉昱也不搭理，拉滿弦就要放箭。千鈞一髮之間，隨從的皇家衛隊長王天恩進言道：「蕭領軍的肚子真是一個好靶子，可以供皇上練習射技。但是如果一箭下去將蕭領軍射死了，以後皇上就沒有這麼好的靶子了。皇上不如將箭頭拔去，用禿箭射。」

劉昱想想覺得有道理，於是拔掉箭頭，張弓就射。那一箭正中蕭道成的肚臍眼，痛得他嗷嗷大叫。小皇帝劉昱卻哈哈大笑。王天恩等人連忙拍馬屁說：「陛下神射無雙，一箭中的。」劉昱更加高興了，玩盡興後扔下蕭道成揚長而去。

回去的路上，劉昱想起剛才蕭道成的態度又發起怒來。回到宮中，劉昱咬牙切齒地叫喚：「明天就去殺掉蕭道成。」他還磨起劍來，一副明天親力親為的架勢。宮中早有人告訴了他的生母陳太妃，陳太妃匆忙趕過來制止兒子。她罵道：「蕭道成統領禁軍，是國家的功臣。你殺了他，誰還為國家出力啊！」劉昱挺怕母親的，一思索她教訓的有道理，也就暫時不再理會殺蕭道成這件事了。

劉昱成為宋朝的皇帝，是頑童君主和沒落王朝的結合。

劉昱是宋朝開國君主劉裕的曾孫子，是宋朝的第七任皇帝。元嘉之世是宋朝國力最強盛的時期。但在元嘉末期，黃河以北的北魏日益崛起，不斷南侵，大大削弱了宋朝國力。西元四五三年，太子劉劭殺文帝自立，他弟弟劉駿起兵殺劉劭即位。之後劉宋便陷入王室紛爭和將領疑忌之中，內亂愈演愈烈。從南到北叛國投敵的文臣武將絡繹不絕；劉宋淮河以北的土地都落入北方之手；而劉宋王朝一再加深對百姓剝削，更激化了長期的不滿，農民起義不斷發生。

西元四七二年，十二歲的劉昱繼位。他是宋明帝與陳貴妃的長子。

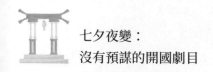

陳貴妃年輕的時候曾經是李道兒的侍妾，所以劉昱的身世也一直被質疑。宋明帝接陳貴妃回宮後不久就生下了劉昱。因此劉昱的身世一度鬧得沸沸揚揚。劉昱也聽到那些傳言，成年後還常常自稱「李將軍」，一點都不為父母避諱。

劉昱就是這麼個不知輕重，任性胡鬧，並且殘忍無道的年輕人。他在五六歲時就被立為太子。在東宮的時候劉昱從不好好學習，喜歡嬉戲，特別喜歡學猴子爬油漆竿。那些竿子離地面有幾公尺高，劉昱爬到頂端再滑下來，老師們都管不了他。稍微長大點後，劉昱喜怒無常。隨侍的人有不順他意思的，動手就打，習以為常。歷史總會給予每個朝代一個荒誕無理的末代皇帝，不知是巧合還是時勢使然。劉昱剛登基的時候，因為有太后、太妃在宮中管教，朝堂上有功勳大臣主持國事，劉昱還算有個皇帝的樣子。十四歲，劉昱行成人禮後，就開始肆無忌憚，不聽任何人管教了。

劉昱的主要愛好有兩個：一是出宮遊玩，二是無故殺人。劉昱喜歡穿件小衣服，帶著幾個隨從出宮，不管郊野還是市井，哪裡有趣就往哪裡湊。起初，陳太妃還時常乘著車跟隨他，但劉昱一出宮就似蛟龍入海，瞬間將母親甩得無影無蹤。陳太妃越來越力不從心，對寶貝兒子也就睜隻眼閉隻眼了。劉昱常常是夜裡從承明門出去，傍晚出宮次日凌晨回來，早上出去再晚上回來。每次在外面，劉昱睏了就投宿客棧，有的時候甚至找個路邊空地睡一覺。他交往的對象不是賣柴養馬的商販，就是拉車擔貨的少年。遇到被人喝斥辱罵，劉昱就淡然一笑；遇見婚喪嫁娶，劉昱就衝入人群高歌飲酒取樂。宮廷官吏見了，都習以為常。

劉昱如果僅僅是喜歡民間，倒還有與民同樂、不拘小節的味道。遺憾的是，他總是攜帶鉗鑿斧鋸，發明了擊腦、椎陰、剖心等刑罰。通常

情況下，劉昱每日都殺數十人，有些人則是劉昱親自用長矛刺穿的。某次，劉昱聞到一個叫孫超的大臣口中有蒜味。為了證明他吃過大蒜，劉昱讓左右抓牢孫超親手剖腹查探他肚子裡有沒有大蒜頭。建康城傳聞大臣孫勃私藏了許多金銀財寶，劉昱發起了一次奪寶行動，帶著人馬劫掠孫勃。搶劫開始了，劉昱揮刀衝鋒在前，第一個衝入孫家。一夥人殺掉孫勃後，劉昱記得小的時候被孫勃管教過，竟然臠割屍體解恨。

從即位第四年起，劉昱就天天出去胡鬧。最後他發展到手執長矛大棒，凡是遇到男女行人及犬馬牛驢就立即撲殺，致使人民驚擾，道無行人，儼然一夥強盜。劉昱殺人成癮，如果一日不殺人就悶悶不樂。父親的正妻老太后多次訓斥自己，劉昱煩了竟然下令太醫煮毒酒準備鴆殺老太后。隨行侍從慌忙勸他說：「如果太后死了，陛下您就得以兒子的身分參加各式各樣煩瑣的喪禮儀式。我們就沒時間陪陛下出宮遊玩了。」劉昱一想也是，打消了毒死太后的念頭。

劉昱這個昏君之所以能夠長期胡鬧，是因為有一群大臣勉強維持著朝廷的穩定。

西元四七四年，桂陽王劉休範趁朝政混亂起兵造反，但是被蕭道成等人平定。劉昱絲毫不將地方的反叛放在心上，依然我行我素。蕭道成就是在荒唐的朝政和不斷加劇的內亂中登上政治中心舞臺，逐步掌握實權的。

蕭道成是個職業軍人，元嘉四年（西元四二七年）出生於職業軍人家庭。父親蕭承之歷經戰爭，因戰功一步步升遷為劉宋王朝的右軍將軍。蕭道成年幼的時候曾經學習儒學，但在他十四歲那年發生了大將軍、彭城王劉義康被廢黜事件，父親的部隊要移防豫章，蕭道成只好放棄學業，正式參軍跟隨父親去江西。蕭道成先後歷經大小數十戰，為劉

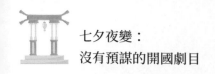
宋王朝出生入死，官職和權力逐步得到提升。宋明帝泰始四年（西元四六八年），他正式成為南兗州刺史，先是鎮守廣陵，後來移鎮淮陰，成為南方對北魏作戰的前線指揮官。

不知道是惡作劇，還是有心陷害，建康城一度出現了「蕭道成當為天子」的流言。宋明帝原本就覺得蕭道成這個人相貌出眾，不是久居人下的人，聽到民間流言後更加懷疑前線的蕭道成有野心，會對自己構成威脅了。宋明帝決定試探一下他的前線指揮官，於是千里迢迢派遣使者送給蕭道成一壺酒。蕭道成戎裝出迎使者，謝過天恩後，毫不懷疑地仰面喝下御酒。聽完使者的回報，宋明帝判斷蕭道成還是忠心的，不會造反。

當時的蕭道成還是一位忠心的前線將領，無奈多疑的皇帝老是懷疑他，弄得他非常鬱悶。蕭道成曾經寫過一首《群鶴詠》。全詩只有四句：

> 大風舞遙翮，九野弄清音。
> 一摧雲間志，為君苑中禽。

他用鶴的迎風高飛，當空鳴叫來表達自己的雄心壯志和宏才大略。遺憾的是，因為受到朝堂的約束，難以真正展翅高飛，無奈成為君王的觀賞動物。可見，雖然地位和權力有所升遷，但蕭道成的心情並不愉悅。

泰始七年（西元四七一年），宋明帝病重，派人召蕭道成入京。

這到底是機遇還是危機呢？前線部將都覺得此行凶多吉少，為蕭道成擔心。蕭道成清醒地分析道：「諸位都沒有看到事情的本質。當今皇上誅殺兄弟，而太子稚弱。皇帝病重，正在考慮自己的身後事，既想尋找

輔政大臣，又不想威脅到太子的地位。皇上召我，我正應該迅速應召，如果遲遲不去，反而是自取其禍啊。」接下去，蕭道成又講了一段大逆不道的話，充分暴露了他心中已經萌發的不臣之心。他說：「皇室骨肉相害，非靈長之運。國家禍難將起，各位要和我一起出力同心啊。」

事實發展證明蕭道成的分析是完全正確的。一到建康，他就被拜為散騎常侍、太子左衛率，加邑兩百戶。不久，宋明帝駕崩，立下遺詔，封蕭道成為右衛將軍，領衛尉，加兵五百人。蕭道成與尚書令袁粲、護軍褚淵、領軍劉勔四人共掌機事，成為輔政大臣，被稱為「四貴」。其中蕭道成又兼領東北選事，加侍中，負責首都周邊軍事。他很快掌握了劉宋朝堂禁衛軍的兵權，為日後的政治發展打下了堅實的基礎。

禁衛軍權是中國古代宮廷政治的重要影響因素，是古代君權的重要組成部分，卻也常常在亂世中離開君王控制，甚至成為顛覆君權的工具。禁衛將軍控制禁衛軍權，從而專斷朝政，多有廢立篡弒之舉；登基之初，新皇帝就會以親信部將擔任禁衛將軍，控制禁衛軍權，鞏固統治。南朝時候政治不穩，昏主迭出，禁衛軍權對朝政影響更大。劉裕打敗桓玄初期就親自擔任指揮禁衛軍的領軍將軍，牢固掌握建康的禁衛軍權。這是劉裕控制京師、整頓朝政的勢力基礎。但劉裕的舞臺顯然不是禁衛軍。蕭道成是以禁衛軍將領身分顛覆自己所要護衛的皇室的第一人。蕭道成開了這個頭後，以後的宮廷政變和朝政變遷或多或少都有禁衛軍的影響，為中國古代歷史提出了一個不大不小的新命題。

荒唐的劉昱雖然放棄了殺蕭道成的想法，但蕭道成內心極度不安起來。誰能保證自己哪天不會被這個莽撞無理的小皇帝殺掉呢？於是，蕭道成開始找人密謀廢掉劉昱。他首先尋找的就是禁衛軍內部的人，比如禁衛軍越騎校尉王敬則、劉昱貼身侍衛等等，伺機行事。

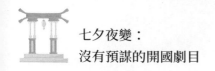

七夕驚變

西元四七七年七月七日，七夕節。

劉昱在這一天白天的行程非常混亂。《宋書》和《南齊書》的說法不同。

《宋書》說劉昱當天乘露車，帶著兩百人左右，與往常一樣沒有帶儀仗裝飾，到民間去野混。先是去了往青園的尼姑庵，大概是去偷雞摸狗，或者調戲小尼姑去了；傍晚的時候他又到新安寺找曇度道人飲酒。

《南齊書》也說劉昱當天在外微服遊玩。劉昱出北湖，像往常一樣騎著單馬飛奔在前，羽儀禁衛等人隨後追趕。一行人在堤塘之間相互踩踏，狼狽得很。突然劉昱的隨從張互兒的馬在追趕擁擠之中墜下湖去。劉昱很生氣，把馬拉上岸來，趕到光明亭前，自己玩起殺馬遊戲。馬被殺後，他和隨從一起屠割馬肉。大家一起學北方的羌胡人，邊割肉邊唱歌跳舞。傍晚的時候，劉昱又去了蠻岡賭博。

夜深了，劉昱終於回到宮中。

當晚，劉昱是在仁壽殿東的阿氈屋中就寢。臨睡前，他突然記起今天是七夕。於是，劉昱就對隨從楊玉夫說：「今天晚上織女渡河與牛郎相會，我要看看織女的模樣。等織女出來了，你叫醒我。如果看不到織女，我明天就殺了你。」

楊玉夫大驚失色。他如何能夠讓劉昱看到織女？楊玉夫馬上想到了

「伴君如伴虎」。現在為了自衛,他不得不去打虎了。楊玉夫知道同伴陳奉伯等人平日裡與禁衛軍校尉王敬則等人互通消息,有過密謀。於是他就去找陳奉伯,將事情起因和自己要殺小皇帝自衛的計畫和盤托出,尋找配合。陳奉伯一面聯繫王敬則,一面和楊玉夫聯繫了更多的劉昱侍衛、隨從,準備共同起事。結果,二十五個劉昱平日的親信聚集起來,決定弒君。

事不宜遲,楊玉夫帶了幾個人來到劉昱休息的氈房外,只聽鼾聲陣陣。楊玉夫等人突入氈房之中,取出劉昱的防身刀,當場將熟睡中的小皇帝殺死。劉昱時年十六歲。楊玉夫將劉昱的頭顱割下,又假傳聖旨,宣禁衛軍校尉王敬則入內,商議後事。

大家商議的結果是決定利用小皇帝平日的生活習慣,騙出宮去,將蕭道成引進宮來主持大事。於是,王敬則領頭,楊玉夫假扮劉昱,陳奉伯提著劉昱的腦袋,向宮外走去。劉昱之前經常在深更半夜出宮,陳奉伯等人就聲稱皇帝要出宮,王敬則陪護。宮廷一干人等一見是小皇帝的貼身隨從和禁軍校尉陪同「皇帝」出宮,沒有絲毫的懷疑。劉昱每次出門,門衛和士兵們懼怕他的喜怒無常,都不敢正視他。這天夜黑,宮人只知道慌忙開啟承明門,看都沒看清到底是不是劉昱本人出宮,就放走了一行人。

來到領軍府外,王敬則稱帶了皇帝的首級來請蕭道成入宮主持大事。因為整件事情事起突然,蕭道成之前毫不知情。現在突然深夜有人說殺了皇帝,請你入宮,換作讀者您,您也不會相信這是真的。蕭道成的最初判斷就覺得這極可能是劉昱對自己的考驗或者是另一場惡作劇,因此下令家人緊閉大門,不要放人進來。

王敬則無奈,急中生智,將小皇帝劉昱的人頭從門上拋了進去。蕭道成忙命人將腦袋上的汙血洗去,親自檢視,果然是劉昱的首級。他大

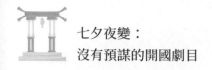
呼了一口氣，這才下令開啟府門。

蕭道成意識到自己的機遇來到了！

並不是所有的人都能像蕭道成這樣天降好運的。

蕭道成聽完王敬則的報告後，迅速決定入宮。他全身戎裝，率左右數十人，由王敬則、楊玉夫等人引路向宮中奔去。這一次，他們聲稱是皇帝回宮，讓宮中開門。宮廷內照樣沒有絲毫的懷疑，開啟了宮門。

承明門剛一開啟，蕭道成就駕著常騎的赤馬當先衝入。宮中見放進來的是全副武裝的蕭道成及其侍衛，大驚失色。蕭道成的那赤馬高大威猛，也許是首次進入深宮的緣故，揚蹄嘶叫起來，竟然鎮住了不知所措的宮人們。蕭道成登基後，封這匹赤馬為「龍驤將軍」，民間稱這匹馬為「赤龍驤」，可見這匹馬確非尋常馬匹。王敬則等人趁機高舉著劉昱的腦袋大喊：「昏君已死，蕭領軍入宮主持大事！」殿內一片驚怖，片刻後都高呼起萬歲來。蕭道成隨即下令自己控制的禁衛軍陸續前往皇宮內外，連夜控制了整個局勢。

蕭道成又派人去召集護軍褚淵、司徒袁粲、尚書令劉秉三位輔政大臣入宮，商議廢立事宜。褚淵原本與蕭道成的關係極好，入宮知道真相後，堅定地站在蕭道成的一邊。司徒袁粲、尚書令劉秉兩人原本權力地位與蕭道成相當，現在見蕭道成一夜間把持了朝政，加上自己對皇帝猝死等事毫無所知，自然心懷不滿。在新的權力分配方面，袁、劉二人也不願意蕭道成獨霸朝政。

天明後四貴在殿庭前的槐樹下集議。蕭道成依然一副戎裝，先對劉秉說：「劉大人您是國家重戚（劉秉是皇室成員），今日之事，應該由您主持。」劉秉沒有想到蕭道成會來這一手，慌亂地推辭了。蕭道成又讓袁粲主持廢立之事，袁粲也不敢接受。蕭道成於是當仁不讓地宣布，備

法駕去東城迎立宋明帝第三子、劉昱的弟弟、年僅十一歲的劉準。袁、劉二人這時候又後悔了，想發表意見，但是蕭道成安排的士兵用長刀組成了刀牆，阻遮在袁粲、劉秉等人面前。兩人只好失色而去。

皇太后天明後也知道了消息，但是生米已煮成了熟飯，只好接受蕭道成的既成事實。太后下令說：「劉昱窮凶極暴，自取毀滅。但是將他廢為庶人，我又有所不忍。可特追封為蒼梧王。」劉昱被葬丹陽秣陵縣郊壇西。

劉準登基後，史稱宋順帝。蕭道成因為有扶立之功，晉位為侍中、司空、錄尚書事、驃騎大將軍，持節、都督、刺史如故，封竟陵郡公，邑五千戶，給油幢絡車，班劍三十人。蕭道成堅決推辭，只接受了驃騎大將軍、開府儀同三司的官職，不久又兼管了南徐州、豫州、司州三個州。對楊玉夫等二十五人不僅沒有追究弒君的罪責，而且還封賞爵邑。蕭道成獨掌了朝政。

蕭道成的迅速崛起，引起了其他大臣的反對。

先是袁粲、劉秉兩人的起兵反抗。雖然他倆與蕭道成同為輔政大臣，但與在前線戰火中成長起來的蕭道成不同，並無經世之略。蕭道成憑藉強大的禁衛軍和控制首都的優勢，很快打敗了兩人。袁、劉二人身死。荊州刺史沈攸之是劉宋的實力將領，也起兵討伐蕭道成，結果在郢城一戰中失敗，軍潰身死，首級被帶到建康示眾。同時蕭道成還誅滅了反抗的鎮北將軍黃回。

鎮壓了內部的反對勢力後，朝廷進封蕭道成為太尉，增三千戶人口，都督南徐、南兗、徐、兗、青、冀、司、豫、荊、雍、湘、郢、梁、益、廣、越十六州諸軍事。蕭道成不僅辭掉了都督，連驃騎大將軍的職位也自願卸下了。朝廷只好增加了他的儀仗和待遇。

蕭道成之所以這樣推辭，是覺得自己的聲望和功績還遠遠不夠。在

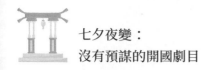
這一時期，他主要藉由加強內政建設來塑造自己的權力和形象。年輕的時候，蕭道成曾經立下過「治天下十年，當使黃金與泥土同價」的宏願。一次，他與族弟蕭順之登上武進的金牛臺，見到枯骨橫道。蕭道成說：「宋文帝之後才幾年時間啊，怎麼又出現了這樣的慘況？」當時他凜然的表情讓蕭順之為之動容。元嘉之世結束後，南朝上層奢侈成風，百姓也不事節儉。蕭道成主政後，罷御府，清理宮殿和官府的飾玩，又禁止民間的華偽雜物。他從節儉勤政入手，積蓄國力，減輕百姓負擔，推動了劉宋王朝的改革，取得了一定的成效。

隨著蕭道成威望的增長，西元四七八年九月，宋順帝晉封蕭道成假黃鉞、都督中外諸軍事、太傅、領揚州牧，給予他劍履上殿，入朝不趨，贊拜不名的待遇。這一次，蕭道成在經過堅決推辭，朝廷屢次下詔敦勸之後接受了黃鉞，但是辭去了過高的特殊待遇。第二年，朝廷再次重申前命，給予蕭道成劍履上殿，入朝不趨，贊拜不名的特殊待遇，蕭道成這才接受。他的接受是一個特殊的訊號，馬上朝廷又晉封蕭道成為相國，總百揆，劃土十郡為齊國，封他為齊公，備九錫之禮，加璽紱遠遊冠，位在諸侯王上。依照慣例，蕭道成退讓了三次，朝廷和公卿敦勸請求之後，他才接受。

這樣的情景對於南北朝的群臣和百姓來說，並不陌生。南北朝是一個禪讓遍地開花的時代。兵荒馬亂時節，有槍就是王。有頭有臉的實力派都夢想著向皇帝寶座衝刺。而你讓位，我接受的禪讓形式是當時盛行的遊戲規則。禪讓形式可以在臺面上給被迫讓位的前朝皇帝有臺階可以下，用相對和平的方式將政治變故的破壞力限制在低水準。受禪者還可以在禪讓的過程中穩步「接班」，為自己贏得名聲，營造「萬民請願，人心所向」的景象來。因此南北朝時期廣泛採用了禪讓形式。

蕭道成現在就是在重複權臣受禪的過程。

梁朝肇建

局勢豁然明朗了。

接下來就是讓皇帝主動禪讓了。整件事情的難度在於宋順帝是一個十二歲的貪玩小孩，根本不知道禪讓是怎麼回事。而宮中的皇太后、太妃等人又裝聾作啞，不吱聲。蕭道成是不可能殺入宮中去搶奪寶座的。於是局勢又似乎停頓了。

最後還是禁衛軍發揮了作用。西元四七九年春，某天，禁衛軍官兵在王敬則的率領下擁入宮中，大喊著「齊王當繼大位」的口號，橫衝直撞，逼劉準退位。劉準當時正在一個小房間捉迷藏，被外面一嚇，不肯出來。禁衛軍才不管這些，據說是將刀架在皇太后的脖子上，逼皇太后親手把小皇帝從某個房間的角落裡拽出來，官兵們架著劉準去完成「禪讓之禮」的。

劉準坐在車上，被人急速帶往宮外，在驚嚇過度的情況下反而不哭了。他問王敬則：「你們要殺我嗎？」王敬則回答說：「你不能住在宮中了，要搬到別的地方住。你家祖先取司馬家的天下的時候就是這麼做的。」劉準哭泣道：「願後身世世勿復生在王家！」宮中家眷聽到小皇帝的這句話，哭成一片。這句話成為古代歷史上的一句名言，成為後來人形容皇帝不易的一條鐵證。但是我懷疑十二歲的劉準能否說出這句經典之句。也許這只是後人杜撰的一條言論而已。

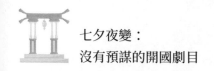

依照慣例，蕭道成在接受禪讓之前還要推辭三次。蕭道成按照慣例都一一做了，宋朝從劉準到王公貴族又誠懇堅定地請求了三次。其中兼太史令、將作匠陳文建說的一句話，可以作為到那時為止的禪讓歷史的一個小結。他說：「後漢從建武到建安二十五年經過一百九十六年後禪位給魏；魏從黃初到咸熙二年經過四十六年禪位給晉；晉從太始到元熙二年經過一百五十六年禪位給宋；宋自永初元年至升明三年已經有六十年了。占卜的結果是『六』，預示著天命六終六受。請宋王順天時，應符瑞，登基稱帝。」

蕭道成這才同意受禪。

西元四七九年四月甲午，蕭道成在建康南郊即皇帝位，設壇柴燎告天。新朝國號齊，史稱南齊。

蕭道成即位後封劉準為汝陰王，在汝陰郡建國，全食一郡，位在三公之上。劉準搬離建康，在丹陽縣故治建宮居住，奉行宋正朔。南齊規定劉準是新朝的賓客，在封國內行宋朝正朔，上書不為表，答表不為詔。也就是說，劉準在名義上保持著皇帝的「做派」，此待遇是當朝皇帝恩賜的。可就在西元四七九年當年五月己未，丹陽縣汝陰王府門外馬蹄聲雜亂。奉命監視劉準的軍隊以為有人想劫持劉準復辟，自作主張殺害了十三歲的劉準。從四月退位到五月被殺，劉準離開皇位後存活了不到一個月。蕭道成聽到消息後，非但沒有吃驚反而十分高興。五個月後，蕭道成封劉胤繼承劉準為汝陰王，奉宋祀。汝陰國傳國至南陳。

蕭道成登基的時候，宋朝諸王都降封為公，其中晉熙王劉燮為陰安公，江夏王劉躋為沙陽公，隨王劉榮為舞陰公，新興王劉嵩為定襄公，建安王劉禧為荔浦公，郡公主為縣君，縣公主為鄉君。這些皇室成員是在宋朝殘酷的骨肉相殘後倖存的。劉準被殺後，蕭道成將這些劉宋宗

室全部誅滅。也許他是覺得得位過於容易，所以時刻擔心前朝皇室的復辟。

蕭道成臨死時囑咐兒子蕭賾：「前朝劉氏如若不是骨肉相殘，我蕭家哪能乘亂奪位。子孫後代要牢記宋朝的教訓。」蕭賾遵遺囑不殺本家，朝政也還清明。但蕭賾之後的南齊又重走了宋朝的老路，骨肉相殘的程度遠勝過宋朝。齊明帝幾乎殺光了同族親屬。也就是在他的手中，南齊王朝種下了被其他家族取代的命運禍種。

縱觀拉開南齊代替南宋序幕的「七夕夜變」事件，這是一場沒有預謀的政變。儘管政變前王敬則在蕭道成的指使下於宮廷內外待命，但與七夕節發生的暗殺事件沒有直接關係，只是在之後被弒君者當作求助、投靠的對象。蕭道成本應該是這次政變的絕對主角，但他沒有參與政變的謀畫。這次政變其實也沒有真正的謀劃過程，自衛色彩大於謀殺。蕭道成同樣沒有參與刺殺活動。

希望讀者不嫌我嘮唆，我再講講歷史上另外一件因為偶然事件發生的宮廷政變。這就是發生在明朝嘉靖年間不明不白的「壬寅宮變」。嘉靖二十一年十月二十一日凌晨（西元一五四二年十一月二十七日），就在紫禁城乾清宮一片青煙繚繞的氣氛中，宮女柔弱的雙手將繩索套在了朱厚熜的脖子上⋯⋯

話說朱厚熜愛一位姓曹的妃子。她非常漂亮，深受寵愛，被封為端妃。朱厚熜經常在後宮與端妃飲酒狎歡。端妃身旁有一個叫楊金英的宮女。楊金英因為一點小事曾被朱厚熜責罵，差點被推出去殺死。端妃求情，才救下了楊金英的命。再加上喜好道教煉丹的皇帝採用催精採血的方法虐待宮女，楊金英等人恨死了朱厚熜。

十月二十日晚，朱厚熜和端妃在寢宮飲酒。他喝得酩酊大醉，在床

七夕夜變：
沒有預謀的開國劇目

上睡得一塌糊塗。端妃為朱厚熜掖好被子便去了別間屋子，以便皇帝能夠睡個好覺。二十一日凌晨，等在一旁的楊金英等十六個宮女將繩子套在朱厚熜的脖頸上，還有的宮女騎在他身上死死地壓住，一心要殺死皇帝。經過事後的整理，整件事情的過程大致如下：先是楊玉香把一條粗繩（這條粗繩是用從儀仗上取下來的絲花繩搓成的，可見這些宮女花了多少心機和時間準備）遞給蘇川藥；蘇川藥又將拴繩套遞給楊金英。另一邊，邢翠蓮把黃綾抹布遞給姚淑皋，姚淑皋一手矇住朱厚熜的臉，一手緊緊地按住他的前胸。接著，王槐香按住朱厚熜的上身，蘇川藥和關梅秀分把左右手，劉妙蓮、陳菊花分別按著兩腿。

第三步，楊金英為皇帝拴上繩套，姚淑皋和關梅秀兩人去拉繩套。只要姚、關兩人一用力，朱厚熜就要歸天了，誰知繩套事先被楊金英拴成了死結。不管姚、關兩人怎麼用力，朱厚熜都沒有死去。

就在謀殺無果、人心浮躁的時候，其中一個叫做張金蓮的宮女最先退卻了。她天真地認為繩索怎麼都勒不死朱厚熜是因為他有神靈的佑護。張金蓮慌忙跑出去報告了方皇后。方皇后聽報，顧不得穿戴就帶著一大幫宮女跑到寢宮來救駕。來到寢宮，端妃還在睡夢之中。楊金英等人聽見外面擁入大批救兵，大為驚恐，四散而逃。慌亂中，方皇后還被姚淑皋打了一拳。最後宮中大亂，來人越來越多，十六個宮女全部被抓了起來。

方皇后解開昏迷的朱厚熜脖頸上的繩子，灌水給朱厚熜，催他清醒。朱厚熜醒過來的時候，糊里糊塗的端妃才慌張地跑來。方皇后事先就與端妃有仇，現在剛好借題發揮，落井下石，將繩子擲在端妃的臉上厲聲指責端妃大逆不道，謀害皇帝。方皇后趁朱厚熜尚未清醒，又下令嚴刑拷問逮捕宮女。結果審訊得出了以端妃曹氏、寧嬪王氏、楊金英為

首犯的弒君團體。事後，司禮監對宮女們多次嚴刑拷打，刑訊逼供，最終得出結論：「楊金英等同謀弒逆。張金蓮、徐秋花等將燈撲滅，都參與其中，一併處罰。」司禮監題本中記錄的楊金英的口供稱：「本月十九日的東梢間裡有王、曹侍長在點燈時分商說：『我們快下手吧，否則就死在手裡了。』」最後以曹氏、王氏主謀，楊金英主凶結案。多個家族受到株連殺戮。

同樣是偶然因素誘發的宮廷政變，七夕夜變成功了，王寅宮變卻失敗了。沒有什麼必然的成敗原因可以比較或總結出來，只能說偶然因素在偶然政變中發揮著關鍵作用。蕭道成只能感嘆自己的命好，碰上了一件好事。

為什麼蕭道成的政變和之後的篡位沒有引起大的動盪呢？

除了七夕之變和此後的政治操作沒有大規模的殺戮，比較平緩地完成了權力轉移外，宋朝紛亂末期殘酷的爭權奪勢行為已經讓大家對政變視若無睹了。皇子皇孫們為了爭奪帝位骨肉相殘，高貴的鮮血淋漓了華麗的殿堂。劉裕的子孫們為了爭奪皇位展開了駭人的殺戮，不是子弒父、兄弟相殘就是叔姪屠殺。宋孝武帝、前廢帝、宋明帝三朝皇族一百二十九人，被殺者一百二十一人，其中皇室內部相殘者多達八十人。在鮮血橫飛的動亂中，沒有人過多地關注蕭道成主演的這場政變。只要他有能力控制住政局，維持一個相對平靜的社會環境，就沒有人會反對，也不會引發大規模的政治動盪。

可以認為蕭道成是一個幸運的開國帝王，沒有花太多的精力，也沒有冒險，就完成了關鍵的從重臣到帝王的轉變。他真的必須要感謝劉昱在七夕夜的一句戲言。

玄武門之變：

當親情遭遇權力

　　唐太宗李世民無疑是中國歷史上最偉大的帝王之一，後人對他的評價也越來越高。但我們不能「一俊遮百醜」，忘卻了李世民其實是透過政變奪取帝位的。在「玄武門之變」中，李世民殺死了哥哥和弟弟。在骨肉相殘的刀光劍影中，李淵那無奈的身影特別令人同情。

身不由己

李淵有二十二個兒子，卻絲毫沒有感受到父子親情。

在很多中國人看來，李淵似乎是幸福的。因為他的家族子孫繁衍，枝繁葉茂。與宋高宗趙構、明憲宗朱見深和咸豐皇帝等人不同，李淵根本不用為絕嗣的危險而苦惱。在許多同是皇帝的人眼中，生育健康的皇位繼承人幾乎是他們追求的主要目標。皇朝血統的延續被視為天下政治大事。李淵不僅擁有二十二個健康的兒子，而且其中更不乏出類拔萃的人選。他與正妻竇氏生育的四個兒子就算得上是人中之龍。三兒子李玄霸武力超群，可惜早死；長子李建成輔佐朝政，多有功勛，被立為太子：次子李世民四出征伐，戰功顯赫，被封為秦王；四子李元吉善使長矛，是軍中勇將，被封為齊王。這些能幹的兒子在大唐王朝的建立和鞏固過程中都發揮了重要作用，為父親李淵分擔了許多壓力。在許多中國古代皇帝看來，李淵已經不是令人羨慕的對象了，簡直是招人嫉妒。許多皇帝儘管不愁沒有兒子，但那些兒子不是不學無術，就是驕橫跋扈，沒有一個可用之才。更可憐的是晉朝的司馬家族，一連出現了兩個白痴皇帝（晉惠帝司馬衷和晉安帝司馬德宗）。也許在天堂裡，司馬家族正注視著地上的李淵，恨得牙癢癢。

但是李淵有李淵的難處。擁有一群能幹的兒子，也是有它的煩惱在的。如果這些兒子都謙恭禮讓，沒有權力欲，那就好辦了。可是面臨一

步之遙的皇帝寶座，哪個當兒子的不怦然心動呢？更何況這些兒子都參與了打天下的過程，都有自己的想法、地盤和小集團。皇位只有一個，有能力、有野心爭奪它的兒子卻有一群。你說李淵能不發愁嗎？

在這麼多兒子當中，最先引起李淵注意的，或者說李淵最先喜歡上的人是二兒子李世民。

李世民，隋文帝開皇十八年（西元五九八年）十二月戊午生於武功別館。起初，忙於個人仕途的李淵並沒有特別的注意李世民。大業十一年（西元六一五年），隋煬帝在雁門關被突厥圍困住了，徵召各地的軍隊前往支援。李家也要派人去勤王，李淵就讓十七歲的二兒子李世民代表李家執行貴族的軍事義務。於是，李世民進入屯衛將軍雲定興的軍隊作戰。對於李家這樣世代勛貴的人家來說，派其中某個兒子去勤王是件小事。李淵也沒太放在心上。誰想這一去，李世民竟然一鳴驚人，大大長了李淵的面子。

事情是這樣的：雲定興召集戰前軍事會議，確定了全軍輕裝快進，迅速尋找突厥鐵騎決戰救出皇帝的作戰方案。李世民不顧人小言微，主張應該大張旗鼓地穩步進軍。他的理由是突厥擅長騎兵突擊，這次圍困隋煬帝就是採取突擊戰術，希望打隋軍一個措手不及。如果突厥人看到隋軍大張旗鼓而來，會以為隋軍準備妥當，已經失去了打突擊戰的意義，因而可能主動撤軍。雲定興採納了李世民的建議，大吹大擂地進軍。突厥真的以為隋軍主力準備充分，沒等接戰就主動撤軍了。李世民不戰而退突厥兵，救駕有功，立刻在隋朝官場和貴族圈子中傳為了美談。大家都知道李淵有個擅長謀略的好兒子。

李淵自然是喜出望外，對李世民另眼相看。

李淵自己在隋末的仕途並不通暢。隋煬帝去揚州的時候，命李淵督

軍在並州一帶清剿叛亂，防禦突厥。李淵在並州作戰直至出任晉陽留守之間，李世民是他唯一帶在身邊的兒子。長子李建成則帶著母親、弟弟和家人在河東地區居住避禍，為父親解除後顧之憂。李世民在晉陽期間，參贊軍務，招兵買馬，是李淵策動晉陽起兵反隋的核心參與者。在決定造反爭奪天下後，李淵緊急將李建成、李元吉等兒子都祕密召到晉陽共同起事。畢竟上陣不離父子兵。起兵之初，李淵以長子李建成為隴西公、左領軍大都督，統率左三軍：以李世民為敦煌公、右領軍都督，統率右三軍。這一次，李建成兄弟倆的角色發生了轉換，直到最後。李世民因為出色的軍事謀劃和衝鋒陷陣的能力，逐漸成為了李唐陣營的重要戰將，常年領兵在外；李建成則一直跟隨李淵身邊，負責軍中行政和後方事務。兄弟兩人各盡所長，書寫了不同的人生軌跡。

攻克長安後，李淵立隋煬帝孫代王楊侑為帝，改元義寧，是為恭帝。恭帝進封李淵為唐王，以李建成為唐王世子；李世民為京兆尹，改封秦國公；封李元吉為齊國公。義寧二年（西元六一八年）李世民徙封趙國公。三月，隋煬帝被殺。五月，李淵即位，國號唐，建元武德，是為唐高祖。李淵以李世民為尚書令。不久，又立李建成為皇太子，封李世民為秦王，李元吉為齊王。

可以說，新朝建立後，李淵宣布的繼承人選是明確的 ── 那就是李建成。一方面，李建成是嫡長子，是宗法制上的第一繼承人；另一方面，李建成經過長期的政治考驗，多有功勳，表現出了未來皇帝應有的素養。對於李世民，李淵以高官厚祿和軍事實權來補償，繼續讓二兒子常年在外征戰。李元吉則在家族起兵反隋，大軍入關後，留守太原。唐朝建立後的第二年（西元六一九年），劉周南侵併州，李元吉無力抵抗，棄守晉陽逃歸長安。按律，李元吉要交朝廷嚴懲。李淵卻沒有懲處這個

小兒子，只是加派軍隊收復太原。事實上，李淵對幾個兒子基本上是滿意的。兒子們一旦有什麼過錯，他也不採取實質性的懲罰，而是責備幾句了事。

李淵可能也覺得自己在處理家庭問題上有點力不從心。長期的政治鬥爭使他很少明確、強硬地表達自己真正的想法。李淵認為政治猶如流水，水到渠成。人不一定隨波逐流，但抽刀斷水也是辦不到的。事實上，在李淵的一生中，李淵面臨的政治選擇餘地很小。他完全習慣於最後時刻在兩三個選擇面前做簡單的判斷了。現實政治給予了這樣做的李淵巨大的回報。很自然地，李淵把對政治和決策的理解延伸到了對家庭事務的處理之中。他不僅不會樹立威嚴、強硬的父親形象，而且覺得在血肉相連的親人面前也沒有必要那麼做。

遺憾的是，李家的兒子們不這麼想。當李淵猛然清醒，希望執行嚴父職責的時候，卻發現兒子們各個羽翼已成，管不了了。

權力是個壞東西。權力能使人產生強烈的權力欲，進而扭曲人性。

李世民即使不是皇子，也會成為一個尾大不掉的權臣。經常出征的李世民逐步消滅各地割據勢力，威震天下。唐朝建立後，王朝的勢力範圍被局限在關中地區。秦王李世民破李軌，平定隴西割據勢力薛仁杲，將唐王朝疆界拓展到西北方面：敗宋金剛、劉武周，收復並汾失地，恢復了李元吉葬送的失地。李世民還親自指揮了虎牢戰役，一舉殲滅中原兩大割據勢力——王世充和竇建德軍事集團，取得了唐朝統一戰爭決定性的勝利。毫不誇張地說，李淵的大半個天下都是李世民打下來的。李世民的威望直線上升，尤其是在虎牢之戰後進入長安時，受到部分軍民以皇帝的禮儀迎接。

李世民奇蹟般的成功給李淵出了難題。他只能以更高的官職和特權

待遇來補償李世民的功勛。到武德四年冬十月，李世民已經被封為天策
上將、領司徒、陝東道大行臺尚書令，食邑增至二萬戶，位在諸王之
上，太子李建成之下。李淵又下詔特許李世民自置官署，儼然形成一個
微型的朝廷機構。武德八年李世民又兼任了中書令，成為宰輔，集軍
權、行政權於一身。李世民身邊文臣武將聚集，許多地方官員也投入他
的門下，形成了龐大的秦王集團。這些人投靠李世民，不是單純地被李
世民的功績所吸引，而是希望靠著李世民這棵「大樹」，實現自己的「進
步」。以洛陽為中心，潼關以東地區幾乎只聽李世民的號令。秦王權勢之
大，終於引起了李淵的警覺。

到現在，李淵已經犯下了三大錯誤。第一，他過早地確立了太子，
斷絕了以繼承權的分配來調整諸子矛盾，適應新權力格局的可能性。第
二，他雖然確認了李建成的太子地位，卻又放任李世民四處征伐，掌握
越來越大的軍權，控制越來越多的地方政權。客觀而言，李淵為自己確
立的太子樹立了強大的對立面。第三，他一味地以高官實權來補償李世
民，希望能平衡李世民的心理落差，實現權力結構的穩定。但是李世民
志存高遠，不斷落在身上的頭銜非但沒有平息李世民的不滿，反倒還激
發了他追逐更大地位的決心。可以說，第三點錯誤是李淵致命的錯誤，
發揮了「火上澆油」的作用。

太子李建成也不是等閒之輩。他要保衛自己的地位。

李建成長期經營政治中樞，在以長安為中心的關中地區構造自己
的勢力範圍。在長安，李建成擁有一支完全聽命於東宮太子的軍事力
量——長林兵；關中地區的文武官員基本被太子網羅在自己周圍。因
此，儘管在全國範圍內，李建成的勢力不如弟弟李世民；但在關中區域
性，在京都長安，李建成完全擁有對李世民的實力優勢。在長安的齊王

李元吉的勢力遠比不上大哥李建成，但他和大哥一樣在心裡妒忌李世民，非常不滿。李建成就和李元吉結成政治聯盟，共同對付李世民。

儘管兄弟間的猜忌日益加深，但三人間的矛盾是逐漸顯現的。在唐王朝統治尚未鞏固、天下依舊大亂的時候，兄弟三人基本相安無事。李元吉還參與了李世民在關東地區的征戰。

唐朝建立的第五個年頭，全國統一戰爭即將結束。打天下的階段要過去了，終於到了大家處理內部權力衝突的時候了。李世民榮耀地進入了京都長安。他那龐大的聲望和勢力讓李建成感到了極大的威脅。

長安的大臣們也不是傻瓜。大家看到老皇帝李淵優柔寡斷，看到最新的實力對比關係，不得不為自己的未來考慮。大臣們以兄弟矛盾分為兩派，互相傾軋。宰相裴寂，大臣王珪、魏徵，將領薛萬徹等跟隨李建成、李元吉一派，此外還有李綱、竇軌、裴矩、鄭價果、賀德仁、徐師漠、歐陽詢、任璨、唐臨、韋挺、唐憲、榮九思、武士逸（武則天的叔父）、裴宣儼、袁朗等人。將「寶」押在李世民一邊的有大臣蕭瑀、長孫無忌、杜如晦、房玄齡，將領秦叔寶、尉遲敬德、程知節、侯君集、段志玄、王君廓等，此外還有高士廉、柴紹、唐儉、張公謹、劉師立、李孟常、張亮、龐卿揮、樊興、元仲文、秦行師、封倫、錢九隴、劉弘基、公孫武達、屈突通、杜淹、李安遠等人。掌握外地兵權的將領李靖、徐世積，朝中大臣宇文士及等人則保持中立。

派系之爭緊隨著統一戰爭的結束而出現。

兄弟相爭

最先發動進攻的是哥哥李建成。

李建成恨恨地說：「秦王外託禦寇之名，內欲總兵權，成其篡奪之謀。」他憑藉自己在政治中樞的基礎，希望透過正常的途徑，有計畫地逐步削奪李世民的兵權和勢力。前哨戰是從調整秦王陣營的重要成員的官職開始的。

在李建成等人的主導下，李淵輕易就同意了一系列人事任命。房玄齡、杜如晦等人離開秦王府，出任外地文官；武將程知節外調為康州刺史。一時間，「時府中多英俊，被外遷者眾，太宗患之。」這些謀士和親信都是到各地去擔任實職的，可李世民為什麼擔心呢？因為身邊親信被不斷調離，最直接的負面影響就是李世民身邊出謀劃策和衝鋒辦事的人少了，間接地影響了李世民對朝政的掌握和控制。

如果李世民的目的是做一個稱職的好藩王，那麼這些幕僚的離去不會對他的心理造成太大的影響。但是李世民的人生目標並不止於此。房玄齡對李世民說：「府僚去者雖多，蓋不足惜」，但是重要的人物必須盡力挽留住。比如像杜如晦這樣聰明識達的王佐之才，藩王是用不上的，但是皇帝肯定能用得上。房玄齡就評價說：「若大王守藩端拱，無所用之；必欲經營四方，非此人莫可。」李世民覺得事態嚴重了：「爾不言，幾失此人矣。」他違背正常的人事變動流程，急忙將已被任命為陝州府長史的杜如晦調回秦王府。

　　李建成還開始收買秦王陣營的成員，希望為己所用。李建成首先看中的是勇將尉遲敬德。太子屬官載著一車金銀，悄悄地去拜訪尉遲敬德。來人說太子是如何看重尉遲將軍，相信將軍以後肯定更有作為。尉遲敬德斷然拒絕說：「我是秦王的部下。如果背離秦王投入東宮，我不就成了個貪利忘義的小人嗎？太子要個卑鄙的小人又有什麼用呢？」尉遲敬德將滿車金銀原封不動地退還給了來人。

　　李元吉的涵養不夠，聽到哥哥手下的回話後暴跳如雷。當天夜裡，他就派了個刺客去刺殺尉遲敬德。刺客溜進院子，隔著窗戶偷看，尋找下手的機會。尉遲敬德行伍出身，早就發現了刺客，故意洞開大門，斜靠在床上休憩。床邊放著長矛。刺客知道尉遲敬德是身經百戰的勇將，現在又見他這樣坦然相對，也就不敢動手，偷偷逃走了。

　　李世民也沒閒著，開始收買李建成的親信。他的「挖牆腳」工作比李建成陣營要稍微成功一點。雖然沒有大將領轉投入李世民陣營，但有幾個小角色投靠了李世民。在當「小跟班」的人中有一個職位很低的軍官 —— 玄武門的值勤軍官常何。常何是個名不見經傳的小角色，但是武德九年六月四日剛好輪到他值宿玄武門。正是常何在之後決定歷史走向的那場大事變中提供了一把開啟宮門的鑰匙。如果知道事後的結果，不知道李建成會不會充分重視起常何這個小軍官呢？

　　歷史就是這麼奇怪，重大事件的結果往往就是由一些不經意的小鋪墊決定的。第一階段的人才爭奪中，李世民取得了勝利。不甘心的李建成和李元吉就將戰場轉移到了李淵的後宮。

　　李淵很清楚宮門之外黨同伐異，兄弟相爭的現實，但是他不知道怎麼辦。李淵是政壇高手，卻處理不好家事。當骨肉親情與政治紛爭糾集在一起的時候，李淵更是不知從何下手了。隨著年齡的增長，他採取了

一種近乎不負責任的態度，對兒子們的衝突不聞不問，將越來越多的時間花費在後宮生活之中。李淵晚年寵愛很多嬪妃，生下了許多幼子，希望從她們那裡得到親情的回報。

　　兒子們可沒放過躲避起來的父親。李建成首先採取迂迴戰術。東宮的人經常在後宮出沒，向后妃們拍馬送禮，討她們的歡心。在第二回合的鬥爭中，李建成取得了勝利。這倒不是李建成他們採取了多麼靈活正確的方針政策，而是李世民的後宮人緣基礎太差了。李世民平定洛陽的時候，宮中派遣一些妃子來接收王世充等人的後宮。這些嬪妃私下向李世民索取珍寶和其他戰利品，李世民斷然拒絕了。之前，李世民在關東廣大地區說一不二。宮中自然有人來走後門，為自己的親戚謀官謀利。李世民一概拒絕。一來二去，宮中人對李世民的態度就很差了。現在有李建成一幫人的挑唆，收到好處的后妃和宮人們很樂意在李淵面前盡說李世民的壞話，順帶說說太子的好話。

　　這些小皇子的生母為了自己的前途，往往結交年長的皇子，為李淵死後自己的前途早作準備。建成與元吉二人和嬪妃們各取所需，交往密切。李建成也源源不斷地得到了後宮的情報。

　　李淵久經官場，對這些抹黑手段心知肚明，但抵不上宮中充斥著的李世民的壞話的侵擾，對李世民的印象自然比不上以前了。

　　李世民亡羊補牢緊急展開「枕邊外交」。秦王王妃長孫氏開始頻繁出入宮中，賄賂嬪妃，求得後宮勢力的支持。史載長孫氏「孝事高祖，恭順妃嬪，盡力彌縫，以求內助。」李建成的財力不如李世民，而「枕邊外交」相當程度上就是「金錢外交」。李建成的資金匱乏使他第二回合開始的優勢逐漸喪失，只能酸溜溜地說：「秦王遍見諸妃。彼金寶多，有以賂遺之也。」

最先動殺心的人是齊王李元吉。

《舊唐書·元吉傳》說：「及與建成連謀，各募壯士，多匿罪人。復內結宮掖，遞加稱譽，又厚賂中書令封倫以為黨助。由是高祖頗疏太宗而加愛元吉。」

李元吉是李建成、李世民爭權過程中的重要人物。不論是血統、能力，還是聲望，李元吉都比不上兩位哥哥。他在感情上親近大哥李建成，為大哥的登基之路出力頗多。但是李元吉有一個致命的缺點，那就是他沒有接受過現實政治的考驗，一直漂浮在金碧輝煌的天空。

李元吉和兩位哥哥的年齡相差很大。唐朝建立李元吉被封為親王的時候，他只有十五歲。與兩位哥哥真刀真槍地參與王朝肇建不同，李元吉進入政壇的時候起點很高。他以一種眾星捧月的狀態參與政治活動，他將政治理解得太簡單、太魯莽、太直接了。李淵雖然讓李元吉經過了幾次基層鍛鍊，結果，齊王李元吉的政治鍛鍊卻異化成了「鍍金」和「度假」。

李淵不願意骨肉相爭，希望藉著家庭表面的和睦來加深親情。他好幾次臨幸太子東宮，召集幾個兒子聚會，營造和睦氛圍。這樣的場合，李世民是不得不參加的。李元吉的魯莽發揮了作用。他命令部屬護軍宇文寶帶人埋伏在李建成的寢宮中，打算在父子聚會的時候，一擁而出，殺死李世民。

李元吉為什麼起了殺意呢？因為他想不出更複雜的手段了，他等不及更緩慢的政治操作，他想看到迅速的結果。

面對可能的流血，「性頗仁厚」的李建成搖頭反對。他怕事情不成，更接受不了在父親面前殺死弟弟。他想了很多，還是希望通過正常管道，而不是流血凶殺來解決兄弟權力之爭。李建成甚至可能還罵了李元

吉，責備他不應該產生這麼凶殘的念頭。李元吉不高興地對大哥說：「我這是為大哥你著想，與我有什麼相關？」

在李建成與李世民的爭權過程中，魏徵是個不得不提的人物。他身為李建成的主要謀士，為李建成提出了許多有益的建議。與李元吉一樣，魏徵多次建議李建成除掉李世民，「徵見太宗勛業日隆，每勸建成早為之所」，都不被李建成採納。對此，魏徵感嘆不已。

李世民成為唐太宗後，曾經問魏徵：「你老是離間我們兄弟，為什麼呢？」魏徵說：「先太子如果能聽魏徵的話，我也就沒有今天的福分了。」對魏徵此言，唐太宗點頭表示贊同。

魏徵的成功，在一定程度上是對人心的掌握。他非常清楚李淵的心理。隨著唐朝的統一和穩固，李淵已不再是那個爭奪天下的梟雄了。李淵對兒子們爭奪皇位繼承權的行為始終處於衝突之中。他要避免骨肉相殘，希望大家各安其位，卻只會採取「兩者兼得」的方法，既要維護李建成的太子地位，又對李世民的功勛心懷感激，一再補償。每當發生兄弟之爭，訴到李淵那裡，李淵不是對雙方勸解一番，或者加以斥責，就是把罪責歸於其僚屬。結果造成更多衝突。對立已經激化了，但是李淵的心理沒有改變。魏徵認為在這樣的情況下，李淵能夠接受的只能是通過正常途徑、緩慢地削弱李世民的勢力。

李建成苦惱的是透過正常人事途徑和後宮途徑削弱秦王力量的兩個回合，自己都沒有撈到好處。還有什麼其他方法呢？

這時候從宮中傳出一條情報。李淵對宰相裴寂等近臣評價李世民說：「此兒典兵久，在外專制，為讀書漢所教，非復我昔日子也。」陳叔達等人見李淵有準備貶責李世民的意思，慌忙諫阻。李淵也沒有再說什麼。魏徵敏銳地窺探到了李淵的一些真實想法。他發現李淵已經對李世民的大權獨

攬開始感到不滿了，太子陣營完全可以利用皇帝的這個情緒為己所用。

兄弟二人的第三回合較量開始了！武德九年，李建成畢竟還掌握著行政力量，他透過正常途徑徵得李淵同意，開始抑制和削弱李世民的勢力，但並未損害其根本。

這一年的六月，心力交瘁的李淵對李世民說：「首建大謀，削平海內，你的功勞最大。我想立你為嗣，但建成年長，已經做了很長時間的太子了，我也不忍心奪他的位。我看你們兄弟是互不相容，同處京邑，必有紛競。我想讓你出居洛陽，自陝以東地區都由你做主，建天子旌旗。」原來李淵想將天下分為東西兩部分，將東部封給李世民，給以天子待遇。他希望以此來解決權力衝突，避免紛爭，保全諸子。

李世民同意了。但是李建成、李元吉認為李世民如果盤踞洛陽，有土地甲兵，天下就不是完整的天下了。同時從權力鬥爭上說，將李世民留在長安，也容易解決。以此太子集團的人多次祕密上奏說：「秦王左右聞往洛陽，無不喜躍，觀其志趣，恐不復來。」李建成還發動後宮以利害說服李淵。李淵意識到自己的妥協計畫將會導致國家分裂時，改變了主意。李世民沒能出居洛陽，在李建成等人的進攻前，處境越來越危險。

當時突厥大軍再次南侵。李建成決定利用突厥寇邊的良機，實質性地削弱李世民的勢力。太子陣營的人上奏以李元吉為元帥，徵調全國精兵強將出征與突厥決戰。秦王陣營的許多文臣謀士都在被抽調的範圍內。李淵同意了這個奏摺，任命李元吉為北伐軍主帥。李元吉公開徵調尉遲敬德、秦叔寶、程知節等大將和李世民屬下的精兵，「奪太宗兵以益其府」，組建北伐軍。

這是名正言順的實力搶劫。李世民遭到了沉重打擊，在首都的力量對比中處於了危險的劣勢。他感到形勢緊急，連忙找親信商量。參與密謀的有李世民、長孫無忌、房玄齡、杜如晦、尉遲敬德、侯君集等人。

　　武德九年（西元六二六年）六月三日，親信們爭論了一天一夜，得出的結論是：「事急矣！若不行權道，社稷必危。周公聖人，豈無情於骨肉？為存社稷，大義滅親。今大王臨機不斷，坐受屠戮，於義何成？若不見聽，無忌等將竄身草澤，不得居王左右。」意思是：現在形勢已經很緊急了。如果不行「權道」，我們的陣營就很危險了。周公這樣的聖人，都不顧骨肉親情。李世民為了國家社稷著想，應該大義滅親。如果當斷不斷，就是坐等他人的屠刀落下。那時候，我們這些秦王陣營的人就會四處逃匿，家破人亡了

　　李世民下定決心，與親信謀劃了一個大計畫。

　　當天夜裡，李世民就進宮向父親李淵告狀。他哭哭啼啼地訴說太子和弟弟元吉是如何處心積慮地要謀害他。為了增加自己的優勢，李世民還「檢舉」哥哥弟弟兩個人竟然在後宮姦淫後妃、宮女。李淵聽到這樣令人震驚的消息後，與李世民設想的一樣，毫無所動。後來，李淵吩咐宮人，明天一早將太子、齊王和幾位重臣都叫到臨湖殿來；又讓李世民第二天再來，大家一起討論一下如何處置所謂的「謀害秦王」和「姦淫後宮」案件。宮人便按照吩咐去通知太子和李元吉了。

　　李世民要的就是這樣的結果。

　　李建成、李元吉自然從宮中眼線知道了李世民「告黑狀」的情況。也許，兩人對李世民此舉嗤之以鼻。李世民並沒有絲毫他們倆意圖謀殺和在後宮亂搞男女關係的證據，肯定不能對李建成、李元吉造成實質性的傷害。在兩人看來，這無非是李世民近幾天來對權力被奪，心有不甘的情緒反應而已。

　　兩人一商量，決定第二天一早進宮，向李淵說清楚情況，順便奚落李世民一頓。

弒兄殺弟

六月四日,庚申。

禁衛軍將領常何這天輪到值勤宮城北邊的玄武門。

李建成、李元吉一同入朝必須經過玄武門。按例,皇子不能帶士兵進宮。兩人這天早晨簡單帶著幾個隨從就向臨湖殿趕去。經過宮門的時候,常何還向太子和齊王行禮。李建成和李元吉覺得門口這個軍官似乎很熟悉,沒來得及細想,就進了宮門。

兄弟倆快走到臨湖殿時,經歷過戰陣的李元吉憑直覺覺得周邊情況不對頭,急忙拉著李建成一起調轉馬頭往回跑。

宮中地域廣闊,建築眾多,加上綠樹花卉叢生,埋伏人是很容易的。當日凌晨,李世民就帶領親信將領和所有秦王府的親兵埋伏在玄武門到臨湖殿之間。李世民終於決定從肉體上消滅與自己爭權的哥哥弟弟了!誰想,李建成和李元吉還沒完全進入埋伏圈,兩人就往回跑了。

李世民一聲吶喊,伏兵喊殺而出,撲向太子和齊王而去。

李建成和李元吉見狀,帶著幾名隨從拚命朝玄武門跑去。玄武門離太子東宮很近,那裡有數以千計的太子衛隊。李建成只要逃出玄武門,就能反敗為勝。玄武門越來越近了,誰曾想,常何竟指揮禁軍士兵迅速地將宮門合攏。

「嘭」地一聲，玄武門關上了。李建成痛苦地閉上眼睛，彷彿自己的生命之門也關上了。

李元吉一發狠，勒住馬，轉過身去，迎著背後的追兵衝過去。李建成本想勸住他，見事已至此，也只能帶領幾個隨從迎上前去，進行困獸鬥。李元吉的箭術不錯，在生死關頭，朝著李世民連射三箭。誰知情急之下，年輕的李元吉發揮失常，竟然無一射中。李世民勒馬回射。箭沒有射向李元吉，而是朝著李建成飛去的。李建成頭部中箭，當場墜馬身亡。尉遲敬德指揮親兵齊射，李建成一行人傷亡殆盡。李元吉也受傷墜馬。

李世民目睹親哥哥被自己的箭奪走生命，那一瞬間的感覺只有他知道。我們可以推測，李世民當時愣了。血畢竟濃於水，那一瞬間的震驚讓他不知道怎麼做了。結果，李世民的坐騎失去了控制，跑到了路旁的灌木叢中。馬腿被樹枝所掛，撲倒在地，將李世民掀下馬來。

受傷的李元吉就躺在離李世民倒地不遠的地方，這時忍著痛向李世民撲過去。

李世民墜馬的時候受到撞擊，基本失去了還手能力。李元吉輕易就將他按在地上，用弓弦勒住他的脖子，要置他於死地。千鈞一髮之時，尉遲敬德大喝一聲，快馬衝過來。李元吉見情況不妙，慌忙放下李世民，朝著武德殿方向跑去。尉遲敬德射出一箭，李元吉撲倒在地，死了。肉搏戰就此結束。李世民全勝。

在這場肉搏戰中，宮中禁軍基本採取了中立態度，沒有參與戰鬥。但是禁不住他們傳播消息。政變的消息很快就被東宮的部將得知。李建成、李元吉兩府的援軍上千人，在馮立、謝叔芳的率領下，擁出東宮玄德門，沿宮牆奔向玄武門救援。

　　重要時刻，禁軍被捲入了政變，並為李世民所利用。秦王陣營的長孫無忌、高士廉兩人並沒有參加玄武門內的肉搏。高士廉利用職權，釋放了長安的囚犯；長孫無忌利用職權，為這些囚犯提供武裝，迅速建起了一支神不知鬼不覺的「囚徒軍」。長孫兩人一直在玄武門外等待狙擊東宮援軍。「囚徒軍」見太子衛隊出動，衝上前去混戰。

　　在宮殿中出現一群武裝囚犯。禁軍不能不過問了。常何憑藉自己的禁軍將領身分，鼓動一直在旁觀的禁軍去「消滅」這些囚犯。負責皇宮北邊禁軍指揮的敬君弘、呂世衡兩位將軍也覺得不成體統，倉促中率領北門禁軍去捉拿這些囚犯。請大家設想一下當時的情景，三方一旦混戰起來，誰還分得清楚敵我。結果，玄武門外發生的主要是禁軍與太子衛隊之間的激戰。

　　更為蹊蹺的是，禁軍將領敬君弘、呂世衡兩人在混戰中被斬。禁軍群龍無首，當天的值勤軍官常何就被大家推舉成為臨時負責人。常何自然是指揮禁軍殺向太子一邊的人。禁軍的向背成為了玄武門混戰成敗的關鍵。

　　李建成畢竟經營了多年，他的部屬也是人才濟濟。東宮的人越聚越多。對他們來說，參加玄武門激戰不但是為了李建成而不惜表明政治立場，更是為了自己的前途。李建成的失敗就是他們的失敗。皮之不存，毛將焉附？常何率領的宮廷禁軍漸漸招架不住了。馮立、謝叔芳還高聲呼喊，要分兵去攻打秦王府。當時李世民等人已經傾巢而出，秦王府是座空城。玄武門內的人聽了，都憂心忡忡。

　　粗中有細的尉遲敬德親手將李建成、李元吉的頭割下，用力甩到宮牆外面去。片刻之後，玄武門之外一片寂靜；又片刻之後，外面傳來了武器紛紛落地的聲音。李建成陣營有的散去，有的呆立繳械⋯⋯

玄武門之變：
當親情遭遇權力

六月四日清晨，李淵的心情很不好。每當這個時候，他總會讓宮人在北海池上準備好船隻，泛起舟來。儘管已經到了和幾位重臣在宮中議事的時間，李淵依然沒有起駕的意思。

昨天晚上，二兒子——秦王李世民進宮來向李淵哭訴哥哥——太子李建成，以及弟弟李元吉荒淫後宮、迫害自己的情狀。幾年來，李淵一直糾結於幾個兒子的明爭暗鬥，心力交瘁，卻要裝出若無其事、公平公正的樣子。這一回，李淵還是輕描淡寫地吩咐宮人明天一早將李建成、李元吉和幾位大臣召集來，共同商議，才將哭哭啼啼的李世民勸走……

李淵坐在船上，望見水中鬚髮雪白的倒影，長長地嘆了一口氣。隱約中，這位老皇帝聽到臨湖殿四周傳來喊殺聲，疑慮起來。他用一貫輕描淡寫的態勢吩咐岸上的小太監去檢視情況，自己則繼續讓小船靜靜地在北海池上隨波逐流。

出去探聽情況的小太監還沒回來，臨湖殿方向先傳來了盔甲相撞的聲音，越來越清晰。李淵瞇著眼睛觀察。原來是很不討自己喜歡的一個將領——尉遲敬德手持長矛、全副戎裝地帶著一隊士兵匆匆趕來。李淵心中一驚。

尉遲敬德在湖邊立定，朗聲稟報說：「皇上，太子和齊王大逆不道，發動叛亂。秦王已將兩人就地正法。臣等怕陛下驚擾，特地前來護駕。」

李淵緩緩地放下雙槳，久久說不出話來。在他的有生之年，都沒有人向他詳細匯報過當天發生的真實戰況。玄武門之變留給李淵的最深印象就是一身戎裝的尉遲敬德，是這個人告訴了他政變結果，還帶人一直將他「護駕」到臨湖殿上。

　　殿上，按時趕來參加議事的大臣裴寂、蕭瑀、陳叔達、封倫、宇文士及、竇誕、顏師古等人都已經等候多時。他們比李淵早一小段時間知道了事情的結果。

　　尉遲敬德高聲宣布李建成、李元吉陰謀造反，已經被殺。現在恭請皇上明下詔書，清算太子餘黨，「重賞」秦王李世民。

　　李淵沒有說話，環視了一下群臣。宰相裴寂低著頭，一言不發。蕭瑀、陳叔達兩人積極發言，請李淵明確褒貶。宇文士及本身就參與了密謀，現在幾乎是重複了尉遲敬德的話語。其他三人也統一口徑，極力稱讚李世民。六比零的表決結果，還有一個人棄權。

　　李淵知道大勢已定，輕輕地點了下頭。

　　玄武門前鮮血的清洗工作持續了整整一天。

　　當天晚上，政變後的父子終於相見。「上乃召世民，撫之曰：『近日以來，幾有投杼之惑。』世民跪而吮上乳，號慟久之。」

　　這段紀錄表明，李淵主動召見了李世民，並破天荒地「承認」了自己的錯誤。這裡有一個典故。魯國的曾參是孔孟之後的儒家大師。有一天，有人跑來告訴他母親，說曾參殺了人。當時曾母正在織布，不相信。後來陸續又有兩個人來告訴說曾參殺了人，曾母有點兒相信了，忙扔下紡織用的梭子逃亡去了。後來才查明，原來是一個與曾參同名同姓的人殺了人，與曾參無關。李淵引用這個典故，承認自己為小人矇蔽，曾經做出過一些懷疑李世民的舉動。這些懷疑的舉動無非就是李淵借李建成、李元吉的口和手所做的削弱李世民許可權的言行。這其實是李淵的本意。李淵現在這麼說是為自己找了個臺階下，也為父子相見定下了一個基調。

　　既然父皇都認錯了，李世民還能說什麼呢？按照北方少數民族的習俗，李世民跪在地上，吮吸了父親的乳頭。父子倆抱頭痛哭。

　　在哭聲中，李淵和李世民肯定都想到了剛剛死去的李建成和李元吉。李淵為兩個兒子的死痛心；李世民則還沒適應兩個兄弟兼對手的離去，更沒有適應用骨肉鮮血換來的勝利。

　　政變三天後的癸亥日，李淵正式下詔立李世民為皇太子。詔曰：「自今軍國庶事，無大小悉委太子處決，然後聞奏。」此時李世民雖然控制了皇城，但京城內外和關中地區還密布李建成經營多年的部隊。李世民的嫡系部隊力量還很單薄，面臨著建成、元吉餘黨的軍事反撲的威脅。李世民緊急派遣張士貴與劉師立兩人招募新兵，不到一個月組建了上萬人的新軍，這才完全鞏固了在京城的地位。為了盡快平息政變的影響，穩定人心，李世民集團理智處理了李建成、李元吉集團的成員，不僅既往不咎，還對魏徵、王珪等東宮舊屬委以重任。因此幸運的是，李建成、李元吉集團餘黨在政變後並沒有反撲，而是煙消雲散了。

　　兩個月後的癸亥日，李淵又下詔傳位於太子。李世民堅決推辭，李淵堅決要讓。甲子日，李世民正式即皇帝位於東宮顯德殿，大赦天下，史稱唐太宗。

　　李世民登基後，立即表彰功臣，長孫無忌、房玄齡、尉遲敬德、杜如晦、侯君集五人功居第一。同時追封李建成為息王，諡號為「隱」，以禮改葬。李建成史稱「隱太子」。他的五個兒子：安陸王李承道、河東王李承德、武安王李承訓、汝南王李承明、鉅鹿王李承義都因為「謀反」罪名受到株連。李建成下葬的時候，李世民去宜秋門哭喪，之後視皇子趙王福為李建成的子嗣。貞觀十六年五月，朝廷追贈李建成為皇太子。李元吉被殺時只有二十四歲。他的五個兒子梁郡王李承業、漁陽王李承

鷲、普安王李承獎、江夏王李承裕、義陽王李承度也都受父親的牽連被誅殺。李世民即位後，追封李元吉為海陵郡王，諡曰剌，以禮改葬。貞觀十六年，李世民又追封李元吉為巢王，視曹王李明為李元吉的後裔。

貞觀九年（西元六三五年）五月庚子日，李淵病重，自知即將離開人世。彌留之際，李淵下詔說：「我死之後，皇帝（指李世民）找個其他的地方繼續處理軍國大事。我的葬禮，按照慣例執行；園陵制度，務從儉約。」當天，李淵在太安宮垂拱前殿逝世，年七十。李淵過了十年太上皇生活。身為太上皇，又身為開國皇帝，朝廷暗地裡多次謀劃了李淵的葬禮儀式。群臣為他上諡號為「太武皇帝」，廟號高祖。十月庚寅日，李淵入葬獻陵。一切都按部就班地進行，就像李淵的為政一樣。

在李淵葬禮舉行前十天，李世民通知史官，要求親自查閱李淵和自己的《實錄》。

《實錄》是史官對當朝皇帝言行的紀錄。每位皇帝自從登基起直到去世，都會有一本自己的《實錄》。這是後世評價這位皇帝的第一手數據。中國古代史官有著強烈的職業道德，堅持忠實記下皇帝的一言一行，即使有敏感之處也以春秋筆法一一留下原始紀錄。《實錄》因此在帝國政治中具有崇高的地位，原則上皇帝是不能檢視前朝的《實錄》的，更不用說看自己的紀錄了。

因此，李世民的要求被恪守祖制的史官婉言拒絕。

李世民沒有放棄檢視《實錄》的想法。貞觀十三年，褚遂良為諫議大夫，兼知起居注，主管唐太宗《實錄》的編寫。有次，太宗不經意地問起：「卿家掌管起居注，都寫了些什麼事情啊？人君能夠看一下嗎？朕想看看本朝的紀錄，將卻觀所為得失以自警戒耳！」

褚遂良嚴肅回答說：「起居註記錄皇上的言行，善惡都要忠實寫下，

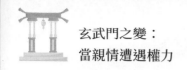
因此對皇上能夠形成一定的約束。臣沒聽說過帝王親自去看自己的歷史紀錄的。」

李世民問：「我有不對的地方，卿家也會記下嗎？」

褚遂良：「臣聞守道不如守官，臣職當載筆，何不書之。」

李世民還想說什麼，黃門侍郎劉洎進言說：「人君有過失，如日月之蝕，大家都看得見。即使皇上不讓褚遂良記載一些過失，天下之人都記著呢。」李世民只好作罷。

一年後，李世民還是達到了目的。

貞觀十四年，李世民對房玄齡說：「朕每觀前代史書，彰善癉惡，都可以作為將來的規誡。不知道當代國史，為什麼不能讓帝王閱讀呢？」

房玄齡回答說：「國史善惡必書，因此皇帝不敢做一些非法的事。史官們只是因為怕紀錄中有違背皇上旨意之處，因此不讓皇上閱讀。」

李世民辯解說：「我的意圖與其他人不同。我看國史，如果有善事，自然不必去說；如果有什麼不好的紀錄，我也以之作為鑑戒，讓我自己能夠修正改進。卿家可以抄一份來給我看看。」

房玄齡沒有堅持自己的主張，就抄了一分刪略版的編年體國史呈送給李世民。其中有李淵、李世民兩人的《實錄》各二十卷。

《實錄》返回來後，史官們發現，李世民在武德九年六月四日的地方做了批註。房玄齡不久又傳來李世民對李淵和自身實錄編輯工作的具體指示：「昔周公誅管、蔡而周室安，季友鴆叔牙而魯國寧，朕之所為，義同此類，蓋所以安社稷，利萬人耳。史官執筆，何煩有隱？宜即改削浮詞，直書其事。」真正有用的原則就八個字：「改削浮詞，直書其事。」李世民對房玄齡的訓話，徹底暴露了他堅持要看當代史的真正意圖。所謂「周公誅管蔡」，就是他為「玄武門之變」所定的調子，史官必須按照

這個調子執筆。「小心謹慎」的房玄齡完全照辦。太宗對修改後的兩朝《實錄》很滿意,對房玄齡、許敬宗、敬播皆有賞賜。尤其是許敬宗,不僅賜物,並且加官「權檢校黃門侍郎」。

初唐時期的歷史就這樣按照李世民的指示書寫。我們現在看到的唐朝初年這一段歷史原典就是經由李世民閱讀、拍板確定的。

神龍政變：

武則天的最後歲月

　　我曾經徒步攀登乾陵。半坡上，有人指認某處大石之下就是一代女王武則天陵墓的入口。在那巨石之下安歇著一位悲壯的女皇。她花費畢生的心血建立了女性王朝，最後又回歸傳統禮法，以嬪妃的身分安葬在懦弱平庸的丈夫身邊。我在陵前合影的時候，陵碑赫然寫著「唐高宗乾陵」，只有那歷經滄桑的無字碑表明武則天不可忽視的存在。

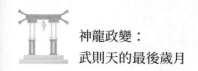
繼承人風波

武則天花了五十年時間去讓權力競技場接受一個女人成為最高統治者。

當西元六九〇年，武則天正式稱帝，改唐朝為周朝時，這位前無古人後無來者的女皇已經為這一天的到來付出了包括青春年華和三個子女（兩子一女）的性命在內的慘重代價。相傳武則天早期為了排擠情敵，親手掐死了尚在襁褓之中的女兒。誰料，登基僅僅是爆發一系列更加錯綜複雜的衝突之開始罷了。武則天的周朝在肇建之初就存在這樣那樣的問題。儘管武則天孜孜矻矻，在她的執掌之下，她的王朝也僅僅存在十五年。推翻周朝的是她的子女和大臣們。他們為武則天安排了一年苦悶的「太上皇生活」和褒貶不一的評價。

英雄的暮年，往往讓人更容易看清楚英雄本色，折射出英雄的畢生奮鬥軌跡。西元七〇五年，武則天改年號為「神龍」。這一年就被稱為神龍元年。也就在這一年，年約暮年的武則天以極端方式被迫離開了權力競技場。後人稱其中的變故為「神龍政變」。

在李唐皇室看來，十五年的武周歷史並不是一段拿得上臺面的歷史。歷代李唐朝廷對此避諱至極，絕口不談，彷彿從西元六九〇年到七〇五年的歷史是一片空白。因此原始典籍中留給我們的神龍政變的數據非常少，為我們還原神龍政變設定了重重障礙。以《舊唐書》為例，

〈武則天本紀〉對於這次政變的描寫「大而空」:「神龍元年春正月……癸亥,麟臺監張易之與弟司僕卿昌宗反,皇太子率左右羽林軍桓彥範、敬暉等,以羽林兵入禁中誅之。甲辰,皇太子監國,總統萬機,大赦天下。是日,上傳皇帝位於皇太子,徙居上陽宮。戊申,皇帝上尊號日則天大聖皇帝。」這段記載以白描手法講述了皇太子李顯率領羽林軍官兵衝入禁宮誅殺佞臣張易之、張昌宗的事。李顯趁機攝取政權,武則天傳位給他。彷彿這是皇太子李顯為母親武則天做了一件好事,獲得了母親給予了天下的獎賞。

而〈唐中宗李顯本紀〉的記載則透露了更多的訊息:「時張易之與弟昌宗潛圖逆亂。神龍元年正月,鳳閣侍郎張柬之、鸞臺侍郎崔玄暐、左羽林將軍敬暉、右羽林將軍桓彥範、司刑少卿袁恕己等定策率羽林兵誅易之、昌宗,迎皇太子監國,總司庶政。大赦天下。鳳閣侍郎韋承慶、正諫大夫房融、司禮卿崔神慶等下獄。甲辰,命地官侍郎樊忱往京師告廟陵。司刑少卿兼相王府司馬袁恕己為鳳閣鸞臺平章事……乙巳,則天傳位於皇太子。丙午,即皇帝位於通天宮,大赦天下,唯易之黨羽不在原限。」李顯傳記在一定程度上與武則天傳記的描述是有差別的。在李顯的傳記中,誅殺張易之、張昌宗的主謀並不是皇太子李顯。李顯只是被動參與者。桓彥範、敬暉、崔玄暐、張柬之、袁恕己等五位重臣策劃了殺奸臣逼宮的行動。李顯被他們推舉為了新皇帝。

《舊唐書·列傳第四十一》是桓彥範、敬暉、崔玄暐、張柬之、袁恕己五個人的合傳。那麼他們的傳記怎麼描寫「神龍政變」呢?《敬暉傳》寫傳主「神龍元年,轉右羽林將軍。以誅張易之、昌宗功,加金紫光祿大夫,擢拜侍中,賜爵平陽郡公,食實封五百戶。尋進封齊國公。」這篇傳記只說傳主有誅殺張易之、張昌宗的功勞,絲毫沒有涉及過程。《袁

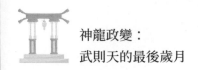

恕己傳》則說：「敬暉等將誅張易之兄弟，恕己預其謀議，又從相王統率
南衙兵仗，以備非常。」這句話有兩條訊息：一是袁恕己參與了誅殺奸
臣的謀畫；二是袁恕己的隨從 ── 另外一個重要人物相王李旦（武則天
的兒子、李顯的弟弟）率領南衙軍隊參與了政變。《崔玄暐傳》也只簡單
地說：「尋以預誅張易之功，擢拜中書令，封博陵郡公。」崔玄暐有誅賊
擁立之功，卻不提為什麼有這樣的功勞。《桓彥範傳》是五個人傳記中，
也是《舊唐書》裡最詳細且具體地描述神龍政變的章節。我們就根據他
的傳記，再搭配其他的內容，盡可能地還原整個被人忽視的重要政變。

西元六九八年，武則天身體狀況越來越差。群臣奏請武則天召廬陵
王李顯回京。

如此平淡的表述可能無法表現當時的緊張與複雜。被貶放的李顯是
否回京，涉及了王朝政治的核心問題。問題的來源在於皇帝武則天的性
別。武則天是女皇，百年之後皇位是傳給自己的兒子、李姓的李顯或李
旦，還是傳給同姓的姪子武三思等人呢？在西歐政治上，這可能不是什
麼大問題，但在封建禮法觀念根深蒂固的中國，這是有關國體國運的根
本問題。皇帝姓氏的變更意味著王朝的更替。武則天姓武，由武三思等
人繼承權力意味著武周王朝的延續。如果由李顯繼承皇位，則意味著武
周王朝的結束，李唐王朝的復辟。

現在大臣們群起請求召回貶放廬陵的李顯，集體表態，是對武則天
政權無聲而釜底抽薪的反抗。

武則天花費了比其他帝王要重得多的代價才攀登上權力的巔峰，因
此她異常珍惜手中的權力。自從登上帝位之後，她就思考著繼承人問
題。到了晚年後，武則天更是時刻沒有忘記這件隱患。內心深處，李家
和武家難以取捨。躍躍欲試的武三思等人是自己的同姓後代；李顯、李

且兩個兒子憨厚老實，為人謹慎，而且都當過皇帝。大臣們心中對李唐王朝的感情難以磨滅，依然希望在武則天過世後天下能夠恢復李姓。從這個角度來看，精明的武三思等人相較李顯兄弟而言處於劣勢。大臣們用各自的方式勸告武則天應當將帝位傳給兒子。只有這樣，武則天在升入天國之後才能世世代代享受子孫後代的供奉。而如果將帝位傳給武三思等人，武三思等繼位者會去供奉、祭祀自己的祖宗牌位。到那時候，身為姑母的武則天，其地位是尷尬的。武則天自然知道這樣的可能性，但要她將天下拱手還給李姓，自己結束武周王朝，她又於心不忍，難於下手。

「為什麼天下只能由男子來當帝王？」繼承人問題也好，宗法制也好，最根本的思考又回歸到了這個問題。武則天不得不哀嘆，武周王朝仍然是一個根深蒂固的、男性主導的天下。雖然武則天花了十多年時間來樹立女皇的權威，將政治制度塗抹上女性色彩，最後還是失敗了。繼承人問題的困擾證明一代女皇十多年來的性別抗爭沒有取得實質性的成效。

隨著武則天的病重，皇位繼承人問題成為了朝野關注的焦點。

流傳甚廣的《狄公案》中有武則天的男寵、佞臣張易之向狄仁傑詢問自保之策的內容。狄仁傑就建議張易之去勸武則天迎立盧陵王李顯為繼承人，以擁戴新皇帝的功勞來為自己免禍。丞相狄仁傑是堅定的李顯支持者。當時武則天很有意要立武三思為太子，詢問朝臣是否可行。大臣們面面相覷，不敢回答。狄仁傑卻說：「天下百姓依然思念唐朝。之前北方出現邊警，陛下派遣梁王武三思去民間招募勇士，一個多月時間召集了不到一千人；又讓盧陵王李顯去招募士兵，沒幾天就招募到了五萬人。如果要選擇繼承人，非盧陵王莫屬。」武則天大怒，拂袖而去。

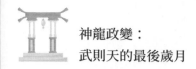
後來武則天又向大臣提問：「朕常常夢見雙陸不勝，做何解釋？」在場的狄仁傑和王方慶同時回答說：「雙陸不勝是無子的意思。這是天意在警告陛下！太子是天下的根本，根本動搖，天下就危險了。文皇帝身蹈鋒鏑，勤勞而有天下，傳之子孫。先帝彌留之際，詔令陛下監國。陛下登基，君臨四海已經有十多年了，現在想立武三思為太子。姑姪與母子關係，哪個更親？陛下立廬陵王為太子，則千秋萬歲之後常享宗廟；立武三思為太子，宗廟中就沒有陛下這位姑母了。」武則天才終於感悟。

武則天終於在長安元年（西元七〇一年）九月派遣徐彥伯迎廬陵王回長安。李顯到長安後，武則天將他藏匿在帳中，再召見狄仁傑，故意商量立太子的事情。狄仁傑敷請切至，涕淚俱下，請求迎立李顯。武則天這才召喚李顯出來，說：「還給你太子！」狄仁傑下拜頓首，轉悲為喜，又說：「太子雖然回來了，可大家還不知道，人言紛紛，怎麼取信他人呢？」武則天就安排李顯公開出現，安排大禮迎還。朝野大悅。之前有許多人多次奏請武則天迎還太子，都沒有成功。只有狄仁傑透過母子天性勸說，使得武則天下定了決心。

《狄公案》的這個說法有很大文學加工的痕跡。但是基本史實是正確的：武則天在朝臣的勸說下，最終將廢帝、兒子李顯迎回長安，立為太子。

聖歷元年（西元六九八年）的秋天，當長安的使者火急火燎地來到房州李顯的軟禁地門口時，李顯一家人陷入了絕望之中。

李顯為什麼會出現這麼消極的反應呢？這要從他的坎坷經歷中尋找答案。

李顯是唐高宗李治和武則天生的第三個兒子，在唐高宗的八個兒子中排序第七。李顯先是被封為周王，後改封英王，似乎與皇位無緣。西

元八六○年，當武則天廢黜李治的第三位皇太子李賢後，便改立英王李顯為皇太子。三年後唐高宗病逝，李顯即位成為唐中宗。李顯的即位讓不滿足監國地位的母親武則天如鯁在喉，不到一個月後就以李顯一句要給岳父韋氏授官的氣話而廢黜了皇位還沒坐穩的李顯。被降封為廬陵王的李顯從此開始了漫長的囚禁生涯，在不同的惡劣環境中輾轉。

不客氣地說，李顯性格懦弱、膽小怕事，各方面能力都很一般，是個當傀儡的合適人選。李顯當太子時曾寫過一首〈石淙〉詩：「三陽本是標靈紀，二室由來獨擅名。霞衣霞錦千般狀，雲峰雲岫百重生。水炫珠光遇泉客，巖懸石鏡厭山精。永願乾坤符睿算，長居膝下屬歡情。」全詩水準一般，境界平常，但是最後一句「永願乾坤符睿算，長居膝下屬歡情」很能展現出一個戰戰兢兢、不敢有所作為的懦弱皇子的形象。當了皇帝後，李顯某次遊覽秦始皇陵後寫了首〈幸秦始皇陵〉：「眷言君失德，驪邑想秦餘。政煩方改篆，愚俗乃焚書。阿房久已滅，閣道遂成墟。欲厭東南氣，翻傷掩鮑車。」這首詩在懷古詩中也是「凡品」，只是交代了一下秦始皇的所作所為而已。也許，李顯沒有將主要精力放在提升學習能力上面，而是放在了保命上面。

母親武則天是一個為了權力可以不顧一切的君主。唐高宗的第一個太子李忠因為不是武則天所生，很快就被廢黜殺死；武則天的長子李弘第二個被立為太子，但在一些思想觀念上衝撞了母親，「暴薨」，起因不明；次子李賢是高宗朝的第三位太子，也因為不甘心做傀儡而被廢，四年後在放逐地巴州被逼自殺。身為第四個太子的李顯有三個哥哥的「榜樣」，自然知道輕重。即使事事唯母親命令列事，也很快被母親抓住把柄廢黜了。被軟禁的李顯明白，自己不論是在囚禁地「暴薨」，還是被賜死，都不是意料之外的事情。偏偏外面有很多反對武則天的人打出了推

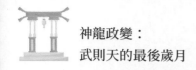

翻武周、匡復李顯的旗號。這簡直是將李顯往死路上逼，更加劇了李顯內心的恐懼。他越來越擔心暴戾強硬的母親會將自己的存在視為權力威脅，那時她不會因為母子之情而放過自己。

在流放地和軟禁居所的唐中宗李顯過著非人的生活。如果說他是囚犯，他承擔著遠比囚犯沉重得多的心理壓力。李顯的黑暗生活是遍布危險的，每一天都在等待著死亡的到來。那可怕的死亡隨時可能來訪，而它到來的日子非但不能放鬆，相反是更可怕的煎熬。李顯多年來一直惶惶不安，常常在夜裡被惡夢驚醒，睜著驚恐的眼睛看著星星落下，旭日昇起。有時李顯也想到了自殺。但他懦弱慣了，就是無法鼓起自殺的勇氣。

現在，長安的使者終於來到了。《舊唐書》說：「上每聞敕使至，輒惶恐欲自殺。」李顯每一次聽到有長安的使者前來，就間歇性精神失常，惶恐地要找刀子自殺。這一次，他也沒有例外。只是陪伴他的妻子韋氏橫下一條心，勸丈夫說：「人生禍福無常，最後免不了一死。我們是皇室貴冑，何苦這樣呢？」於是這一次，李顯夫妻倆手拉著手昂然出去迎接使者。

使者開啟詔書宣讀說：「立廬陵王為太子，還於東都。」

暗流洶湧

差一點自殺的李顯突然間成為了太子，回歸了政治舞臺的中心。

回長安後，李顯除了繼續夾著尾巴做人外，變得聰明了許多。李顯決心將自己「改造」成武家人，向武家靠攏。他將一個女兒（永泰郡主）嫁給了武則天的姪孫武延基，成了魏王武承嗣的兒媳；又將一個女兒（安樂郡主）嫁給了武則天的另一個姪孫武崇訓，成了梁王武三思的兒媳。李顯與武家聯姻，親上加親，是想透過子女關係穩固自己的地位。他的行為得到了武則天的讚許。武則天內心中最留意武家和李家兩家人在自己死後的關係。現在有意扶為繼承人的李顯主動與武家搞好關係，她是樂意的。

為了緩和國內衝突，並且於自己過世後能夠平緩地轉移權力，武則天大赦天下。剛好武則天生病了，這次赦免的範圍很大。朝廷命令自文明元年（西元六八四年）以後得罪的人，除揚、豫、博三州及各案的魁首之外，都下詔免罪。

武則天已經提前為身後事做準備了。她環顧四周，最放不下心來的還是武家的子孫。她已明確了李顯的繼承人地位，但怎麼安撫武家人的情緒呢，怎麼確保武家人日後的安全和權威呢？恰好之前，北方邊界的契丹部落起兵反叛，部落首領自號可汗。這夥契丹就是日後建立遼國的契丹人，只是此時尚未強大，只能算是掀起了一場小叛亂而已。但武則

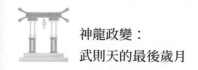

天採取了大張旗鼓的方式平定叛亂。她任命多個武家子弟參加平叛。許多大臣對於用大砲打蚊子的方式頗有微詞，但武則天還是迅速調集大軍託付武家子弟出發征討。平叛事小，藉平叛為武家子弟聚攏實力，樹立軍功事大。此時的武則天隱約為武家子弟之後的命運擔心了。她希望李家和武家能夠和睦相處，同保富貴。

晚年武則天在潛意識中有兩個隱約的判斷是正確的：第一，她準確意識到了自己死後武周王朝將被顛覆，李氏皇族將復辟唐朝；第二，她意識到了武家子弟勢力的權力基礎全在自己身上。自己死後，在群臣中名聲不佳的武家子弟失去了權力保障，命運堪憂。最壞的結果是，武周王朝被顛覆，武家子弟也落得個身死族滅的下場。武則天要避免這樣的結果出現，至少要維持武家子弟的安全。所以她要抓住任何機會來確保這樣的目標。

武則天要抓緊有限的時間來布局政治。

武則天的布局被兩個男寵張易之、張昌宗嚴重破壞了。

所謂的男寵，就是面首，是以身體取悅權貴的男人。武則天有正常的生理需求。在承擔了巨大的心理壓力，處理完繁重的政務後，武則天需要有人安慰，需要有人陪伴在身邊。隨著年齡的增長，武則天被權力折磨得越來越孤獨寂寞，心靈空虛。這也許是所有最高統治者「高處不勝寒」的通病。這個時候，張易之、張昌宗兄弟填補了武則天的心理空白。

張易之是武則天晚年最大的寵臣。他是定州義豐（今河北安國）人，白皙貌美，兼善音律歌詞，具備當男寵的基本條件，而且條件相當優越。張家是官宦世家，原本不用走上當面首的道路。起初，張易之以門蔭擔任了尚乘奉御，成為一個小官。這樣的官職很不符合張易之的野

心。飛來橫福，太平公主推薦張易之的弟弟張昌宗「入侍禁中」，去滿足母親的生理和心理需要。後來張昌宗又向武則天推薦了哥哥張易之。張易之比弟弟會辦事，懂得伺候女人，深得武則天的恩寵。張易之的官職也迅速竄升，歷任司衛少卿、控鶴監內供奉、奉宸令、麟臺監，封恆國公，受賜田宅玉帛無數，與張昌宗專權跋扈。朝廷百官都畏之如虎。武則天的子姪們都爭相替張易之執鞭轡，叫他「五郎」，而不敢直呼其名。可想而知，和上司走得最近的人最容易狐假虎威，為所欲為。張易之兄弟就憑此專擅了武則天晚年朝政。

張易之兄弟骯髒的行為引起了許多人的不滿。皇太子李顯的兒子李重潤、永泰郡主兄妹倆就暗地裡討論二張專政，誰曾想，竟被張易之耳目偵知，張易之添油加醋向武則天進讒言。武則天責罵太子李顯，嚴令李顯鞠問子女。萬般無奈的李顯只得逼令兒子、女兒自縊。張易之兄弟在殺死太子子女後，又下了一步臭棋，將永泰郡主的丈夫——魏王武延基下獄逼死。這一下，張易之兄弟得罪了李家和武家子弟。

李顯、李旦、太平公主和武家各子弟在反對張易之兄弟一事上很快達成了一致。

張易之兄弟並非政治白痴，為什麼會下出這樣的臭棋呢？既然權力能夠扭曲人性，自然也能讓人喪失理智和判斷力。即使再穩重謹慎的人在巨大的權勢到手後也可能得意忘形，疏於防範。張易之兄弟就屬於這樣的情況。他們將自己放在了李、武兩家的對立面，絲毫不考慮張家在武則天死後的命運。

李重潤兄妹死後，太子李顯、相王李旦和太平公主開始互通消息，祕密磋商。

武則天並不關心張易之兄弟的身後事。他們對武則天來說只是男

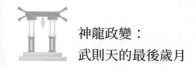

寵。男寵不需要被安排什麼出路。

武則天在忙什麼呢？她還需要為自己死後挑選合格的丞相。武則天挑中的人是張柬之。《張柬之傳》有關神龍元年的事情寫道：「及誅張易之兄弟，柬之首謀其事。」張柬之因功進封漢陽郡王。結果武則天挑選的輔政丞相張柬之竟然成為了神龍政變的主謀。不知道是武則天看走了眼，還是歷史的必然性使然？

張柬之能夠成為丞相，在很多人看來是個奇蹟。張柬之雖然能力出眾、資歷老，但在神龍元年的時候已經八十歲了。八十歲的老人在現代也算是高壽，而在唐朝的時候簡直就是「人瑞」了。選擇張柬之處理後事，武則天看重的可能是他的政治經驗和政治抱負。張柬之任職官場多年，人脈廣，經驗足，懂技巧，具備應對亂政的能力。

據說前丞相狄仁傑就極力推薦張柬之接替自己。狄仁傑是武則天最重要、最信任的大臣。武則天稱帝後，李唐宗室大臣大多遇害，只有狄仁傑因忠誠、正直、能幹而深得偏愛。狄仁傑也許是少數幾個勇於直諫並為武則天接受的大臣之一。狄仁傑的許多建議都被貫徹為國家大政。狄仁傑還推薦了許多德才兼備的人才。張柬之在武周建立之初就被狄仁傑推薦給了武則天。當時武則天要狄仁傑推薦將相之才。於是狄仁傑鄭重推薦了時任荊州刺史的張柬之。張柬之一度入京為官，不久就因違逆武則天的旨意被逐出京師，外放地方官。後來，武則天又要狄仁傑推薦人才，狄仁傑還是推薦了張柬之。武則天說這個人我已經用過了啊。狄仁傑回答，我為陛下推薦的是宰相之材，但張柬之還沒有擔任丞相啊。武則天要姚崇推薦宰相之才，姚崇也推薦了張柬之，說：「張柬之沉厚有謀，能斷大事，且其人年老，唯陛下急用之。」在姚崇的推薦詞中，張柬之的年齡成為了優勢。正是因為張柬之年紀太大了，所以才能緊急使

用。武則天這才立即召見張柬之，任命為同鳳閣鸞臺平章事，很快升遷為鳳閣侍郎，負責朝廷政事。

張柬之本人在〈雜曲歌辭‧東飛伯勞歌〉中寫道：「青田白鶴丹山風，婺女姮娥兩相送。誰家絕世綺帳前，豔粉芳脂映寶鈿。窈窕玉堂褰翠幕，參差繡戶懸珠箔。絕世三五愛紅妝，冶袖長裾蘭麝香。春去花枝俄易改，可嘆年光不相待。」張柬之雖老，卻一直感嘆年華易逝，渴望著建功立業的機會。因此，剛一擔任主政大臣，張柬之就急不可待地要有所作為了。

張柬之一出手就是大手筆。他心懷李唐王朝，希望透過復辟李唐王朝來扭轉武周的亂象，救世濟民，也使自己垂名青史。他已經八十歲了，必須抓緊時間行動了。張柬之很快就在長安建立組織，策劃該如何剷除二張、復辟唐朝。他決定採取政變的手段，急忙連絡了若干正直的大臣和部分羽林軍將領，謀劃如何動手。在所有的計畫方案中，李唐遺脈、太子李顯的配合是離不開的。李顯出面可以成為政變的號召，同時李顯也是日後最理想的皇帝人選。

於是張柬之去找了李顯。李顯經過片刻的猶豫，同意參與政變。李顯為什麼同意參與政變呢？因為在誅殺張易之兄弟問題上，李顯和大臣們的利益是一致的；而大臣們擁立他復辟唐朝的遠景也喚醒了埋藏在他心中的榮譽感和責任感。那李顯為什麼要猶豫呢？因為他性格懦弱。不過最重要的，李顯還是同意了。

一個以李顯為名義首領，張柬之為主謀的政變集團迅速形成了。

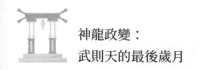

以硬對硬

長安四年（西元七〇四年）十二月，八十歲的武則天因病避居迎仙宮。

武則天的病情很嚴重。朝堂無主，宰相也難見女皇。迎仙宮中只有張易之、張宗昌侍奉武則天左右，外人不得入內。史載：「則天不豫。張易之與弟昌宗入閣侍疾，潛圖逆亂。」張易之兄弟有沒有造反謀逆的計畫呢？我們找不出確切的證據來。但張易之兄弟兩人極有可能怕武則天去世後不僅權勢不再，還可能大禍臨頭，所以結納羽林軍將帥和部分大臣以防不測也是可能的事情。於是，當時長安城中出現了「易之兄弟謀反」的傳聞。

張柬之和桓彥範、敬暉等大臣決定趁機誅殺張易之，逼病重的武則天讓位，復辟唐朝。張柬之利用職權迅速安排桓彥範、敬暉兩人擔任羽林將軍，掌握禁兵，為政變提供保障。當時皇太子李顯在北門起居，桓彥範、敬暉利用禁軍將軍身分拜謁李顯，密陳政變計畫，得到太子的贊同。張柬之早年在外地擔任刺史時，曾與荊州長史楊元琰一同泛舟。談起武周的亂象，兩人相互約定：「他日你我得志，當彼此相助，同圖匡復。」張柬之此時也推薦楊元琰擔任羽林將軍，共同籌劃政變。

神龍元年（七〇五年）正月，武則天在迎仙宮的消息越來越少。政變集團決定就此發難。張柬之、桓彥範、敬暉聯合左羽林將軍李湛、李

多祚、右羽林將軍楊元琰、左威衛將軍薛思行等率左右羽林官兵五百餘人向宮中出發。其中李湛、李多祚前往東宮迎接皇太子李顯。李顯毅然出宮，走到了羽林軍的前方。一行人走到玄武門時，官兵們看到太子出面，高呼萬歲。張柬之、桓彥範等人就簇擁著李顯衝向迎仙宮。在宮門口，守衛與叛亂者發生了小規模衝突。張柬之簇擁著李顯，兩人輕易就斬關而入。當時武則天在迎仙宮的集仙殿養病，張易之、張昌宗兩人就在集仙殿，聽到外面喧囂，拿著兵器出來觀看。在廊下，洶湧而來的羽林軍將張易之兄弟當場殺死。張柬之等人事先還分派羽林軍去各自的家中斬殺張易之的兩位哥哥——汴州刺史張昌期和司禮少卿張同休。張家兄弟的腦袋很快就出現在天津橋南。長安的士庶百姓見了，全都歡叫相賀。有的人甚至還臠割張家兄弟的肉，一夕之間，兩人的屍體就只剩下骷髏架子了。

卻說殿內的武則天聽到外面人聲雜沓，心知有變，強撐起病體出來檢視。她看到了張易之兄弟的屍體，看到張柬之等人持劍而來，大致知道了什麼情況。武則天畢竟是政治老手。只見她緩緩地回到病床，聚斂精力厲聲問道：「何人作亂啊？」張柬之推擁著李顯，並示意武士們擁到武則天病床前，說道：「張易之、張昌宗謀反，臣等奉太子令入誅二逆，怕計畫露洩，所以事先沒有稟報皇上……」

武則天強硬地打斷張柬之的話，怒瞪著李顯，喝問：「這是你的主意？你怎麼敢這麼做？現在張家兩兄弟已經伏誅了，你還不快回到東宮去！」

張柬之同樣強硬地回答：「太子不能再返東宮了。以前高宗皇帝將太子殿下託付給陛下。現在太子年紀已長，天意人心都歸順太子。臣等不忘太宗、高宗皇帝的厚恩，所以奉太子誅賊，請陛下立即傳位太子，上

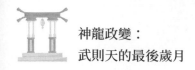

順天心，下孚民望。」

武則天這才明白張柬之此行不單是為了誅殺張易之兄弟這麼簡單，而是衝著自己的皇位來的。這是逼宮。突然間，武則天感覺到一陣暈眩。她沒有精力再跟兒子和大臣們理論了，只能默默地低下頭。「謝皇上恩准！」張柬之朗聲謝恩。

當時，相王李旦也率領南衙禁兵在宮外加強警備，配合宮內的政變行動。李旦和李顯一樣是個懦弱的皇子，他為自己今天的行動嚇了一跳。一旁參與行動的兒子李隆基驚訝地看著父親。李旦意識到在兒子面前要維持一個果敢、英武的父親形象，忙挺直了腰板。就在他膽顫心驚的時候，宮外傳來了陣陣歡呼聲。李旦的一顆心落了下來。

政變成功了！

神龍政變的血腥氣只停留在當天的張氏兄弟之死。張柬之和李顯並沒有大開殺戒。

病中的武則天得到了妥善安置。她雖然被迫將國政交給李顯監國，並在不久之後禪位給了李顯，成為了「大聖皇帝」。一年後，武則天即將逝世。朝廷適時公布了武則天的「遺制」：自己於死後要「祔廟」、「歸陵」，也就是主動要求歸附到李唐的宗廟，去丈夫高宗的陵墓合葬。武則天還主動要求去掉帝號，自己不願意當皇帝了，改稱「則天大聖皇后」。武則天最終還是以唐朝皇后的身分進入了乾陵。人之將死，其言也善。之前朝廷公布的所謂武則天「遺制」極可能不是武則天的意願，但之後公布的赦免武則天情敵王、蕭二家及政敵褚遂良、韓瑗等人子孫親屬的罪行，令他們復業的內容極可能是她真實的意思。

沒幾天，武則天在上陽宮仙居殿去世，享年八十三歲。唐朝上諡號為「則天大聖皇后」，祔葬於唐高宗乾陵。唐睿宗李旦在李顯之後即位，

為「則天大聖皇后」改了一個字，叫「天后」，不久又追尊為「大聖天后」，改號為「則天皇太后」。

武則天最終還是失敗了。

神龍政變又被稱為「五王政變」。因為政變後，張柬之被封為漢陽王、敬暉被封為平陽王、桓彥範被封為扶陽王、袁恕己被封為南陽王、崔玄暐被封為博陵王，時稱「五王」。

對於張柬之等人的政變行動，當時和後來的人都持肯定的態度。唐人皇甫澈就在〈賦四相詩·中書令漢陽王張柬之〉一詩中寫道：

> 周曆革元命，天步值艱阻。烈烈張漢陽，左袒清諸武。
> 休明神器正，文物舊儀睹。南向翊大君，西宮朝聖母。
> 茂勳鏤鐘鼎，鴻勞食茅土。至今稱五王，卓立邁萬古。

但是張柬之五人的下場並不好，這和他們的政治幼稚病有關。當初，敬暉和桓彥範等人誅殺張易之兄弟後，洛州長史薛季昶曾經對敬暉說：「二凶雖除，呂產、呂祿那樣的人物依然存在。大人們應該藉著兵勢誅殺武三思等人，匡正王室，以安天下。」敬暉多次向張柬之提起，張柬之都不同意，敬暉也沒堅持。薛季昶感嘆道：「我不知道日後會死在什麼地方了。」之後，武三思勾結李顯的韋皇后，「內行相事，反易國政」，武氏家族武三思等及其黨羽仍當權用事，「為天下所患」。不少人就將責任推卸給敬暉。

武三思勾結韋皇后，譖毀張柬之等，最後抓住敬暉的一個把柄告發了張柬之等五人。唐中宗李顯下詔說：「則天大聖皇后，往以憂勞不豫，凶豎弄權。暉等因興甲兵，剷除妖孽，朕錄其勞效，備極寵勞。自謂勳

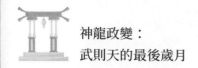
高一時，遂欲權傾四海，擅作威福，輕侮國章，悖道棄義，莫斯之甚。暉可崖州司馬，柬之可新州司馬，恕己可竇州司馬，玄暐可白州司馬，並員外接。」張柬之五人都被貶官。敬暉在失掉權柄，受制於武三思後，每每推床嗟嘆惋惜，直至彈指出血。政治鬥爭往往是殘酷的，沒有後悔藥可吃。張柬之這時才說出當初不乘勝追擊，順便將以武三思為代表的武家勢力剷除乾淨的原因：「這應該是皇上的事情。皇上還是英王的時候，以勇烈聞名。我留下武家子弟，是希望皇上能夠親自鋤奸立威。現在大勢已去，再來說這些都沒有意義了。」敬暉赴任崖州不久就被殺。張柬之在新州憂憤病死。崔玄暐在嶺南病死，桓、袁二人則被李顯派遣的使者殺害。

殺害張柬之五人的唐中宗李顯實在是一個昏庸的君主，他實在控制不了處於轉折關頭的唐朝天下。因為新的政變已經在長安城裡醞釀了。

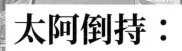

太阿倒持：

悍婦與權閹夾擊下的皇權

　　唐肅宗李亨是那種不值得大書特書，卻具有重要歷史意義的皇帝，因為他是唐朝由盛轉衰的象徵。他在安史之亂中透過政變，排擠父親唐玄宗而登基，之後唐朝陷入了藩鎮割據、四分五裂的亂局而不可自拔；他是第一個縱容宦官掌握實權、最後死於宦官之手的皇帝，之後唐朝宦官持續把持朝政，視天子為門生，生殺廢立無不如意。唐朝皇帝不但忍氣吞聲，反要看家奴的臉色行事。

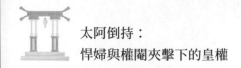
患難真情

天寶十四年（西元七五五年），太子李亨跟隨著父皇唐玄宗李隆基，狼狽地奔逃在從長安前往成都的路上。後方是淪陷於安祿山叛軍之手的長安，硝煙瀰漫，前方則是煙霧繚繞的巴山蜀水和同樣混沌不清的前途。

李亨已經當了十幾年太子了，年近半百，是不折不扣的「高齡太子」。可他的太子地位始終不穩。父皇李隆基寵信貴妃楊玉環及其堂兄楊國忠，朝野實權掌握在身兼四十多職的楊國忠和父皇心腹太監高力士的手中。不幸的是，李亨和楊國忠、高力士的關係並不好。朝野一直存在著廢太子的呼聲。李亨如履薄冰地堅持了這麼多年，不知道自己有沒有出頭的一天，誰曾想，竟偏偏又遇上了安史之亂、京城淪陷、皇室奔逃的大難。

對政治人物來說，任何變動都隱藏著機會，即便是政治大難也不例外。在長安的時候，李亨沒有實權，上受制於父皇，下受制於楊國忠、高力士，不能有什麼作為。這次出逃，事起倉促，李隆基一行人只帶了幾千兵馬護駕。巧的是，這幾千兵馬中，主要是李亨掌握的太子東宮衛隊。真正聽命於李隆基的羽林軍只是少數。於是，當時的人和後來人都懷疑，李亨策劃了一場政變！

一行人走到馬嵬驛，護駕官兵譁變，殺死了楊國忠，又包圍了李隆

基的住所。官兵軍民們強烈要求收復失地，並懲辦禍國殃民的楊氏兄妹。之後發生了我們熟知的一幕：李隆基揮淚，楊玉環自縊，史稱「馬嵬驛之變」。李隆基的威信和精神狀態都在政變中大受打擊，之後萎靡不振。好在隨駕將軍陳玄禮等人還效忠於他，安全護駕他到了成都。太子李亨則率領官兵和部分官員，北上尋找與朔方節度使（治所在靈武）郭子儀的部隊會師，光復河山。走到靈武，李亨即位稱帝，史稱唐肅宗，成了「馬嵬驛之變」最終的受益者。所以，無論是客觀而言，還是從結果來看，李亨都有可能是這場政變的幕後策劃者。

但是因為這是一場相對和平的政變，並沒有造成大的傷亡，同時扭轉了安史之亂的局勢，振奮了天下鎮壓叛亂的軍心民情，所以人們並沒有非議李亨，還很歡迎他的登基。四方有識之士都紛紛聚攏在他周圍。例如一度淪陷在長安的大詩人杜甫，就突破萬難，跑到靈武投身李亨陣營。

李亨小朝廷儘管得了人心，處境卻很艱難。李亨即位，堪稱「草創」，文武官員不滿三十人，朝堂就設在土樓泥地之上，廳堂內外滿是雜草。君臣們的物資供應匱乏，不要說錦衣玉食，有時候連官兵的溫飽問題都解決不了。就是在這樣的困境中，小朝廷還要面對叛軍的威脅，籌劃著該如何鎮壓叛亂。俗話說患難見真情，也就是在這樣的困境中，有兩個人走進了李亨的心裡，並獲得了非凡的地位。

第一個人是張氏。李亨還是忠王時，就娶張氏為良娣。張氏的祖母竇氏是唐玄宗的姨母，母親是唐玄宗的女兒常芬公主。張良娣秀外慧中，口才很好，幹練大方，可算是才貌雙全。安祿山叛亂，唐玄宗父子倉皇逃亡時，張氏緊隨李亨。途中百姓攔路請求太子留下，率中原將士恢復長安。李亨猶豫不決。李亨的兒子、建寧王李倓等人都勸李亨留

下，張良娣更是力勸留在中原，不要逃到四川。李亨這才下定決心，與父皇分道揚鑣。

李亨登基時，侍衛很少。每天晚上睡覺，張良娣總是睡在李亨右前方，隨時準備為李亨抵禦外敵。李亨很感動，說：「抵禦敵人不是女人做的事。」張良娣說：「倉促之際，妾身以身當之，陛下可以從後面逃走。」後來，張良娣生下皇子，產後第三天就起來為官兵縫製戰衣。李亨制止她，她說：「現在不是我養身體的時候。」李亨更加感動，對張良娣寵愛有加。

可嘆的是，張良娣本性還是一個貪圖富貴的女人，她的所作所為表演成分多於實際。她善於迎合他人，掩飾自己，所以給人留下了好印象。但面對榮華富貴，張良娣絲毫不手軟。遠在成都的唐玄宗賜給張良娣一副鑲滿珠寶的馬鞍。當時的宰相李泌認為艱難之際，不宜誇耀富貴，建議李亨把上面的珠玉撤掉，賞賜給立下戰功的將士。張良娣勃然大怒。建寧王李倓就在屋外廊下失聲痛哭，李亨忙問原由。建寧王說：「父皇從諫如流，天下不難平定，兒臣喜極而泣！」他的言外之意，是贊成宰相李泌的話。李亨也覺得宰相和兒子的話有道理，把馬鞍上的珠寶撤下，充作軍需。張良娣為此，恨透了李泌和李倓。

第二個人是太監李靜忠。李靜忠（靖忠）出身微賤，相貌醜陋，粗通文字。他年少被閹，送入宮中侍候高力士，一直到四十多歲都無所成就。宮中分配他去養馬，李靜忠把馬養得又肥又壯，因此被推薦到東宮，伺候李亨。

李靜忠第一次在政治舞臺亮相，就是參與誅殺楊國忠的譁變。另外，他還參與了對李隆基的兵諫，據傳還是策劃者之一，顯示了過人的膽略。小朝廷在靈武草創後，李靜忠判元帥行軍司馬事，成了李亨的參

謀，為皇上出謀劃策，分擔大量政務。李亨很信任他，不僅「四方文奏，寶印符契，晨夕軍號，一以委之」，還賜名「護國」。

　　也許是閹割造成的不健全人格、貧賤的出身和自卑心理，又或許是幾十年壓抑後一旦掌權的暴發心理，李護國成了李亨的左膀右臂後，迅速暴露出貪婪、陰險和凶殘的行事風格。鞏固好不容易到手的權力成了李護國的首要目標。他見張良娣深受李亨寵愛，便有意結交。張良娣也需要把觸角擴展到宮外，於是兩人很快地相互勾結，作亂朝廷。

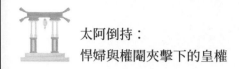
安樂生變

建寧王李倓不幸成為張良娣和李護國二人聯手攻擊的目標。

李倓是李亨皇子中品行出眾的佼佼者，一心輔助父皇光復王朝。可惜他性情直爽，不顧忌他人而直言無諱。除了支持把賞給張良娣的馬鞍珠寶充作軍資外，李倓還多次向父皇李亨批評張良娣的過失、指責李護國攬權。張、李二人自然恨上了他。

李亨正對張、李二人感動在心、寵信有加，聽不進去李倓的勸諫，反而還對這個兒子沒有好感。李亨立另一個皇子——廣平王李俶為太子，還任命他為天下兵馬大元帥，負責鎮壓叛軍，此舉傳達出了對李倓不滿的訊號。張良娣和李護國抓準時機，大進讒言，說李倓因為沒有當上元帥對皇上不滿，還說李倓覬覦太子之位，要謀害李俶。謊言說得煞有其事，李亨輕易就相信了，盛怒之下將李倓賜死。李倓一死，朝臣人人自危，不敢再批評張、李二人。宰相李泌和太子李俶以下都不敢在李亨面前談及二人。張良娣得意忘形，逐漸顯露出專權跋扈的本性來，開始對李亨頤指氣使。李亨由愛而懼，漸漸地患上了懼內症。

平叛戰爭進展順利，長安、洛陽在郭子儀、李光弼等將士的浴血奮戰下先後光復。唐朝最危急的時刻過去了。李亨返回長安，坐穩了龍椅。君臣又可以宴遊曲江、觀戲梨園，享受歌舞昇平的盛世繁華了。

張良娣先是被冊封為淑妃，不久被正式冊封為皇后。位居正宮後，

張皇后干政的動作更大了。太子李俶並非張皇后親生,她就要求李亨立自己生的小皇子為太子。張皇后多次在李亨面前說李俶的壞話。但李俶身為天下兵馬大元帥,和郭子儀等將領常年領兵在外打仗,勞苦功高,張皇后始終沒有找到有力的誣陷事由。唐肅宗李亨也就一直不同意廢立太子。張皇后生有兩位皇子:興王李侶、定王李侗。興王不久夭折,李侗年紀又太小,李俶這才保住了太子位。

兒子沒當成太子,張皇后就要補償。她和李輔國指使百官上表,要為皇后上尊號為「輔聖」。李亨不是個糊塗蛋,隱約覺得此事不妥。某次,李亨徵詢中書舍人李揆的意見,李揆說:「自古皇后無尊號,唯韋后有之,豈是為法。」畢竟武則天和韋后的反面例子就擺在那裡,發生不久。李亨恍然大悟,說:「險些壞事!」他就把百官的上奏拖著不辦,變相拒絕了張皇后的要求。

回到長安,李護國也過得風生水起。他改名為輔國,封郕國公,不僅掌管宮內事務,還統領內外禁軍,成了唐朝宦官執掌軍權的第一人。之前太監攬權,集中在宮廷之內,觸角伸到宮外去還需要藉助朝臣的力量。如今,李輔國以太監之身兼任軍職,統領了禁軍。李亨此舉,開了一個惡劣的先例,貽害子孫。當然,這是他當時沒有想到的。

李輔國自此獨攬實權,李亨的皇命聖旨下達之前,都要經過李輔國押署。宰相和文武百官除常日朝見外,必須經過李輔國這道關才能面見皇帝。李輔國等於「代行」皇帝之權,常常繞過皇帝,處理天下事。政務無論大小,李輔國「口為制敕」(口述皇命),記錄下來施行,事後才報告給李亨追認。更惡劣的是,李輔國還設定了「察事廳子」數十人,大搞特務活動,監督官員活動。百官只要有過錯,李輔國很快就能獲悉,對相關官員傳訊處理。漸漸地,長安附近地方官審判案件,都由他

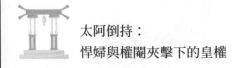

決定判決。在李輔國的高壓下，群臣不敢非議。當時的宰相李揆對李輔國執子弟之禮，呼為「五父」。宗室貴人則尊稱李輔國為「五郎」。

李亨登基後，尊父皇唐玄宗李隆基為太上皇，把太上皇從成都接回長安。照理說，太上皇已經退位，可以安享晚年了，可也不得不受李輔國的欺負。唐玄宗在位時期，李輔國地位卑下，生活落魄，日子過得很悲苦。唐玄宗身邊的人也輕視李輔國。為了發洩不滿，為了報復曾經輕視自己的人，也為了炫耀自身今日的權勢，李輔國離間李亨父子關係，對唐玄宗步步緊逼。

起初，太上皇的待遇相當高，李隆基日子過得很自由寬裕。李輔國很快就沒收了唐玄宗喜歡的三百匹馬，只留給他十匹；接著強迫唐玄宗搬到內宮居住，只派給他幾個老弱病殘的僕人伺候；然後李輔國把對唐玄宗忠心耿耿、始終不離不棄的心腹太監高力士流放，又強迫效忠李隆基的老臣陳玄禮退休。李隆基的生活很快陷入困頓，晚景淒涼，得病臥床。李亨幾次想去探望病中的太上皇，都因為李輔國的阻撓未能成行。

此時，李輔國已經升為兵部尚書（太監當尚書者第一人）、開府儀同三司，權傾朝野。李輔國還不知足，竟然向李亨請求當宰相。他要當第一個太監宰相。李亨大為震驚，一時間也找不到什麼強而有力的理由，只好含糊地說：你當宰相，威望可能不夠。果然，文官集團自然是集體反對太監成為宰相，現任宰相蕭華等人更是激烈反對。李輔國懷恨在心，在李亨面前誣陷蕭華。他自己當不成宰相，就威逼李亨用自己的親信元載取代了蕭華的相位，把蕭華逐出京城。

李亨從對李輔國的迷信中清醒過來了：這哪還是奴才，分明要喧賓奪主了嘛？可惜為時已晚。李亨有心誅殺李輔國，但是京師內外遍布李輔國的黨羽，軍隊也掌握在太監的手中。李亨無力誅殺李輔國，就是限

制他的權力都無從下手。

張皇后原本與李輔國狼狽為奸。如今李輔國內外專權,嚴重到限制了張皇后的權勢,影響了張皇后的攬權干政。於是,張、李二人之間也產生了嫌隙。張皇后覺得李輔國太過專權,所以有意除掉他。

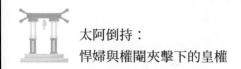
皇帝之死

寶應元年（西元七六二年），太上皇李隆基病逝。本來身體就不太好的李亨突遭父喪，病勢加重，很快處於彌留狀態。他下令太子李俶監國。最高權力更替在即，宮廷內外開始醞釀一場疾風驟雨。

皇帝將死，皇后最緊張。張皇后決定利用這個機會發動政變，趁機走到檯面上專權。但是她自身力量不夠，必須藉助他人。環顧四周，張皇后首先召來太子李俶，要和李俶一同誅殺李輔國。張皇后的理由是李輔國久掌兵權，勢力嚴重威脅到皇權，極可能趁李亨病危而作亂；誅殺李輔國符合李俶的利益。李俶不敢貿然答應。他藉口政變對父皇的病情不利，要「暫緩」。

太子不同意，張皇后馬上臨陣換將。她選擇了越王李係，計劃先推李係為太子，再用監國令殺李輔國。當夜，張皇后在長生殿後埋伏了兩百名宦官，派人傳召太子，準備抓住太子廢掉。

張皇后占得了先機，只可惜她平時不注意加大勢力範圍，關鍵時刻竟然想借助宦官之手來逮捕、廢立太子！政變首重保密，而張皇后計畫才剛排定，其中一個宦官頭目程元振就獲悉了。他是李輔國的黨羽，馬上密告李輔國。

李輔國可比張皇后的實力強多了。當下，他點起兵馬，就趕到皇宮，埋伏在太子進宮的道路旁，截下了正要趕去見張皇后的太子李俶。

李輔國告知張皇后的陰謀。一個難題擺在李俶面前。一邊是皇后，一邊是太監；前者傳召自己議事，後者說這是個陰謀，到底應該相信誰呢？李俶的第一反應是李輔國的話不可信。他堅持進宮。局面就僵持起來。僵持對李輔國不利，時間拖久了，張皇后和越王一系如果得知就會做變更計畫，強力應對。

關鍵時刻，程元振當機立斷，也不和李俶囉嗦了，索性把李俶強行推到飛龍廄，並派兵嚴加看管。接著，李輔國、程元振在宮內戒嚴，抓獲了越王及其黨羽親信百餘人。張皇后見勢不妙，慌忙逃入重病中的李亨寢宮 —— 長生殿。

李亨正病重，恍惚中看到張皇后披頭散髮地跑進來，已經受到不小的驚嚇。不想，奴才李輔國很快就派人進宮來，催促、逼迫張皇后出殿。張皇后自然哀求李亨。李亨茫然無措之間，來人也不顧李亨臥病在床，當著李亨的面強迫張皇后出去。喧鬧之外，李亨依然不知道事情的來龍去脈，不過張皇后那絕望的「陛下」、「救命」之類的呼喊聲，他聽的是真真切切的。李亨本是將死之人，深夜目睹妻子被家奴押走，貴為九五之尊卻無能為力，這種心理打擊實在太大了。李亨在驚嚇和屈辱中死去，終年五十二歲。

李輔國殺掉張皇后和越王後，為李亨發喪，並從禁閉所釋放了太子李俶。太監們擁太子坐上龍椅，繼位為帝，史稱唐代宗。

唐代宗李俶繼位後，李輔國的夢想似乎實現了。

因為擁立有功，李俶冊封李輔國為司空兼中書令。李輔國終於實現了宰相夢，成了歷史上第一個「太監宰相」。從此，他的氣焰愈加囂張，曾對皇帝李俶說：「大家（指皇帝）但內裡坐，外事聽老奴處置。」他這是讓皇帝把軍國大權都託付於他，李俶也只能忍氣吞聲地聽著。

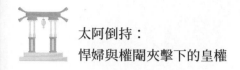

　　李俶這個人，比父皇李亨更有手腕。他原本就對李輔國不滿，如今見李輔國不可一世，下定決心除去這個巨惡。他覺得最大的障礙是李輔國掌握禁軍兵權。怎麼辦呢？李俶想到的辦法是「以毒攻毒」。

　　政變中的太監頭目程元振功勞不小，對李俶也有擁立之功。李俶繼位後，任命程元振為將軍、知內侍省事，在宮內宮外都掌握了一定的實權。很快，李俶又把他提拔為驃騎大將軍，代替李輔國總率禁兵。因為程元振是自己的黨羽，且同為宦官，李輔國起初並不在意，誰曾想，唐代宗李俶竟陸續罷免了自己的職務。到最後，李輔國實職全部沒有了。他這才回過神來，決定以退為進，上表請求解官退休。李俶馬上「恩准」，進封他為博陸郡王，仍為司空。但是，李俶加快清洗朝堂中李輔國的親信。他的親信都被流放嶺南蠻荒之地，然後賜死。不久，賦閒在家的李輔國離奇地被人割去了腦袋。李俶下令不許聲張，刻了一個木頭腦袋，為李輔國辦了葬禮，追贈太傅，但諡號「醜」字。改過多次名字的李輔國，最終定名為「李醜」。後來，軍官出身的梓州刺史杜濟，向人炫耀自己刺殺了李輔國。雖然杜刺史沒有多說，但人們都相信是李俶安排的。

　　太監程元振代替了李輔國的地位，但時間也不長。程元振同樣出身貧寒，為了養家活命，年少時被迫閹割送入宮中，於政變中嶄露頭角。在不到一年時間內，程元振權震天下，軍中呼為「十郎」。他操縱朝政，冤殺大將來瑱，驅逐宰相裴冕，還詆毀李光弼等人，幻想著能恢復李輔國的權勢。但是他根基太淺，短時期內得罪人太多，日漸孤立，一年之後就被罷官，趕回故鄉。程元振賊心不死，私入京師，被發現後遭到流放，途中病死。

　　李輔國、程元振先後死了，但太監專權的傳統卻留下了。這不僅僅

因為唐肅宗李亨開了太監掌握軍權的先例，更主要的原因是唐朝政局日趨複雜，皇帝們除了身邊的太監，無人可用，也無人可信。狹隘的生活環境決定太監是他們最親信的人。皇帝們有意利用太監去維護和鞏固皇權，殊不知太監攬權本身就是皇權的巨大威脅。也許，這是歷朝歷代皇帝面對的共同難題。

皇帝是一個高壓、高危的職業。絕對的皇權帶來無上的榮耀與享受外，也帶來了無盡的威脅。

皇帝要應對的威脅很多，比如懷有異心或者功高震主的大臣、覬覦龍椅的兄弟叔姪、有獨立傾向的軍閥野心家等等。每一種威脅都可能顛覆皇權。唐肅宗李亨從即位之初，應該就深有體會。安史之亂的根源就是軍閥作亂，導致天下大亂，唐玄宗、肅宗父子倆顛沛流離。唐肅宗在位期間，頭號政務就是平定安史之亂。直到他死時，叛亂都沒有平定。相反地，安史之亂開啟了唐王朝崩盤的序幕。各種威脅皇權的混亂接踵而來。

李亨排擠父皇登基之初，他的弟弟、永王李璘就在江南自立為王。李璘是唐玄宗第十六子，年幼喪母。唐玄宗很寵愛這個幼子，四歲就封他為永王。李亨和李璘也很親近，曾親自撫養過這個弟弟。李璘長大後才貌雙全，繼承了唐玄宗的相貌。安史之亂爆發後，李璘是山南東路及嶺南、黔中、江南西路四道節度採訪等使，鎮守江陵。當時首都淪陷，江南富庶之地的財富無法運送到北方，租賦上億萬，堆積如山。李璘自恃皇室貴冑而萌生了依據江南財富、割據稱帝的野心。他招募數萬士兵，自行任命官員，造反跡象明顯。大詩人李白投入李璘麾下，創作了〈永王東巡歌〉組詩，記錄李璘大軍東下的盛況，讚頌永王「功績」。一時之間，半壁江山有被李璘奪走的危險。李亨對此毫不手軟，對曾經同

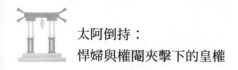

太阿倒持：
悍婦與權閹夾擊下的皇權

吃同住的親弟弟也不留情，第二年就派兵鎮壓了李璘造反。李璘戰敗被俘後被殺。

拍馬屁的李白受株連，被判流放夜郎，中途因為兵部尚書郭子儀出面干預而被釋放，於是就有了狂喜的〈早發白帝城〉：「朝辭白帝彩雲間，千里江陵一日還。兩岸猿聲啼不住，輕舟已過萬重山。」

為李白作保的兵部尚書郭子儀，也威脅著李亨的皇權。李亨對郭子儀感情複雜。一方面，他需要郭子儀、李光弼等人領兵打仗，鎮壓叛亂；另一方面，隨著郭子儀等人常年領兵在外、功勛聲望日盛，李亨不得不猜疑他們是否有「不臣」之心。歷史上，武將興兵作亂的例子隨處可見。誰能保證郭子儀不是下一個安祿山呢？李亨基本上能做到對郭子儀人盡其才，除了派遣太監做監軍外，並沒有過分猜忌，更沒有殺戮。而郭子儀也深深懂得韜光養晦，不居功自傲，對朝廷呼之即來揮之即去，戰事一結束無論勝負都自動去職。李亨對郭子儀也優裕有加，多有賞賜。這個平定安史之亂的頭號功臣，最終無疾而終，算是一個不大不小的奇蹟了。傳統戲曲中有一出「醉打金枝」的劇目，說的就是郭子儀的自保之道。唐肅宗的孫女、唐代宗的女兒昇平公主下嫁郭子儀之子郭曖。昇平公主在郭家大擺主子架勢，在郭子儀生日的時候都不露面。郭曖就與昇平公主爭論，說了：「你不就仗著父親是皇帝嗎？我父親還不願意當皇帝呢！」的氣話，並動手打了公主。公主跑回娘家告狀。郭子儀立刻就綁了郭曖，趕到皇宮負荊請罪。雖然唐代宗寬慰郭子儀說：「不痴不聾，不作家翁。兒女們在閨房中的氣話，不用聽。」郭子儀千恩萬謝回來，還是親手打了郭曖數十杖。

應該說，唐肅宗李亨在處理永王之亂和與郭子儀等功臣關係上，方法得當，為皇權加分不少。親王叛亂也好，功臣不羈也好，都是從皇宮

之外來的威脅。李亨主要是依據皇宮之內的力量來應付，比如他任命太監當郭子儀的監軍。皇帝在皇宮之內能找到的支持力量，無外乎一是宦官，一是后妃。太監和后妃都是皇帝最親近的人，依附皇權而存在，理論上他們與皇帝是利益一致的，一榮俱榮一損俱損。皇權衰落了，宦官和后妃也沒好日子過。如果皇帝沒了，哪還有太監和嬪妃呢？所以，當皇權面臨威脅的時候，皇帝、宦官、后妃三者自然就聯合起來，穩定政局。這一點在唐肅宗李亨草創靈武朝廷的期間，表現得非常明顯。三者度過了一段共患難的歷程。

但是，宦官、后妃和皇帝之間依然是存在利益衝突的。宦官和后妃哪一方權勢的高漲，都意味著皇權的相對衰落。當宦官權勢漲到一定程度時，他們代行皇權，甚至蓋過皇帝的光芒。等到皇宮之外的威脅平定後，皇權的威脅就來自皇宮之內了。這一點在唐肅宗時期也表現了出來。顯然，唐肅宗並不具備處理好「宮內事務」的本領，任由宦官和后妃大肆胡為、尾大不掉，最後釀成大禍。這其中跟李亨的性格 —— 懦弱，手腕有限有關，也暴露了皇權的內在弊病。還是那句話，皇帝是一個高壓、高危的職業，龍椅不是那麼好坐的。

甘露之變：
從指縫溜走的勝利

　　甘露之變原本是一場朝臣策劃要誅殺宦官的政變，唐文宗是幕後主謀，結果在政變當天有超過六百名朝臣被殺，唐朝朝班幾乎為之一空，唐文宗反被宦官軟禁。導致如此反差的原因很多，最關鍵的原因顯而易見。身為最高權威象徵的唐文宗在生死關頭被宦官所挾持，使得嚴密謀劃、距勝利一步之遙的政變從朝臣們的指縫溜走。

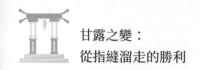
旗開得勝

　　大和八年（西元八三四年）年中後，一位被流放的小官李訓頻繁地進出皇宮。李訓來得很突然，以至於長安城內有關他的政治傳言，都是片段且充滿猜測色彩的。人們猜測不出李訓到底屬於朋黨相爭中的「李黨」還是「牛黨」，有人傳言李訓是由大太監王守澄直接推薦給皇上李昂的，但有人則信誓旦旦地說親眼看到李訓是由鄭注引薦的；還有人指出李訓是前宰相李揆和李逢吉的同族子弟，官宦世家出身，更有人挖掘出李訓其實還在服喪期，因為李母剛死不久。

　　每一個和皇帝走得近的人都會引起市民的猜測和眼紅，這在長安是一個不好不壞的「慣例」。不管猜測也好，誹謗也好，皇上唐文宗李昂越來越喜歡李訓這個人了，公開要破格提拔李訓進入宮廷擔任近臣。這一下可掀開了沸騰的熱鍋蓋。宰相李德裕公開批駁李訓是奸詐小人，之前因罪流放，現在雖然已經返回了但沒有資格出任近侍。更有多位兩省諫官來到皇宮門口跪諫，直言李訓是遠近馳名的奸詐邪惡之人，不宜侍奉在皇帝身邊。可唐文宗就是聽不進去這些勸諫。

　　李訓到底是何許人也？

　　李訓，隴西成紀（今甘肅秦安）人，字子垂，初名仲言。當時因為在唐文宗時期擔任了《周易》博士兼翰林侍講學士，他自行改名為李訓。不過其實，李訓的確是肅宗朝宰相李揆的族孫，敬宗朝宰相李逢吉的族子。

　　《舊唐書》說他「形貌魁梧，神情灑落；辭敏智捷，善揣人意。」意思是說李訓這個人長得相當不錯，很有政治相，而且很會察言觀色，揣測人意。這樣的人古今中外都很多，很適合當領導者或幹部。至於李訓的真才實學如何，哼哼，那就難說了。

　　在名字還是李仲言的時候，李訓官運不好，仕途很不順。主要原因是他的政治手段太差，過於鑽營取巧。唐穆宗長慶三年（西元八二三年），李訓進士及第而進入了仕途。他先是出任大學助教，後來調任河陽節度府幕僚。兩年後，唐敬宗即位，李訓的從父李逢吉出任宰相。李逢吉很看好李訓這個家族後輩。倒不是李逢吉認為李訓才華出眾，而是覺得李訓「陰險善計事」，很對自己的胃口。兩人臭味相投。唐朝的宰相不止一位，李逢吉和另一位宰相李程不合。李訓就思考著該如何幫李逢吉扳倒李程，作為自己的晉升之階。當時，石州刺史武昭被貶為袁王府長史，對執政的大臣心懷怨恨。另一個小人、李程同族的李仍叔就詭稱李程曾計劃提拔武昭官職，當中遭到了李逢吉阻止。武昭信以為真，認定自己的去職是李逢吉從中搗亂的結果，對李逢吉恨得牙癢癢。某次，武昭惡狠狠地跟左金吾兵曹茅彙說要謀刺李逢吉。此事被人告發，武昭被逮捕入獄。李訓當時擔任河陽掌書記，就脅迫茅彙誣陷李程與武昭合謀。結果李訓做得太急，事情敗露。武昭被杖殺，李訓則被流放象州（今廣西象州東北）。

　　西元八二七年，唐文宗即位，改元大和，大赦天下。李訓這才遇赦北歸。

　　李訓過了好多年的「閒人」生活。其後又遭逢母喪，而居住在東都洛陽守喪。當時李逢吉已經罷相，也是閒人一個，時刻思索著如何東山再起。李訓揣知族叔的意思，就跟李逢吉說自己在長安如何有門路，有

關係，尤其是和宮廷紅人鄭注有交往，可以替叔父打點打點。李逢吉相信了李訓，很清楚鄭注在宮廷政治中的影響力，就將畢生的積蓄金帛珍寶數百萬交給李訓，託付李訓去長安賄賂鄭注。這大約發生在西元八三四年間。

鄭注又是何許人也，讓李逢吉如此重視他？鄭注是掌權大宦官王守澄身前的紅人，也是唐文宗不可離開的近臣。鄭注，絳州翼城人，出身很差，一開始在長安權豪門戶之間當遊方郎中，吃豪門飯。他本姓魚，來長安後冒姓鄭氏。大家都諷刺他叫「魚鄭」，稱他是沒有脊梁和骨氣的「水族」。鄭注眼見在長安混不下去了，就去投靠襄陽節度使李想，為他治好了幾次病，因此獲得節度使的信任，並被推薦給王守澄。王守澄很喜歡這個伶牙俐齒、善於鑽營的遊方郎中。西元八三四年，唐文宗得了中風，王守澄就推薦鄭注去為皇帝治病。病治好了，鄭注也得到了唐文宗的信任。

對於鄭注這個小人的顯貴，朝中大臣有不少意見。翰林學士——戶部侍郎李珏就對唐文宗說鄭注「其人奸邪，陛下寵之，恐無益聖德」。御史李款閣內彈之：「鄭注內通敕使，外結朝官，兩地往來，卜射財貨，晝伏夜動，幹竊化權。人不敢言，道路以目。請付法司。」李御史根據鄭註上竄下跳、貪財干政的行為，請求唐文宗將鄭注下獄審判。十天內，彈劾鄭注的諫章數以十計，唐文宗都不採納。

鄭注很快就被授予通王府司馬，充右神策判官；十二月鄭注又被提拔為太僕卿兼御史大夫，成為朝中重臣。

李訓卻敏銳地意識到了鄭注於己而言的重要意義：「朝中掌握權力的人都齷齪不行，只有鄭注好結交士人，有後宮力量支持，可與之共事。」他將李逢吉託付的厚禮全都賄賂了鄭注。鄭注和李訓一見如故，不僅為

了那耀眼的金銀，更因為兩人性情相投。鄭注將李訓引薦給了王守澄。因為李訓善講《周易》，王守澄推薦李訓入宮。當時李訓正在為母親服喪，按例不能進入宮禁。大家經過商量，讓李訓換了一套民服，號稱王山人，兩次出入含元殿，接受唐文宗的召見詢問。唐文宗見李訓長得儀表堂堂，言語出眾，又懂權術，非常喜歡，「以為奇士，待遇日隆」。西元八三四年八月，李訓剛除去喪服就被授任為諫官。宰相李德裕強烈反對李訓擔任近侍。唐文宗卻說：「人生在世，孰能無過，俟其悛改。」李訓不久又擔任了四門助教。

李訓和鄭注這兩個品行並不高尚的人成為了「空降重臣」，來到了皇宮核心。

唐文宗為什麼要重用李訓等人呢？因為他是立志要有所作為的君主。而且，他對現有的朝臣失望了，他覺得李訓和鄭注能夠襄助他實現宏圖大業。

唐文宗所接手的江山，風雨飄搖。唐朝走上衰敗的道路已經八十年了，天下藩鎮割據，朝堂朋黨之爭，政治昏暗，民不聊生。最牽制唐文宗精力，也是最讓這個二十多歲年輕人擔心的還是宦官專權。唐文宗時，宦官集團興盛一時。軍隊指揮和調遣，高級官員的任免，甚至皇帝的廢立盡操於諸宦之手。唐文宗的祖父、兄長都是被宦官殺死的，原本沒有機會觸碰到龍椅的李昂也是經由宦官控制，藉由流血事件登基的。當時朝廷中處理政務和在外地監軍的宦官中，品級在五品以上的竟然有四千人之多。宦官的政治、經濟、社會地位都達到一個空前的高度。不僅朝野大臣拚命交結宦官，無恥獻媚，就連唐文宗也威嚴掃地，對宦官低眉順目，不得不逆來順受。

唐文宗發自內心看不起宦官，嫉惡宦官飛揚跋扈。每當看到當年殺

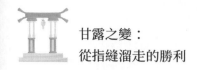
害爺爺唐憲宗的太監還時常出現在眼前，華衣玉食，李昂的心靈就在流血。表面恩寵太監的唐文宗內心越來越為不能為先輩報仇而自責。史載李昂「恩欲芟落本根，以雪仇恥，九重深處，難與將相明言。」而更讓唐文宗深受煎熬的是，他必須小心翼翼地隱藏真實的心意，沒有傾訴的環境，更沒有傾訴的對象。

剛即位的大和二年（西元八二八年），唐文宗舉辦了科舉。舉人劉蕡應試時寫了一篇五千字的〈直言極諫策〉，強烈地抨擊宦官專權。通篇切中時弊、才華橫溢，但參加科舉考試的二十三名舉人中有二十二人都中了進士，只有劉蕡一個人落第。倒不是閱卷官覺得劉蕡的學識不行，而是根本不敢細看他的文章，更不用說錄取了。新進舉人李郃憤言：「劉蕡落選，而我等中榜，難道不是我們這些人的恥辱嗎？」他邀集了杜牧、裴休等名人聯名上疏，願將自己的科名讓給劉蕡。奏疏送到皇帝的面前後，唐文宗嘆息良久，最後將奏疏留中不發。

即位之初，唐文宗曾經和宰相宋申錫密謀，要聯合朝臣剷除王守澄等宦官。可他太小看了宦官的力量了，王守澄很快得到消息，先下手為強，誣告宋申錫謀反，迫害他致死。從此，唐文宗只好韜光養晦，外示庸碌。

某次，唐文宗閱讀《春秋》讀到「閽弒吳子餘祭」時，問翰林侍講學士許康佐：「閽何人也？」許康佐大驚失色，嘟噥了半天，跪地表示自己「窮究未精」不知道。身為翰林，許康佐不可能不知道「閽弒吳子餘祭」的意思。它說的是吳越爭霸的時候，太監刺殺吳王餘祭的事情。許康佐懼怕太監勢力，不敢回答。回家後，許康佐越想越覺得當陪伴皇帝的翰林學士這份工作實在太危險了，趕緊寫了一封辭職信，說自己有病，當不了翰林學士了。朝中大臣大多和許康佐一樣，畏懼宦官，一聽

到皇權和宦官之爭就躲得遠遠的，更不用說參與剷除宦官的密謀了。唐文宗認定朝臣只會領取俸祿偷安、朋黨相爭，根本沒有伏節死難之人。

李訓的到來為李昂苦悶的心靈帶來了涼爽的春風。唐文宗還是用「闇弒吳子餘祭」這句話詢問李訓。李訓回答說：「吳人伐越時抓住了許多俘虜。當時的俘虜就像牲口一樣，不殺，而對他們施加肉刑。古稱閹寺，就是現在的宦官。吳子是吳國國君，叫做餘祭。吳國曾讓太監守衛舟楫，某天，越國的太監趁餘祭去視察的時候，殺死了他。」李訓並沒有將古文只解釋到這一步，還借古喻今說：「為君者不能親近宦官，親宦官即親死之道也。吳子餘祭遠賢良，親宦官，才導致了殺身之禍。魯國修史的時候忠實地記錄了下來，讓後人引以為鑒。」李訓這樣的回答怎麼可能不獲得唐文宗的青睞，甚至親信呢？唐文宗聽後就動情地說：「朕左右都是刑餘之臣，宦官多矣。餘祭之禍，朕怎麼能不擔心呢？」李訓立即表示：「陛下睿聖，未雨綢繆。如果陛下有所舉措，臣願效犬馬之勞。本朝歷代先皇都知道宦官的禍患，卻不能疏遠他們；都厭惡宦官，卻不能遏制他們。當今陛下睿智如此，天下幸甚。」唐文宗大為感動，認定李訓雖然是太監所推薦，卻是可以依靠，共成大事的忠臣。史載：「李訓講《周易》微言大意，頗中文宗心意。」當時正是盛夏，唐文宗賜給李訓水玉腰帶和避暑犀如意，並說：「如意足以與卿為談柄也。」鄭注的情況也大致如此。

李訓和鄭注兩人就真的和唐文宗心思一致，有濟世救民之民嗎？

可惜答案是否定的。李訓和鄭注兩人只是迎合唐文宗的心思，挑唐文宗喜歡聽的話來說。慷慨激昂的神情也好，反對宦官勢力的堅定態度也好，都被兩人作為博取唐文宗信任，藉以平步青雲的工具。當然了，如果真的能將宦官勢力剷除乾淨的話，更是有利於李訓和鄭注掌握大

權。在這一點上，兩人是樂意與宦官勢力為敵的——儘管李、鄭兩人都是大太監王守澄推薦入宮的。總之，李訓和鄭注都不是真正的志士仁人，所有的一切都是為了切實的政治收益。

那麼兩人治國救民的真實能力如何呢？鄭注常常自負有經世濟民的本事，唐文宗就問他「富人之術」，鄭注卻無言以對，只提出了「榷茶」一條政策。所謂的榷茶就是將南方百姓的茶園收為官府經營，由政府壟斷茶葉貿易，藉以牟利。這根本就不算是什麼經濟之策。但身在深宮的唐文宗被鄭注的言語迷惑，認為榷茶政策非常好，在全國推行，任命王涯擔任專門的榷茶使。大批茶農因之傾家蕩產，靠茶葉生活的相關百姓頃刻陷入困境，怨聲載道。

唐文宗自然看不到這一切，而且此舉反倒凸顯了李、鄭兩人才能出眾的形象。他花越來越多的時間和李訓、鄭注兩人聚在深宮中指點江山，繪製藍圖。漸漸地，三人不滿足於僅僅誅滅宦官了。胸懷天下的唐文宗的思維隨著李訓、鄭注的謀畫跳出了長安，「以為當先除宦官，次復河、湟，次清河北，開陳方略」。他為中興唐王朝列出了「三步走」的策略：先誅滅宦官，再收復河西河湟失地，最後清除河北的藩鎮，由內而外，由近及遠安定天下。唐文宗、李訓與鄭注三人常常朝夕在宮中計議，密圖大計。因為李訓、鄭注都是王守澄信任並引薦的，加上唐文宗常常向群臣展現自己學習《周易》的心得體會，對李訓執學生之禮，宦官集團和朝臣們都以為這三個人研習《周易》入迷了，沒有任何人猜疑三人的真實意圖。

為了完成三步走的宏偉策略，李訓的官職一再升遷。大和九年（西元八三五年）七月，李訓升任兵部郎中、知制誥兼侍講學士；九月又被擢升為禮部侍郎、同平章事，仍每隔一兩天就入翰林講《周易》。鄙視李

訓的宰相李德裕當時被唐文宗斥退，李訓成為了事實上的宰相。李訓很快網羅了一批人，形成了自己的圈子。「天子傾意任之。訓或在中書，或在翰林，天下事皆決於訓」。

長安政壇的「李訓加鄭注」的時代到來了。

僅僅一個月後（西元八三五年十月），大太監王守澄在家中飲毒酒自殺。

當天，唐文宗派遣使者去王守澄家。這一次沒有賞賜，沒有詔書，使者冷冰冰地將一瓶鴆酒放在了王守澄面前。閱盡政治變遷、人事起伏的王守澄知道自己的大限到了，沒有反抗，緩緩地拿起毒酒一飲而盡。長安城中有人歡呼雀躍，有人收斂言行，但更多的人在疑惑，在觀望。唐文宗是如何在短短幾個月中就除掉大太監王守澄的呢？

我們不能忘記了，李訓是政治鬥爭的高手。逼迫王守澄自殺就是他輔佐唐文宗所完成的傑作。表面上看，唐文宗的實力遠遠弱於宦官集團。但宦官集團並不是鐵板一塊。李訓就是利用宦官之間的衝突，分化瓦解，打擊拉攏，襄助唐文宗旗開得勝的。李訓採取了扶持仇士良對抗王守澄的對策。仇士良是嶺南循州興寧人，出身世代宦官之家。曾祖父和祖父都是大太監，出入政府，待遇恩重。仇士良本人也是歷任數朝的太監，還參與了擁戴唐文宗的行動，但一直受到王守澄的壓抑，擔任的都是一些閒職。唐順宗時仇士良就進入太子宮當宦者，但其後經歷了穆宗、敬宗兩朝，直到文宗時才擔任了右領軍將軍一職。史載仇士良這個人「秩清事簡，優選自娛」，很有自娛自樂、大隱於朝的味道，實際上仇士良年輕時飛揚跋扈，「秋按鷹內畿，所至邀吏供餉，暴甚寇盜」，活脫脫就是一個惹不起的活閻王。只是王守澄比他更狠，資歷更老，一直壓著他。

大和九年（西元八三五年）五月，李訓、鄭注聯名上奏任命仇士良擔

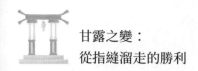
任左神策軍中尉，打破了王守澄獨霸神策軍的歷史。王守澄對此很不高興，和仇士良的矛盾開始顯露。仇士良為了自身的利益，選擇了向唐文宗靠攏。為了安撫王守澄的情緒，防止意外，一個月後，唐文宗將與王守澄不和的太監、原左神策軍中尉韋元素，樞密使楊承和、王踐言三人發配到地方，分別擔任西川、淮南和河東監軍。王守澄的情緒得到了穩定。八月，李訓痛打落水狗，以楊承和庇護宋申錫，韋元素、王踐言與外臣交結干政、賄賂橫行為名，將楊承和貶往驅州，韋元素貶往象州，王踐言貶往恩州，命令當地官員將三人禁錮。不久長安聖旨到，賜楊、韋、王三人自盡。三個橫行多時的大太監就這麼無聲無息地死了，沒有引起絲毫震動。宦官陳弘志是弒殺唐憲宗的凶手，當時擔任山南東道監軍的職務。唐文宗一直想殺死他，為爺爺報仇。九月，唐文宗採納李訓的建議，將陳弘志召到青泥驛。在驛站，陳弘志被關起來，「封杖殺之」。

外圍宦官除去後，宦官頭子王守澄依然擔任著右神策軍中尉、行右衛上將軍、知內侍省事，掌管所有太監和禁軍。唐文宗有條不紊地進封王守澄為左右神策觀軍容使，兼十二衛統軍，明升暗調，將王守澄手中的神策軍兵權交給了仇士良，「以虛名尊守澄，實奪之權也」。其間，凡是王守澄厭惡的宦官，李訓、鄭注都乘機派往鹽州、靈武、涇原等外地巡邊。王守澄也不以為意，沒想到，李訓轉身就命翰林學士下詔書頒布各州，要求地方官殺死巡邊太監。王守澄這才發現自己成為了孤家寡人，面對可能的權力進攻沒有還手之力了。之前王守澄雖然和許多太監有過衝突，相互爭鬥，但在維護宦官集團安全面前是利益一致的。剷除王守澄的時機終於成熟了，李訓祕密上言，唐文宗只用一瓶毒酒就除去了王守澄。「於是元和之逆黨略盡矣。」除了仇士良等極少數人外，宦官元凶基本被剷除了。

　　旗開得勝的唐文宗、李訓等人此時遭遇了一個難題：到底要不要將宦官勢力一網打盡，連根拔起？

　　對於是否要徹底消除宦官勢力，唐文宗和李訓是存在分歧的。

　　唐文宗和李訓都要考慮自身權力的鞏固問題。唐文宗代表的是皇權，李訓代表的是外臣的權力，這兩個權力始終存在著衝突。唐文宗最關心的是皇權的鞏固，除去王守澄是為了鞏固自己的權力，是否將宦官全部除去也要放在是否有利於皇權鞏固的標準上去衡量。文宗身為皇帝，之所以要除掉權閹，是想平衡朝官與宦官之間的關係，以使雙方互相牽制，一切大權皆歸皇帝。他不可能完全聽命於李訓等人，將宦官全部殺死，把所有權力都轉交給大臣們。對於朝官，文宗明白如果讓李訓、鄭注的權勢維持下去，那同樣會形成尾大不掉之勢。因此文宗既不允許李訓、鄭注全部消滅宦官，也不會試圖去平衡李訓與鄭注之間的關係。專權的宦官和擅權的朝臣在唐文宗的眼中同樣可怕。

　　對於宦官的態度，唐文宗的態度也是有區別的。對王守澄等威脅皇權的太監，唐文宗必欲除之而後快，但他又離不開宦官勢力。皇帝需要宦官來操持後宮事務，更需要宦官去處理一些朝野政務。宦官是皇帝用來遏制相權，防止權臣出現的重要力量。唐文宗就比較寵信恭順的宦者，比如劉弘逸、薛季稜等人。若干年後，他就將後事託付給了劉、薛等人。

　　李訓的心思也全部在自身的權力上。他希望趁熱打鐵，一網打盡，一次剷除所有的宦官勢力，為自己攫取更大的權力。他和唐文宗的衝突之所以還沒有暴露，主要是因為在處理剩下的大太監仇士良的問題上，兩人的利益是一致的。

　　仇士良必須死。但怎麼殺死他，唐文宗和李訓各自的計畫，卻存在著分歧。

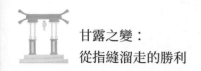
甘露之變

要怎麼剷除仇士良，李訓在一定程度上是背著唐文宗謀劃的。

王守澄自殺後，一時之間，宦官勢力大大地收斂了行徑，李訓、鄭注兩人威望大增。尤其是李訓，他每次進見唐文宗時，宰相備位，天子傾意，宦官和禁軍都懾憚迎拜。李訓的胃口越來越大，自信也越來越足。李訓、鄭注兩人連連密謀，力圖一舉全滅宦官。仇士良等宦官手中還掌握著相當大的軍權。為了擁有自己的軍事力量，鄭注主動出任鳳翔節度使，組織軍隊，以為外援。李訓特地為鄭注挑選了當時的才俊擔任輔佐和幕僚，多名才乾品德出眾的名臣子弟隨同出任。同時李訓安插了自己圈子的人在各個關鍵職位上，戶部尚書王璠轉任太原尹、北都留守、河東節度使，大理卿郭行餘出任邠寧節度使，京兆少尹羅立言代理京兆尹，太府卿韓約調任執金吾大將軍，刑部郎中兼御史知雜李孝本代理御史中丞。相較於宦官手中的神策軍，李訓圈子能夠掌握的只有韓約掌握的、同為禁軍的金吾軍。李訓明白金吾軍實力遠弱於神策軍，就暗中命令韓約擴充金吾軍部隊，授意王璵、郭行餘多召募兵士。當時節度使赴任前都要就地招募親兵，因此王璵、郭行餘兩人的招兵行動沒有引起仇士良等人的疑慮。

實際上，此時最大的隱患是李訓和鄭注之間的權力衝突。

鄭注在權力跑道上原先處在李訓的前面，現在看到李訓入閣拜相，

自己卻原地踏步、拜相無望,心理便失衡了。眼看扭轉逆境比較困難,鄭注於是希望透過剷除仇士良等人來累積政治資本,收穫全功,藉此取代李訓。鄭注主動要求出鎮鳳翔,是看中了鳳翔的兩大優勢。第一,鳳翔地處邊陲,是唐王朝抗擊吐蕃的前哨,軍隊密集。一般都是德高望重、文武兼備的重臣才出鎮鳳翔。出鎮鳳翔無疑將為鄭注出將入相提供籌碼。第二,出鎮鳳翔有利於掌握誅殺宦官集團的主動權。大太監王守澄的遺體計劃在十一月二十七日下葬於鳳翔。李訓與鄭注約定,由唐文宗下令京城內外、大小宦官當日全都前去送葬,在葬禮上將他們一網打盡。該計畫安排鄭注率鳳翔官兵就地砍殺宦官,一個不留。當鳳翔節度使的任命下來後,鄭注並沒有立即赴任,而是先派遣親信丹駿前去鳳翔慰問,籠絡軍心;自己在長安挑選幕僚,並和李訓規劃好整個計畫。一切就緒後,鄭注才從容赴任。

李訓也真是利祿薰心。他看穿了鄭注的把戲,不願意讓盟友獨占全功。鄭注剛走,李訓就單方面毀約,重新安排了一個政變計畫。他與親信舒元輿密謀說:「如果鳳翔事成,鄭注將專有其功,不如讓王璠、郭行餘二人以赴任為名,抓緊招募壯士來擔任部曲,配合金吾府卒提前誅殺宦官。」頓了頓,李訓又說:「到時再順便除掉鄭注。」正史沒有記載舒元輿當時是什麼反應。我讀書到此,在一千一百多年後依然不禁打了個冷戰。李訓在得到唐文宗的同意後,計劃與鄭注約好,行動提前六天,並在金吾府將仇士良等人一網打盡。

臨陣無故改變計畫是政變的大忌。李訓偏偏就這麼做了。

大和九年(西元八三五年)十一月二十一日,紫宸殿準時舉行了早朝。

朝堂上,執金吾大將軍韓約出班奏稱金吾左仗院內的石榴樹昨夜天降甘露。文武百官紛紛拜賀,慶祝祥瑞現身唐王朝。所謂祥瑞是指諸如

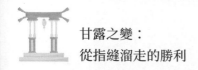
出現彩雲，風調雨順，禾生雙穗，地出甘泉，奇禽異獸等奇異現象。儒家認為這是表達天意的、昭示現實的自然現象。「天降甘露」則是千載難逢的祥瑞，預示著君王聖明，國運昌隆。這裡的甘露指的是類似水晶、黏在物品上而不揮發的水滴。古代統治者認定甘露能夠延年益壽，是一種「聖藥」。漢武帝就曾在長安城外的建章宮內建造了一座高大的承露盤，收藏夢寐以求、能讓自己長生不老的甘露。一些帝王還因為出現甘露祥瑞而改變年號，以甘露命名。漢宣帝劉詢、前秦苻堅等人都有過甘露的年號。李訓策劃的這場政變在歷史上就被稱為「甘露之變」。

李訓在韓約上奏後，祝賀說：「甘露降祥，落在宮禁，臣請陛下親幸左仗觀賞甘露。」於是唐文宗乘坐軟輿出紫宸門，前往靠近金吾臺的含元殿。君臣一干人等在臺階上站好。唐文宗為什麼沒有直接去金吾臺呢？因為他先命令李訓帶領幾位官員先去檢視甘露。李訓沒多久回來啟奏說，金吾臺的確有異樣的水珠，但不能確定就是甘露。天下哪有什麼甘露祥瑞，去檢視的幾個官員肯定沒看到所謂的甘露，但又不敢指出上天根本就沒有降下祥瑞來，這樣不就打了整個王朝耳光嗎？因此李訓這麼說，朝臣們認為也算是最妥當的回應了。唐文宗故作不知地自言自語說：「難道韓約在說謊？」他命令大太監、神策軍左右軍中尉仇士良、魚弘志等宦官前去檢視究竟。

宦官一離開含元殿，李訓立即下臺階調兵遣將，部署誅殺宦官。王璠、郭行餘之前招募的親兵已經集中在宮門外待命。李訓高呼：「來受敕旨！」王璠在政變的緊要關頭，竟然害怕得渾身發抖，邁不開步伐了；只有郭行餘一個人趕到殿前應命。門外王璠的親兵聞訊而入，但郭行餘的邠寧藩鎮親兵卻徘徊不前，不敢入內。李訓之前寄重望於王璠、郭行餘兩人在長安招募的親兵。此時的長安早已不復盛唐時期的生機，應徵

的不是地痞流氓、飛鷹走狗之人，就是當兵吃糧來的赤貧之人。李訓招呼了半天，含元殿前才稀稀拉拉地聚攏了幾百人。

那一邊，仇士良、魚弘志等宦官在韓約的引領下進入了金吾府。

韓約文人出身，這時神色慌張，臉上流汗。仇士良心中狐疑，奇怪地問他：「韓將軍這是怎麼了？」韓約忙低下頭，以有病在身來搪塞。老天也真是不幫忙，偏偏在關鍵時刻颳來一陣大風，吹動金吾臺四周房屋的帷幕，現出了埋伏在屋內幕中武士的雙腳和冷冰冰的兵器。這些武士都是李訓和韓約事先準備，要將宦官們除之而後快所預伏的金吾臺士兵。仇士良畢竟經歷了多次在刀口上舔血的人事，見狀恍然大悟，高呼有變，扭頭就跑。韓約被宦官們一簇擁，失去了面對突發事件的判斷力，既沒有命令埋伏的士兵奪門而出圍殺宦官，也不知道呼喚門衛關閉金吾府大門，來個關門打狗。結果是一行人等眼巴巴地看著仇士良帶著所有宦官從金吾府倉皇逃出，無動於衷。至此，我們不得不感嘆：真是百無一用是書生啊！

仇士良等宦官慌慌張張地跑回含元殿，大大出乎了李訓的預料。仇士良等人急於挾持唐文宗逃入內宮，得以保命並反撲。李訓立即指揮親兵護駕，並大呼：「衛乘輿者，人賜錢百千！」親兵們應聲而上，堵在唐文宗的正面。仇士良急中生智，繞到殿後，踢開屏風，抓住唐文宗的軟輿。李訓也抓住軟輿死死不放，高呼：「陛下不可入宮！」仇士良揮拳就向李訓打去，被李訓躲開，撲倒在地。李訓抽出暗藏在靴中的匕首就要撲上去刺殺仇士良。幾個小太監及時救起仇士良，躲入人群中。聞知有變的羅立言、李孝本兩人這時率領四百名左右士兵由東、西兩階殺上殿來，與王璠的親兵會合，在含元殿前見宦官就殺。數十個太監倒地身亡。餘下的太監護著仇士良、魚弘志，抬起唐文宗的軟輿拚命向內宮跑

去。李訓死死抓住皇帝的軟輿不放，一直拖到宣政門。唐文宗見事已至此，嗔目叱訓李訓。李訓依然不鬆手。太監郤志榮身材高大，奮拳擊中李訓胸口。李訓受傷，撲倒在地。唐文宗最後被太監們抬入東上閣門，進入了內宮。閣門被轟然關閉，裡面傳來數陣高呼萬歲的聲音。

門外的李訓爬了起來，沮喪地低下了頭。他知道，甘露之變已經結束了。

朝臣們在含元殿前大亂時，四處驚散。

李訓知道敗局已定，脫下紫色官服，穿上小吏的綠衫，奪了一匹馬向宮外逃去。沿途也沒有人阻攔。李訓逃離長安後，投奔終南山結識的僧人宗密，要求落髮為僧。宗密與李訓有舊交，同意幫他剃髮，但寺內的僧徒怕招來禍害，堅絕不同意。李訓只好離開山寺，再次逃亡。

王璠、郭行餘、羅立言、李孝本等人見李訓逃逸，知道事情已經失敗，也尋路逃竄。宰相王涯、賈餗並沒有參與李訓的密謀，目睹了含元殿的變故後，不知來龍去脈便逃回中書省等候消息。少頃，舒元輿也跑到了中書省。他明明參與了李訓的密謀，現在為了洗刷自己，故作不知詢問王涯、賈餗是何人造反。王、賈二人自然是一問三不知。王涯、舒元輿、賈餗三人都是最近提拔重用的大臣，是李訓勸說唐文宗提拔的「新進孤立無黨之士」，她們都是一群書生，只會坐等塵埃落定。越來越多的朝臣逃避到中書省來，紛紛向三位大人打探消息。三人只能回答尚未查明，恭候皇上裁決。

在後宮，宦官們挾持了唐文宗後，立即調遣五百神策軍精銳，由東上閣門殺出。多數朝臣一直等候在宮中，時近中午正在準備吃飯，突然來了一群見人就殺的武士。中書、門下兩省大小官員及金吾臺官兵六百多人被殺死。仇士良還不解恨，接著下令關閉長安城門，搜捕在京的公

卿百官和金吾臺官兵，發動血腥大屠殺，又殺死了千餘人。城中有許多流氓強盜也冒充禁軍，趁火打劫搞破壞，頓時「橫屍流血，狼藉塗地，諸司印及圖籍、帷幕、器皿俱盡」。王涯、賈餗、舒元輿三人被逮捕下獄，在嚴刑拷打下自誣謀反。仇士良展開了更大的政治報復活動。

十一月二十一日、二十二日這兩天，長安城被攪得天翻地覆，空氣中都瀰漫著血腥味。

二十三日日出，緊閉了兩天的大明宮右側福建門才被重新開啟。

百官恢復早朝。倖存的官員紛紛和家人訣別才揮淚進宮朝會；因為人數過少，早朝的班列顯得空空蕩蕩的。官員們都經過了嚴格搜身；神策軍士兵緊握兵器，只准每位官員攜帶一名隨從入宮。

早朝時，唐文宗下詔，宣布李訓等人「謀逆」。李訓準備投奔位於鳳翔的鄭注，途中被盩厔鎮守將宗楚擒獲，械送長安。押送到昆明池時，李訓怕關到神策軍中受宦官的侮辱和折磨，就對押送的官兵說：

「誰能得到我就能獲取富貴。你們送我入長安，功勞可就不一定是你們獨占了，還不如砍下我的首級送入宮中。」押送的官兵覺得有道理，當場殺了李訓，將他的首級送往了神策軍。鄭注聽到長安有變的消息，帶領鳳翔藩鎮軍隊五百餘人連忙赴京，準備配合李訓的政變。到達扶風時，李訓失敗的消息傳到軍中，鄭注就想退回鳳翔再行打算。鳳翔監軍太監張仲清得到仇士良的密令，假裝出來迎接歸來的節度使鄭注，並在監軍府為鄭注洗塵。鄭注剛坐下，就被張仲清的伏兵按倒砍掉了腦袋。

二十三日，李訓的腦袋就高懸在長安興安門外。李訓的族弟李仲景、戶部員外郎李元皋也牽連被殺。李訓、鄭注兩家遭族誅。李訓、鄭注兩人的宗族、賓客收押的人很多，日夜嚴刑逼供。中書令裴度不忍心，上書力爭，才保全了其中幾十個人的性命。王涯、舒元輿、賈餗、

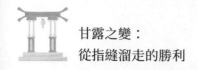
王璠、郭行餘等人也都被滿門誅殺。當時京師死者狼藉，王涯等人雖貴為宰相、大將，但都暴屍街頭無人勇於收殮。後來經令狐楚奏請，唐文宗就叫京兆尹薛元賞收葬王涯等十一人，各賜葬衣。可仇士良暗中派人刨了他們的墳墓，並將屍骨投入渭水，以解心頭之恨。

之前在各地被禁錮看管的太監現在全都得到赦免。有幾封誅殺相關地方宦官的詔書已經發出，政變後收到詔書的地方官都不敢執行，將詔書廢而不行。宦官集團氣焰喧囂直上，朝臣集團則在長期內陷入癱瘓狀態。仇士良等人開始毫不掩飾地干政。

終南山的宗密因為與李訓有舊，政變後又想為李訓剃髮，這時也被人縛入左軍，受到株連。仇士良要殺了他。宗密怡然說：「貧僧識訓年深，亦知反叛。然本師教法，遇苦即救，不愛身命，死固甘心。」另一個大太監魚弘志很讚賞宗密的回答，擔保將他釋放。宗密是甘露之變中唯一一位生還的李訓陣營的成員，後來成為了一代高僧。

甘露之變以宦官集團的全勝和李訓集團的徹底失敗而告終。

所用非人

開成五年（西元八四〇年）唐文宗憂鬱成疾，離開了人世。

甘露之變後，唐文宗的日子非常不好過，仇士良對他恨之入骨，動輒公開斥責。唐文宗以聲色自娛，偶爾登高遠眺，連聲嘆息。「居常忽忽不懌，每遊燕，雖倡樂雜沓，未嘗歡，顏慘不展，往往瞋目獨語，或裴回眺望，賦詩以見情。」唐文宗多次提到李訓，在繼任的宰相李石、鄭覃稱讚他：「訓稟五常性，服人倫之教，不如公等，然天下奇才，公等弗及也。」唐文宗也承認李訓這個人道德低下，品行人倫都比不上李石等人，但李訓明人事，重技巧，是政治奇才。唐文宗借重的是李訓的政治伎倆。殊不知個人品行往往會影響權力判斷和政治執行，進而影響結果。李訓這個人，唐文宗是用錯了。

甘露之變的失敗令人扼腕。唐文宗、鄭注、李訓三人的權力分歧和計畫步驟的不一致是甘露之變失敗的重要原因，其他具體原因還有很多。首先，李訓所用之人多是以前官職低微，後來不擇手段以求晉升的，是一群政治投機者，並不具備可託付大任的能力。因此到了關鍵時刻，「璠恐驚不能前」，「韓約氣懾汗流，不能舉首」。李訓、鄭注等人實際上是由唐文宗扶植起來的一種非常特殊的政治勢力。李訓「本以纖達，門庭趨附之士，率皆狂怪險異之流。」聚集在他身邊的都不是什麼好人。鄭注「起第善和里，通於永巷，長廊復壁。日聚京師輕薄子弟、

方鎮將吏，以招權利。」、「愬署為巡官，齒於賓席。」可見鄭注自己輕薄，結交的也都是一些輕薄之徒。王涯負責榷茶事務，百姓怨恨詬罵。他被斬首時，長安不少百姓投瓦礫以擊之。王涯積家財數以億萬計，神策軍士卒和百姓在政變時進入王府渾水摸魚，財物被搶奪了一整天都沒有搶完。可見，李訓集團是一個名聲很不好的小集團，在朝官中根本不具有代表性，更不能代表天下百姓了。但是他們失敗的政變卻要朝臣和整個天下來承擔後果，這是非常不公平的。同時，郭行餘、王璠、羅立言、韓約等人都是在十一月當月倉促提拔的，沒有親信官兵，只能臨時招募烏合之眾。因此李訓在含元殿和宦官搏擊時，即使以「人賞百千」來號召也沒有聚攏多少官兵。相反，宦者統領的神策軍訓練有素，兵強馬壯。軍事實力的懸殊是導致「甘露之變」失敗的一個重要原因。

《舊唐書》對唐文宗的評價是褒義的，認為唐文宗的悲劇是由於宦官勢力日積月累，根深蒂固的結果：「昭獻統天，洪唯令德。心憤仇恥，志除凶慝。未殄夔魖，又生鬼蜮。天未好治，亂何由息。」

《舊唐書》則草草以一個篇章描述了李訓、鄭注等人，評價是貶義的：「禍福非天，治亂由人。訓、注奸偽，血頹象魏。非時乏賢，君迷倒置。」

仇士良在政變後成為了第二個王守澄，象徵著宦官權勢在中國歷史上達到了巔峰。

「仇士良等各進階遷官有差，自是天下皆決於北司，宰相行文書而已。」仇士良變成了實質上的宰相。由於朝廷宰相在甘露之變中全部遇害，因此李石、鄭覃續起拜相。但他們每次要做什麼決策，或者奏事的時候，常常遭到仇士良的訓斥。朝綱日益混亂。李石是一個剛強的官員，見仇士良等人老拿李訓、鄭注的事情來威脅朝臣，就反問仇士

良：「李訓、鄭注是禍亂朝政的罪魁禍首，但不知李訓、鄭注是由何人推薦提拔的？」仇士良無言以對，對李石恨之入骨，決心暗殺李石。西元八三八年正月，李石在騎馬上朝的途中遭到刺客射殺。李石受傷後伏在馬背，然後往家的方向逃跑。不料他的家門口也埋伏著刺客。刺客見馬跑來，揮刀就砍，幸好只砍斷馬尾，李石得以倖免。唐文宗知道後命令神策軍遣兵護衛李石，並下令抓捕刺客。結果自然是查無結果。百官人人自危，以致有人不敢上朝。為逃避殺身之禍，李石上表請求辭去相位。李石最終出任荊南節度使，從此朝中再沒有勇於面對宦官的人了。

被皇帝稱為家奴的宦官怎麼就猖獗到如此程度了呢？

宦官專權是中國歷史上交替出現的現象之一。秦漢時期，尤其是東漢後期，宦官勢力曾膨脹到天下震驚的地步。漢末的「十常侍」呼風喚雨，終於點燃了黃巾起義的星星之火，最後在外臣的屠殺下灰飛煙滅。之後，宦官干政的情況從沒有杜絕，在唐、明、清各朝再次出現了猖獗現象，導致了各朝的衰落和滅亡。在東漢、唐、明三個宦官勢力最為膨脹的朝代，朝政被太監左右，皇帝成為傀儡。頑疾潰爛最廣的首推唐朝。

唐代為宦官專門成立了一個內侍省。中唐以後，宦官開始掌握中央禁軍，出任地方監軍，形成了一張從地方到中央的宦官軍事網絡。為了方便宦官參與國家決策，唐朝設立由宦官出任的樞密使能夠名正言順地參與朝政。內侍省、神策軍中尉制、樞密使制自此並稱為唐代三大宦官制度，使得唐代宦官干政達到了歷史高峰。唐憲宗以後到唐亡的十個皇帝，除唐敬宗以太子身分即位、唐哀帝為權臣傀儡外，其餘的都是經宦官之手廢立的。不僅是朝臣，就是皇帝為了保住權位，也只能巴結、縱容宦官。中唐大太監李輔國身兼數職，掌握朝廷中樞機要大權。因為李

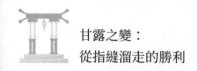

甘露之變：
從指縫溜走的勝利

輔國排行老五，貴族王公不敢直呼其名而尊稱其為「五郎」。唐代宗因為是由李輔國擁立，而尊稱其為「尚父」。李輔國曾猖狂地對唐代宗說：「皇帝只要安居禁中就可以了，宮外的事情自有老奴處分。」宦官楊復恭因為擁立唐昭宗，自稱「定策國老」，責罵唐昭宗為「負心門生」。程元振、魚朝恩等大批宦官也紛紛進入政府，竊據要職，欺凌朝臣。唐朝的宦官甚至插手書院、國子監等本應由封建士大夫壟斷的部門。學富五車的讀書人們每日都不得不向可能目不識丁的宦官們鞠躬行禮。甘露之變就發生在這樣的時代背景下。

西元八三九年十一月，病中的唐文宗在殿中與值班的學士周墀閒聊：「你說朕像前朝的哪一位君主啊？」周墀恭敬地回答：「陛下是堯舜之主！」唐文宗搖搖頭說：「朕怎麼能與堯舜相比啊。我剛才問你，是想讓你看我像不像亡周的周赧王和亡漢的漢獻帝？」周墀見皇帝自比亡國之君，大驚失色，急忙正色說：「此二人怎能與陛下相比。陛下聖德前所未有！」唐文宗淡淡地說：「周赧王和漢獻帝二人受制於諸侯，而今朕是受制於家奴。如此說來，朕還不如他二人呢！」說完，唐文宗早已是淚流滿面。

在故事的末尾，我們再將相關人物的命運交代清楚。

李訓等人直到唐昭宗天復年間大赦天下時才得到平反。朝廷「明（王）涯、（李）訓之冤，追復爵位，官其後裔」。當時離唐朝的滅亡已經很近了。儘管當朝就為李訓等人平反了，五代史家編撰新、舊唐書等史書時仍給李訓等人寫為亂臣賊子、奸詐小人。後來有人考據出李訓等人其實並不太壞，但歷史對他們幾人的評價始終不高。客觀地說，李訓的確是一個政治人才。他不苟且偷安，為唐文宗提出了內誅宦官、外削藩鎮的改革措施，展現了相當的政治才幹；在實踐中，他也輔佐唐文宗在一定程度上打擊了宦官勢力，加強了皇權。可惜李訓始終沒有逃離權力鬥爭的禁錮，

從權位出發而不是真正從救國濟民出發去參與政治。高尚遠大的目標和個人品行的不足招致了李訓主導的甘露之變最終以失敗收場。

西元八四三年，年老的仇士良急流勇退，告老還鄉。長安的大小太監群起相送。仇士良在離開政治舞臺前對徒子徒孫們傳授了自己駕馭皇帝的經驗：「天子不可令閒，常宜以奢靡娛其耳目，使日新月盛，無暇更及他事，然後吾輩可以得志。慎勿使之讀書，親近儒生，彼見前代興亡，心知憂懼，則吾輩疏斥矣。」簡單說，就是要皇帝親小人，要皇帝玩物喪志，千萬不能接近賢臣，千萬不能讀書。這樣才有宦官集團上下其手，干預朝政的機會。後輩太監皆以之為至理名言，對仇士良千恩萬謝。仇士良回鄉後不久就去世了，追封為揚州大都督。第二年，有人告發仇家暗藏兵器數千件，圖謀不軌。唐武宗下令追削仇士良官爵，抄沒仇家。仇士良總算受到了遲到的審判。

甘露之變是唐朝中後期歷史難以迴避的重大歷史事件。當時就有不少詩作感慨宮門巨變。大詩人白居易、杜牧、李商隱，名臣裴度等人均有詩作。李商隱在〈有感二首（乙卯年有感丙辰年詩成二詩紀甘露之變）〉中寫道：

> 九服歸元化，三靈葉睿圖。
> 如何本初輩，自取屈氂誅。

這裡的本初，指的是東漢末年袁紹的字，屈氂則是漢武帝晚年「巫蠱之禍」時舉止失措的丞相劉屈氂。李商隱在詩中顯露出了支持李訓等人發動甘露之變的態度，但感慨李訓等人和袁紹與劉屈氂一樣成事不足，敗事有餘。他的態度代表了千百年來人們對甘露之變的普遍評價。

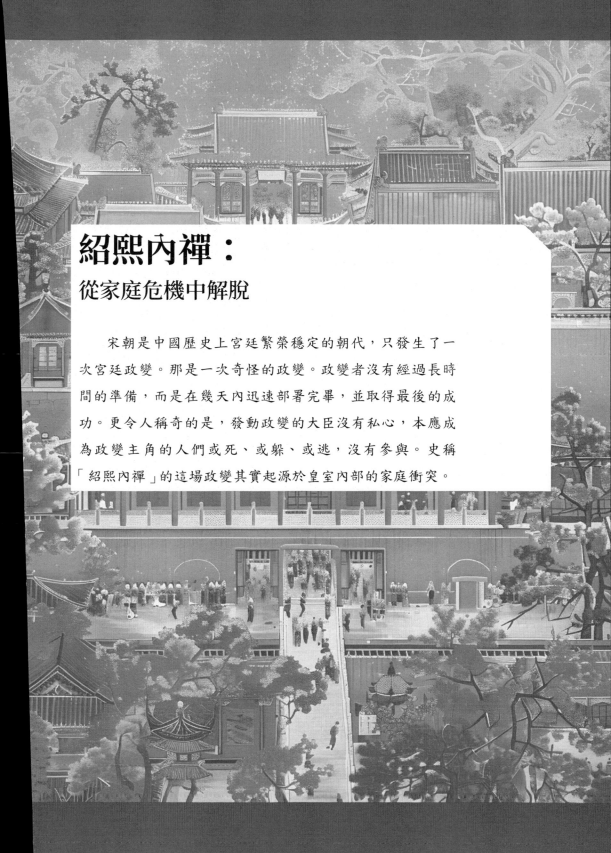

紹熙內禪：

從家庭危機中解脫

　　宋朝是中國歷史上宮廷繁榮穩定的朝代，只發生了一次宮廷政變。那是一次奇怪的政變。政變者沒有經過長時間的準備，而是在幾天內迅速部署完畢，並取得最後的成功。更令人稱奇的是，發動政變的大臣沒有私心，本應成為政變主角的人們或死、或躲、或逃，沒有參與。史稱「紹熙內禪」的這場政變其實起源於皇室內部的家庭衝突。

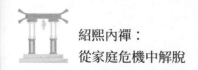
父子隔閡

　　淳熙十六年（西元一一八九年），也就是父親、太上皇趙構死後的第二年，宋孝宗趙昚搬到了趙構居住的德壽宮，也當起了太上皇。趙昚覺得自己各方面都比不上高宗，當不起德壽宮的德壽二字，所以將宮殿改名為「重華宮」。

　　趙昚退位時，素衣從簡地前往重華宮，開始退休生活。他終於能夠明白養父趙構二十七年的心情了。那是一種長期志向受到壓制，壓力重重以致心力交瘁之後突然釋去重負的感覺。

　　趙昚的皇帝生涯經歷了從一心北伐，到勵精圖治，再到不堪重負的心理變化。他剛登基時定年號為「隆興」，立志光復河山，中興祖宗基業。他令人眼花撩亂地恢復名將岳飛諡號「武穆」，追封岳飛為鄂國公，剝奪秦檜的官爵，起用張浚北伐中原。結果官軍遭受了符離大敗，損失慘重，金軍趁勝進軍。趙昚被迫於隆興二年（西元一一六四年）和金國簽訂「隆興和議」。之後趙昚不得不勤政理財，本意是為了再戰，卻沒想到這一埋頭內政，就是二十多年，直到鬢髮雪白，雄心不再。歷史上將宋孝宗專心理政，百姓相對安寧富裕的局面稱為「乾淳之治」。但就趙昚本心來說，這是無心插柳的結果。每每想起自己也曾提過對金國割地求和、妥協退讓的隆興和議，趙昚就覺得臉紅。在那次和議中，南宋割讓了唐、鄧、海、泗、秦、商六個州，承認金宋為叔姪之國，每年向金

國進獻財物。趙眘這才體會到趙構的艱難，體會到實力差距造成的心理無奈。

兩年前，太上皇趙構駕崩的時候，趙眘突然覺得精疲力竭了。他必須拖著疲倦的身軀為趙構行三年之喪。西元一一八九年，北方的金世宗也駕崩了，繼位的金章宗只有二十二歲。按照和約，六十三歲的趙眘要稱金章宗為叔父。歲月尚未抹去的自尊讓趙眘接受不了如此的屈辱。他覺得，朝廷走了一位太上皇，應該再有一位新的太上皇。那就是他自己。

身心疲憊是趙眘退位去當太上皇的一大原因，太子趙惇的逼位則讓他奠定了內禪的決心。

太子趙惇是趙眘的親生子。趙眘當初認定這個兒子能力品行出眾，與自己一樣懷有恢復之心，「英武類己」。遺憾的是，歷史證明趙眘完全看走了眼。在父親趙眘面前，趙惇的表現四平八穩。在當太子的十幾年間，趙惇對祖父趙構、父親趙眘畢恭畢敬。趙眘高興的時候，趙惇也「喜動於色」；趙眘遇到煩惱的時候，趙惇愀然「憂見於色」。但他不是真的和父親心思一樣，與父親同喜同悲，而是揣摩上意的表演。表演得久了，趙惇的太子地位也就完全鞏固了，他的心理也有了變化。當趙惇邁過四十歲門檻的時候，他著急了。趙眘的身體一直很好，如果按照自然規律發展下去，趙惇即使如願登上了皇位，也當不了幾年皇帝了。

於是趙惇經常有意無意地在趙眘面前露出自己的滿頭白髮。儘管侍從和官員們紛紛向趙惇進獻黑髮的特效藥，但趙惇都拒絕使用。他就是要讓父親知道，兒子也已經白髮上頭了，也應該當皇帝了。趙眘特別反感趙惇的做法。趙眘就是在將近四十歲的時候登基的，也當過大齡太子。而且趙眘還在後宮中度過了二十多年沒有名分，時刻可能被廢黜的

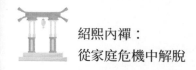
皇子生涯。趙惇與自己相比，簡直就是嬌生慣養出來的孩子。終於在趙惇又一次展露自己的白髮後，趙眘忍不住發火了。他嚴肅地告訴太子，人多生幾根白髮，並不是什麼壞事，相反地，能證明一個人的老成穩重。

趙眘潑了趙惇冷水後，趙惇不敢再向父親公然挑戰。他轉而討好祖母、太上皇后吳氏，採取迂迴戰術。吳氏喜歡趙惇，也同情他的處境，曾經多次向太上皇趙構和宋孝宗趙眘暗示過。結果趙構責備她多管閒事，趙眘推說太子還需要歷練。這麼一來二去，趙眘、趙惇父子的心裡就留下了陰影，父子關係不那麼和諧了。趙惇對趙眘猜忌、恐懼，暗地裡吐露了怨言。

淳熙十四年（西元一一八七年）十一月，趙眘決定來個了斷。他宣布要為死去的太上皇趙構行三年喪，創議事堂，下詔由皇太子趙惇參決庶務，命令洪邁條具合行事宜以進。這是他公開表示要將皇位讓給趙惇了。趙惇喜出望外，立即開始總理朝政。當時大臣楊萬里上疏力諫趙眘，同時上書趙惇說：「天無二日，民無二主，一履危機，悔之何及！與其悔之而無及，孰若辭之而不居？」趙惇聞之悚然，但強烈的權力欲促使他毫不遲疑地接受了父親的安排。

一年以後，趙眘正式召集三省、樞密院執政大臣，告知欲行內禪之舉。群臣都交口贊同這意料中的結果。知樞密院事黃洽卻一言不發。趙眘奇怪地點名徵詢他的意見。黃洽回答說：「太子可負大任，但太子妃李氏不足以母儀天下，還望陛下三思。這本不是微臣應該說的，但既然陛下詢問，臣不敢不答。恐怕他日陛下想起臣的這番話時，卻沒有機會見到微臣了。」趙眘沉默不語。他不是不知道退位後的種種隱患，可他寧願選擇退位也不想繼續留在皇位上。黃洽話既已說出，便請求辭職。趙

昚退位，趙惇登基，史稱宋光宗。

事態的發展被黃洽不幸言中了。

趙昚退位後最擔心的就是兒媳李氏作亂。

李氏名鳳娘，出生於節度使家庭。還在家的時候，道士皇甫坦就預言李鳳娘會成為皇后，要李家好好撫養。後來李鳳娘被選為趙惇的王妃，在光宗朝順理成章地成為了皇后。但是李氏性情妒悍，嫁給趙惇後就徹底破壞了皇室的安寧與和睦。趙惇偏偏又是極端怕老婆的人，聽任李氏為所欲為。舉兩個例子：趙惇曾經寵愛一個姓黃的妃子。李氏很嫉妒，趁趙惇外出的時候打死了黃氏，對外宣稱暴斃。趙惇貴為天子，回來後也無可奈何；又一次，趙惇盥洗時發現一位宮女的雙手潔白可愛，非常喜愛，盯著看了幾眼。幾天後，李氏派人送了一個食盒給趙惇。趙惇開啟一看，差點昏厥過去，原來食盒裡裝著當天那個宮女的雙手。久而久之，趙惇對李氏產生了不敢割離的恐懼感。

史載趙惇對李鳳娘「由是益增劇，不視朝，政事多決於後矣。」李鳳娘驕奢無比，卻沒有絲毫政治能力，只知道為自己李家牟利。她封祖宗三代為王，家廟規格逾制，衛兵比太廟還多。李鳳娘還風光地歸謁家廟，推恩親屬二十六人、使臣一百七十二人，即使李氏的門客也都補了官職。史官們認為這是「中興以來未有也。」

趙構還在的時候，就對孫媳婦李氏的所作所為很不滿。趙昚也不滿兒媳婦，曾嚴厲訓斥她說：「你應該學太上皇后的德行。如果你再插手東宮事務，朕就要廢掉你！」然而考慮到趙惇，趙昚在位期間都沒有廢黜李鳳娘。很自然地，李鳳娘那樣的人對公公趙昚懷恨在心。

退位後，趙昚沒有享受到天倫之樂。李氏很少去看望閒住的太上皇，即使去了重華宮，不是不冷不熱，就是傲慢無禮。趙昚的皇后、太

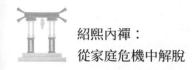

上皇后謝氏好言規勸李鳳娘要注意皇后身分，要謙恭懂禮。李鳳娘當場翻臉，諷刺謝氏說：「我可是皇上的元配妻子，是明媒正娶的皇后！」謝氏是侍女出身，早年侍奉宋高宗吳皇后，後來才被賞給趙昚。謝氏因為書法騎射出眾而得到趙昚的寵愛，晉封為皇后。李鳳娘當眾譏諷太上皇后謝氏的身分卑微，激起了重華宮的大亂。謝氏大怒，繼而大哭不止。趙昚震怒之餘，決定廢黜李鳳娘。他召來老臣史浩商議廢后之事。史浩勸諫道，新皇趙惇即位尚短，驟行皇后廢立大事，恐怕會引起天下非議，不利社稷江山的安穩。他堅絕不同意廢后。趙昚只能再物色其他大臣來處理此事。可惜他已經退位當了太上皇，除了幾個老臣，再也找不到有力的支持者了。趙惇則退避三舍。廢后一事最後只得不了了之。

太上皇趙昚和兒媳婦的關係算是徹底破裂了。他討厭李鳳娘來到重華宮，但有的時候他又盼著李鳳娘的到來。因為只有那時候，兒子趙惇才敢跟著來看退休的趙昚。

趙昚退休後有更多的時間來思考自己和幾個兒子的關係問題。

趙昚的元配妻子不是謝氏，而是郭氏。郭氏出身名門，為宋真宗郭皇后外家的六世孫。她是宋高宗皇帝替趙昚選定的妻子。可惜郭氏在趙昚即位之前就病死了，在趙昚登基之後才被追封為皇后。郭氏為趙昚留下了四個嫡子，分別是：長子趙愭，封鄧王；次子趙愷，封慶王；三子趙惇，封恭王；第四子早夭。

有感於自己二十多年沒有名分的宮廷生活，趙昚登基之初就冊立了太子。鄧王趙愭因為是嫡長子，很自然地被立為太子。不幸的是，趙愭在被立為太子不久就病死了，追諡為莊文太子。按照出生順序，慶王趙愷應該被冊立為太子。但是趙昚看好趙惇，偏愛趙惇。相反他認為次子趙愷寬厚仁慈，缺乏君王的果敢幹練，成不了大事。於是，趙惇越過哥

哥趙愷被立為太子。

趙惇之後的表現很窩囊，這我們都看到了。趙愷則寬宏厚道，雍容大度，即使與一步之遙的皇位失之交臂，也依然保持著謙恭謹慎的姿態。他對父母兄弟、達官顯貴以及宦官宮女都以禮相待，舉止得當。乾道七年（西元一一七一年）二月，趙愷被改封魏王，兼判寧國府，開始離開臨安，獨當一面。淳熙元年，趙愷又改判明州。擔任地方官期間，趙愷心繫黎民，做了很多實事、好事。南宋初年的南北戰爭嚴重破壞了南方的農業。趙愷在任上重視圩田的修復，推廣種植小麥，成效顯著，得到朝廷的嘉獎。明州期間，趙愷重視教育，興辦了許多學校。淳熙七年（西元一一八〇年），趙愷卒於明州任上，死在了趙昚前面。趙昚素服發哀於別殿，追贈趙愷為淮南武寧軍節度使、揚州牧兼徐州牧，謚號惠寧。千百年後，地方誌上還記錄著趙愷當年的政績，尊稱他為魏惠憲王。趙昚又一次看錯了人。

就像趙構退休後對趙昚抱有愧疚之情一樣，趙昚也對趙愷抱有內疚之心。他總覺得自己虧欠二兒子趙愷。

另一邊，趙惇也想過要改變被老婆控制的局面。他想釜底抽薪，將李鳳娘的親信宦官全部殺死。古代皇后不僅衣食住行離不開太監的伺候，弄權干政更是需要太監的協助。趙惇就想從太監入手，解決受制於妻子李氏的窘境。

關鍵時刻，性格懦弱的趙惇當斷不斷，猶豫不定。太監們也不是省油的燈，他們探聽到趙惇的祕密計畫後，更加依附於李鳳娘以求自保。每當趙惇流露出憎惡太監的言行，李鳳娘就加以包庇。因為母老虎的保護，趙惇最終沒能剷除哪怕是一個小太監。太監們認定只有維持甚至加強皇帝的家庭衝突，他們才能長久平安。於是，太監們險惡地在趙惇和

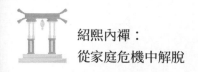

李鳳娘之間、趙昚和李鳳娘之間、趙昚和趙惇之間挑撥離間，唯恐天下不亂。

夫妻衝突，父子隔閡使得趙惇承受了巨大的心理壓力，身心勞頓，患上了心律不整。趙昚在重華宮聽說兒子生病了，愛子心切，將太醫們都叫到重華宮來，為趙惇配藥抓藥。因為他不願意主動去皇宮見那凶殘的兒媳，就坐等趙惇前來請安時，將藥給兒子服用。太監們趁機在趙惇和李鳳娘面前搬弄是非，說：「太上官家（指太上皇趙昚）合藥，欲待皇上前去問安，即令服飲。倘有不測，豈不貽宗社之憂麼？」意思是說太上皇私自在重華宮配藥，等著皇上去服用，是別有用心。趙惇自然不肯前往重華宮服藥。

當時重華宮和皇宮之間還有禮物往來，間接的常規來往還比較密切。恰好趙昚看到一個玉杯很好玩，就讓太監送給趙惇。趙惇一時沒有拿穩，玉杯落地摔碎了。太監們回到重華宮後，向趙昚造謠說：「皇上一見太上皇賞賜的玉杯，不知道為什麼非常氣憤，把玉杯摔碎了。」趙昚一片好心，換來這樣的結果，不免對兒子不滿且猜忌起來。慢慢地，重華宮和皇宮之間的器物來往和常規禮節聯繫也都斷絕了。

趙昚父子之間嫌隙越來越深，交往日少。寂寞的趙昚在重華宮中常常幾個月都見不到趙惇一面。趙構營造的美景，碧波蕩漾的小西湖在他眼裡都失去了光彩。

在宣稱以孝道治天下的古代政治中，趙昚父子之間的隔閡注定要成為王朝大事件。

宋朝是個重文抑武的王朝，文官集團的力量異常強大。文官集團首先對太上皇和皇上之間的衝突發難，矛頭都是對準趙惇的。某次，趙惇率領後宮嬪妃遊覽聚景園，而沒有邀請太上皇趙昚一起遊覽。趙構還在

世的時候，趙昚每次出遊都要恭請身為太上皇的趙構同行。現在趙惇獨自遊玩的行為遭到了文官們的猛烈非議。群臣紛紛上書，有的旁徵博引，有的春秋筆法，有的指桑罵槐，都是批判趙惇的。趙惇本來心裡就不痛快，精神壓力大，現在見到雪片般飛來的指責奏章，更不高興了，與趙昚的感情又少了一分。

不久之後，趙昚出遊東園。按照趙構在世時的做法，趙惇應該前往侍奉。趙昚也盼著兒子前來一同遊玩。可直到夜幕下垂，家宴開始之時，趙惇還是難覓蹤影。充滿期待的趙昚的失望和不快就可想而知了。當晚，年老的趙昚大發雷霆，感嘆時過境遷，人心叵測。最後，近臣們好不容易才勸趙昚回了宮。隨行的太監們很快就將這一幕宣揚了出去。太上皇和皇帝的衝突開始公開化了，在臨安城裡越傳越廣，版本也越來越多。

現在，趙昚只能是有淚倒向肚子裡流。

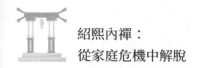
家庭危機

重華宮和皇宮的衝突終於在宋光宗趙惇立嗣問題上爆發了出來。

因為悍婦李鳳娘把持後宮，趙惇只有一個兒子。那就是他和李鳳娘所生的趙擴。皇位穩定後，趙惇計劃冊立趙擴為太子。或許這背後有李鳳娘干政的身影。太上皇趙眘堅絕不同意立趙擴為太子。他厭惡李鳳娘，進而也就對她的兒子沒有了好感；同時趙惇窩窩囊囊的樣子也讓趙眘對趙擴的能力沒有信心。趙眘屬意的人選是趙惇兄長、魏王趙愷的兒子趙抦。趙愷生前的優異表現讓趙眘覺得趙抦也會有優良的政治表現。

一提到趙愷的名字，趙惇的神經就敏感起來。當初趙愷是更有資格被立為太子的人，趙惇取代兄長成為太子，出乎自己的意料，因此要防備著太子之位重新被趙愷奪走。幸好二哥死得早，趙惇的擔心也就不會成為現實。現在太上皇突然提出捨棄自己的獨子，改立趙愷的兒子為太子，這無疑讓趙惇感到恐懼與猜疑。父親為什麼要這麼做？他是對我公開表示不滿，還是要補償死去的二哥？

趙眘也知道兒子的疑懼，於是就在幾天後舉辦家宴，並召了趙惇前去赴宴。重華宮的宴會邀請發到皇宮後，李鳳娘根本就不讓趙惇知道。她獨自去了重華宮，當面向趙眘提出要立親子趙擴為儲。趙眘沒有意料到會出現這樣的情況，沉吟不答。李鳳娘按捺不住，公然責問公公說：「立嫡以長是自古鐵律。我是六禮所聘的皇后，趙擴是我親生的皇子，為

什麼不能立為太子？」我們知道趙昚並不是宋高宗趙構的兒子，而是從皇室疏宗中挑選來的養子。李鳳孃的話公然揭露了趙昚的出身，氣得趙昚渾身發抖。趙昚當即拂袖而去。

李鳳娘沒有實現目的，眉頭一皺，回皇宮後對著趙惇哭哭啼啼，把太上皇從私自配藥到強硬要立姪子為太子等事情添油加醋地哭喊了出來。她的結論是太上皇趙昚根本就不喜歡趙惇，直到現在還對宋光宗有廢立之意。要不，趙昚為什麼對趙惇夫婦這麼不好啊？

趙惇對父親的疑懼被妻子這麼一激，便將李鳳孃的結論信以為真了。他對趙昚的感情由怨到恨。此後一年多時間裡，趙惇沒有踏進過重華宮一次。立趙擴為太子一事因為太上皇趙昚的堅決反對而拖而不決。

父子雙方都為此付出了慘痛的代價。

宋光宗不向宋孝宗請安的事件就是宋史上著名的「過宮事件」。

趙惇有明顯不孝的表現，引得群臣紛紛進諫。但他就是不聽。文臣們只好來最後一招，那就是「伏闕泣諫」。也就是一大幫文官顯貴整整齊齊地跪在皇宮裡，哭得稀里嘩啦，請皇帝答應他們的要求。這一次，群臣們的要求很簡單，就是要求宋光宗趙惇抽空去看看重華宮裡寂寞的太上皇。紹熙三年（西元一一九二年）十二月，趙惇有一次面對群臣的苦諫後推辭不過，當場勉強答應去向趙昚請安。拖了幾天，趙惇還沒有實際行動。群臣又要苦諫，趙惇這才去了重華宮，象徵性地探望趙昚一次。之後的長至節和元旦，宋光宗先後到重華宮向趙昚問安。

這是趙惇最後一次前往重華宮，之後他再也沒有踏進重華宮半步。其間在母老虎的凶殘霸政下，趙惇還憂鬱成疾，病情相當嚴重。趙昚聽說後，愛子心切，從重華宮趕過來探視。病榻上的趙惇已經不省人事了。趙昚新仇舊恨湧上心頭，訓斥李鳳娘說：「皇帝病得如此嚴重，都是

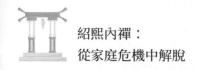

你這個皇后沒有照顧好丈夫。如果皇帝有什麼不測，我就族誅了你們李家！」李鳳娘害怕了。不久趙惇病情有所起色，她就在丈夫面前造謠說太上皇在皇上生病期間有所異動，會對皇上不利。她進一步勸趙惇千萬不要去重華宮，如果去了說不定就被太上皇扣留下了。趙惇也不仔細思考，輕信了李鳳孃的話，更加不敢見太上皇了。

皇帝和太上皇長期互不想見，使得「過宮事件」繼續膨脹。朝野上下議論紛紛，臨安內外沸沸揚揚。史載：「帝久不朝太上，中外疑駭。」不僅朝廷大臣紛紛勸諫趙惇，臨安的太學生們也都集會呼籲。學生一向是最激情的人群。他們動輒聯絡上百人聯名上書，要求皇帝過宮，為整件事情火上加油。而宋光宗趙惇對待勸諫的態度是：奏章我看，但就是不聽。

紹熙四年（西元一一九三年）九月的重明節，是宋光宗重明節的生日。臨安的宰執、侍從和太學生們決定在這一天聯合發動大規模勸諫活動，逼宋光宗去重華宮向太上皇請安，以解決困擾朝廷多時的「過宮事件」。當天早朝的時候，大臣們當朝死諫，侍從們傳遞近來數以百計要求皇帝向太上皇請安的奏章。書寫奏章的包括了臨安城幾乎所有的太學生。

臣子們的要求就是請趙惇在自己出生的這一天，念及父母的生育之恩，去重華宮向太上皇請安。趙惇藉口自己帶病不宜出行，拒絕了臣下的請求。丞相以下乃至於太學諸生再次力諫。給事中謝深甫說：「父子至親，天理昭然，太孝宗鍾愛陛下，亦猶陛下鍾愛嘉王。太孝宗春秋已高，千秋萬歲後，陛下何以見天下？」謝深甫將話說得很重，也很實在。太上皇趙昚的年紀已經很大了，萬一哪天死了，宋光宗就再也見不到父親了。到時候，趙惇怎麼向天下交代啊？趙惇顯然被打動，當場答應當天前往重華宮向太上皇問安。群臣們山呼萬歲，連忙擺好儀仗，列

好隊，等待趙惇出行。趙惇換了衣服後，正要出發，走到隔斷大臣和後宮的御屏的時候，被李鳳娘給拉住了。

李鳳娘挽著趙惇的手臂，嬌滴滴地說：「天氣這麼寒冷，皇上還是先回宮飲酒吧。」

趙惇本來就不是特別堅定要去重華宮請安，現在被李鳳娘一挽留，馬上改變了主意，轉身要回後宮去。

恭候多時的百官和侍從們見到這幅景象，面面相覷，驚訝得說不出話來。這時，中書舍人陳傳良上前厲聲說道：「陛下之不過宮者，特誤有所疑而積憂成疾，以至此爾。臣嘗即陛下之心反覆論之，竊自謂深切，陛下亦既許之矣。未幾中變，以誤為實，而開無端之釁；以疑為真，而成不療之疾。是陛下自貽禍也。」陳傳良不僅公開指責趙惇，還衝上前去拉住皇帝的龍袍，不讓他回後宮。皇帝、皇后和陳傳良三個人拉拉扯扯起來，兩個人要往回走，一個人要向外走，結果僵持在御屏後面。

李鳳娘急中生智，喝斥陳傳良說：「此何地，爾秀才欲砍頭邪？」朝廷嚴令，外臣沒有宣詔不得進入後宮。現在陳傳良越過了御屏，從嚴格意義上說犯了朝廷的嚴令。

陳傳良只好放手，大哭，踉踉蹌蹌地退出宮去。

李鳳娘很奇怪，讓貼身太監去問陳傳良為什麼哭泣。陳傳良說：「臣猶子，君猶父，力諫不從，怎得不泣？」在儒家思想中，君是父，臣是子。父親明顯做錯了，兒子又勸不了他，除了痛苦之外，還能做什麼呢？

李鳳娘得到回報，更加生氣，竟然傳旨，今後永不再見太上皇。

紹熙五年（西元一一九四年）春天，太上皇趙昚的生命開始走向盡頭。

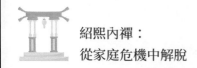
太上皇病重的三個月間，宋光宗趙惇沒有去探望過一次。相反地，他天天在宮中與李鳳娘遊宴。趙惇如此行徑，完全喪失了人心。朝廷大臣見政局至此，紛紛上疏自己彈劾自己，請求罷黜。奏章上去後，官員們按慣例都居家待罪，不去辦公了。朝廷上出現了「舉朝求去，如出一口」，朝政無人打理的現象。趙惇依然對此置若罔聞。

六月，趙昚已經到了彌留之際。臨死前，他特別想見兒子宋光宗一面，顧視左右，淚流滿面，卻說不出話來。消息傳出重華宮後，輿論大嘩。宰相留正、兵部尚書羅點、中書舍人陳傅良、起居舍人彭龜年等人不得不再次進諫，力勸趙惇過宮去與太上皇訣別。其中彭龜年跪在地上不斷地磕頭，頭破血流，滿身滿地都是鮮血。留正則拉住皇帝的衣裾不放，哭著懇請趙惇一定要去見太上皇最後一面。趙惇只反覆說我知道了我知道了，一點兒沒有起駕去重華宮的跡象。最後挨不過大臣的死勸，趙惇讓兒子 —— 嘉王趙擴代為前往探視。

六月戊戌日，過了五年寂寞、無奈、傷心的太上皇生活的趙昚逝世，享年六十八歲。

死前，宋孝宗一直深情地注視著宮門，希望兒子的身影能夠出現。重華宮那遺憾的長瞥，深深投射到了帝國政界中，隨即掀起了洶湧的波濤。

太上皇死後，重華宮的內侍沒有首先向皇帝趙惇報告，而是先去找了朝廷的重臣們。

他們先去了宰相留正的私第和知樞密院趙汝愚的官邸，通知噩耗。趙汝愚得知噩耗後，制止了內侍去皇宮報告。他擔心李鳳娘知道消息後，可能阻攔趙惇上朝，甚至是封鎖消息。趙汝愚要求重華宮當天祕不發喪，隱瞞太上皇崩逝的消息。

第二天入朝，趙汝愚當著趙惇和滿朝文武的面，將太上皇駕崩的消息稟告給了皇帝，公之於眾。大臣們邊哭邊請趙惇速去重華宮負責太上皇安葬的事宜。對於喪事，趙惇沒有任何理由推脫，不得不答應下來。這一次，群臣覺得趙惇怎麼樣也必須去重華宮安排父親的喪事了吧。大家在宮門外列隊等候了多時，一直等到中午，還不見宋光宗的影子。原來趙惇懷疑這是大臣們為了要讓自己去見父親，偽造了父親的死訊，設圈套讓自己去重華宮。他心底裡還是不願意去那並不太遠的地方。就當群臣望眼欲穿之時，後宮傳來消息說，皇上生病了，最近不處理政務。也就是說，趙惇不出宮了，太上皇的喪事沒人安排了。

宋王朝的政界就出現了危險的一幕：太上皇停屍重華宮，因為沒人主事而無法入殮：原本應該負責一切的宋光宗趙惇稱病不出宮門半步。我們不知道趙惇到底是不相信父親真的死了，還是被李鳳娘所脅迫，或者兩者都有。相反地，北方的金國得到趙昚的死訊後，馬上派遣使者前來弔唁。趙惇身為家屬和君王，應該出面接待。但尷尬的是，因為趙惇躲在深宮中，金國的使團竟然無人接待。一兩天之內，東南騷動。「時中外訛言洶洶，或言某將輒奔赴，或言某某輩私聚哭，朝士有潛遁者。近幸富人，竟匿重器，都人皇皇。」臨安城裡謠傳滿天飛，人心惶惶，有的人還收拾家當離開了臨安。恐慌情緒開始傳播到軍隊中。「京口諸軍訛言洶洶，襄陽歸正人陳應祥亦謀為變。』

宰相留正和知樞密院事趙汝愚無可奈何，只好跑去請八十多歲高齡的宋高宗皇后 —— 太皇太后吳氏出面當喪禮的主事者。吳氏是駕崩的太上皇趙昚名義上的母親。由母親為皇帝兒子操辦喪事，這是聞所未聞的事情。一開始，吳氏先是一口拒絕，但禁不住留正和趙汝愚兩人苦苦哀求，也考慮到局面已經到了無法收拾的地步，只好勉為其難，掙扎著出

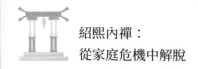
面主持了太上皇趙眘的喪禮。

趙眘停屍的尷尬終於解決了，但朝政的困局依然存在。朝廷政務不能沒有人決斷，太上皇入葬時不能沒有後代出席，這些都怎麼辦呢？

尚書左選郎官葉適向宰相留正提出了一個大膽的建議：擁立嘉王趙擴為太子，監國代理皇帝職務。葉適說：「帝疾而不執喪，將何辭以謝天下。今嘉王長，若預建參決，則疑謗釋矣。」留正採納了這個建議，由他領銜、朝廷宰執多人附署，上奏說：「皇子嘉王，仁孝夙成，宜早正儲位，以安人心。」大臣們對趙惇已經失望了，他們現在希望他能夠允許趙擴以太子的身分出現在朝堂和葬禮上，緩解政治危機。

奏章遞進宮去六天，沒有任何回應。群臣們都急了。六天後，那份奏章帶著趙惇的批示從宮中出來了。上面多了八個字：「歷事歲久，念欲退閒。」

這是一句文不對題的回答。趙惇沒有說是否同意立趙擴為太子，反而透露出了自己退位的意思。在這樣的時刻，趙惇是萬萬不能退位的。因為太上皇還沒有入葬，朝廷還沒有太子，皇帝在這個時候退位是怎麼回事啊？從趙惇角度來說，他真的是精疲力竭了。短短的四年皇帝生涯中，家庭不幸，政務荒蕪，民怨沸騰。趙惇卻沒得到一絲的寬慰和休憩。他怎麼能不渴望退閒隱居呢？

宰相留正本來是希望趙惇早定太子人心，緩解政治危機，卻不料引出了皇帝退位的意思。這時候，留正身上暴露出了讀書人的弱點：懦弱，不敢承擔責任。他不敢再在臨安的政治亂局中堅持下去了，他更不敢在沒有太子的前提下主持皇帝退位儀式，怕惹禍上身。留正已經隱約感覺到現在的困局，除非來一場宮廷政變，否則是難以破除的了。從皇宮裡出來，留正假裝摔倒，扭了自己的腳踝。一瘸一拐地回到家後，留正馬

上以受傷為由，上書請求辭去宰相職務。不等朝廷回覆，留正就在第二日的五更天，「肩輿出城」，潛逃出了臨安城。宰相辭官，臨安人心更加浮動，朝政運轉完全停滯。時人指責留正開溜是「擅去相位」。

趙昚與趙惇的家庭危機終於擴展成了整個宋王朝的政治危機。

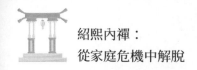
政變禪位

　　打破趙惇死後亂局的關鍵人物還是趙汝愚。

　　趙汝愚走上宋王朝的政治舞臺，是一個例外。趙汝愚，字子直，號東山，生於今江西上饒餘干縣，是宋太宗之子漢恭憲王趙元佐的七世孫。他是趙惇的遠房姪子，趙惇的遠房堂兄弟。北宋開國的時候就規定宗室成員不能出任朝廷的宰執。帝國為宗室確立了優厚的待遇，用以交換他們手中的權力，壓制他們的政治欲望。宋朝的宗室貴胄在享受美輪美奐的物質同時，也被委婉地排斥在政治之外，只發揮著儀式性的作用。但趙汝愚卻憑著真才實學和突出的政績，逐步升遷為了掌握兵權的知樞密院。儘管有人對他的升遷提出質疑，但皇室和多數大臣都支持趙汝愚擔任這個職務。

　　正因為如此，趙汝愚兢兢業業，如履薄冰，避免成為他人彈劾甚至是議論的靶子。面對趙惇死後的危險亂象，趙汝愚覺得自己有必要出面解決皇室家務事，一來他是朝廷重臣，二來他是皇室遠親。

　　趙汝愚判定政局亂象非下猛藥不能治癒。他和幾位大臣密謀後，認為宋光宗已經失去人心，只有推舉皇子、嘉王趙擴即皇帝位，才能打破混亂，更新朝政。問題在於宋光宗趙惇自己不會出來禪位給趙擴，而趙擴又不是太子，這一套流程沒辦法完成。於是，趙汝愚決定以政變的方式，請出太皇太后吳氏，直接下詔宣布趙惇退位，趙擴即位。

趙汝愚的政變計畫得到了多位大臣的贊同。

趙汝愚畢竟掌握兵權，知道但凡成功的政變都需要事先安排好軍隊。

發動宮廷政變離不開守衛宮廷的將領的配合。當時指揮禁軍的是殿帥郭杲。趙汝愚儘管掌握著天下兵權，也需要聯合他解決危機。但趙郭二人並不熟悉，關係更談不上親近了。趙汝愚怕郭杲到時不配合，因此很發愁。

恰好工部尚書趙彥逾來訪。趙汝愚和他談到國事，談到傷心處，相對而泣。趙汝愚想起平日裡趙彥逾和郭杲關係不錯，就向他透露了一點政變的意思。想不到，趙彥逾非常贊同發動政變。趙汝愚故意憂愁地說：「只怕到時候郭杲不同意，率軍反對，怎麼辦？」趙彥逾拍拍胸膛說：「我願意去勸說他，知院大人就等著好消息吧。」他決定晚點去找郭杲，明天前來向趙汝愚覆命。趙汝愚著急說：「此等大事既然已經說出了口，豈容有所耽擱？」的確，政變是流血殺頭的大事，哪還容得你過一天再去辦。片刻的遲誤都可能威脅身家性命。

趙彥逾走後，趙汝愚緊張得都不敢退回私室，而是坐在大廳的屏風後，焦急地注視著大門，等待趙彥逾的身影出現。過了一段時間，趙彥逾急匆匆地趕來了。看到他那興高采烈的樣子，趙汝愚明白政變是箭在弦上，不得不發了。

趙汝愚正想去拉留正一起發動政變，誰料沒來得及說，當天留正就在朝堂上摔跤「受傷」了。第二天，留正五更天就溜出城去，沒有參與整次政變。留正逃跑後，臨安城裡人心浮動。趙汝愚主動承擔起了宰相的角色。儘管心底裡七上八下，但表面上恬然處之。

現在政變的關鍵工作就只剩下老太皇太后吳氏這一關了。政變的成功不僅需要吳氏的首肯，還需要她來宣布政變的結果，以及按照祖製出

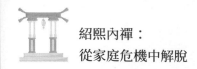

面垂簾聽政，廢黜皇帝，新立趙擴。但是吳氏深居慈福宮中，極少與外臣交往，怎麼才能讓她贊成並配合政變呢？趙汝愚與徐誼、葉適等人商量，判斷吳氏也對趙惇不滿，極有可能贊同外臣的安排。問題是找誰去慈福宮裡爭取吳氏？

徐誼推薦了知閤門事韓侂冑。知閤門事是宮中管理宮門的中級官員，是皇室近臣，通常是由外戚擔任。韓侂冑就是當朝著名的外戚。他是名臣韓琦的曾孫，母親是太皇太后吳氏的妹妹，因此韓侂冑可隨便出入宮廷。要說服吳氏，由他去當說客的確是再合適不過了。

韓侂冑爽快地接受了外臣們的囑託。他也對宋光宗的所作所為不滿，更重要的是他一直希望能夠和外臣一起參與朝廷大事，建功立業，贏得權勢，恢復祖先的光榮。這麼說吧，韓侂冑是一個盼望有所作為的外戚。他不敢怠慢，馬上進入慈福宮，將外臣們的計畫一五一十地告訴了吳氏，勸吳氏答應。太皇太后吳氏當初答應主持趙昚喪禮就已經是勉為其難了，現在聽說要她出面「主持」廢黜皇帝的政變，一口拒絕掉：「既然皇帝不答應，這件事情還能說什麼呢？」

韓侂冑不死心，第二天又到慈福宮再次勸說姨媽吳氏。老太太還是不同意。

正當韓侂冑焦躁無奈地在慈福宮門口團團轉、無計可施的時候，重華宮提舉關禮正好經過，詢問起來。韓侂冑支支吾吾，閃爍其詞。關禮指天發誓說：「韓公儘管直言不諱，關禮如果能夠效力一定幫忙。如果力不能及，也絕不會洩露出去！」韓侂冑就把政變計畫和遇到的困難講了一遍。關禮當即表示要入宮勸說太皇太后。

關禮拜見吳氏後，二話不說，先淚流滿面。吳氏慌忙問道：「你這是怎麼啦？」關禮哭著回答：「我是在哭現在朝廷的亂象。即使是聖人在

世，也不會料到會出現如此混亂的局面啊。」吳氏生氣地說：「這不是你們這些小臣應該知道的。」關禮力爭說：「此事天下婦孺皆知。今日宰相去位，朝廷所依賴的就只有趙知院了。趙知院早晚也會掛冠而去，到時候朝廷可怎麼辦啊？」吳氏聞聽大驚說：「趙知院本是宗室同姓，怎麼會和普通大臣一樣逃跑呢？」關禮就說：「趙知院之所以沒有離開，就是因為還仰恃太皇太后您啊。如果您今日不出來主持大計，趙知院無所適從，也只有請去了。知院一去，天下復將如何，請太皇太后三思！」

吳氏被深深觸動了。她想到韓侂冑兩次勸她出面支持內禪，決定配合群臣的計畫。她詢問隨從韓侂冑在什麼地方。關禮回答說：「臣已留其候命。」吳氏嘆氣說：「這件事是大事，事順則可。你傳諭韓侂冑，要好自為之，務必仔細。」吳氏商定，明日她將上朝垂簾頒旨。

關禮趕緊傳旨韓侂冑。韓侂冑立即告訴望眼欲穿的趙汝愚。

當時，星星已經慢慢爬上天空，臨安城中炊煙四起。趙汝愚迅速發動所有力量，完成剩餘的政變準備工作。他派人告訴殿帥郭杲和步帥閣仲，讓他們連夜招集所部兵士分別守住南北內宮，以防不測；又透過關禮布置宣贊舍人傅昌朝等摸黑趕製龍袍。現在，趙汝愚反而擔心趙惇突然出現在朝堂上了。

至此，政變準備工作全部完成了。

第二天是禫祭，皇室貴冑和文武百官都聚集到太上皇趙昚的靈柩前。趙惇和李鳳娘依然沒有出現，趙汝愚鬆了口氣。

事情變得非常簡單了。趙汝愚率領百官恭請太皇太后吳氏垂簾聽政。吳氏同意。趙汝愚再拜跪地啟奏說：「皇帝疾，不能執喪，臣等乞立皇子嘉王為太子，以安人心。」（皇上生病了，不能主政，大臣們請求太皇太后立皇子趙擴為太子。）剛剛垂簾的吳氏現在已經有了處理朝政的

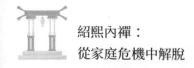

權力，批准立趙擴為太子。

趙汝愚第三步是將趙惇幾天前御批的「歷事歲久，念欲退閒」八個字公布於眾，並上奏吳氏：「皇上決意退位，請太皇太后恩准。太子當為新皇。」吳氏說：「既有御筆，卿當奉行。」趙汝愚說：「內禪事重，須議一指揮。」吳氏說：「好，大臣們擬定詔書吧。」趙汝愚不慌不忙地從袖子裡抽出早已擬定好的詔書呈上。吳氏接過來一看，詔書上寫：「皇帝以疾，未能執喪，曾有御筆，欲自退閒，皇子嘉王擴可即皇帝位。尊皇帝為太上皇，皇后為太上皇后。」閱畢，吳氏說：「甚善。」趙汝愚隨即傳令將詔書內容公布天下。

至此，趙惇在毫不知情的情況下被廢黜，成為了太上皇。宋王朝的皇位實現了更替。

趙汝愚捧著詔書和龍袍去見皇子趙擴，迎接他登基稱帝。這時候發生了一點小狀況，也是整個政變過程中唯一的一處意外：趙擴堅決推辭，不願意當皇帝。趙汝愚等人也不答應，簇擁著趙擴來到大殿。趙擴掙扎起來，最後以至於繞著大殿的柱子逃跑。他一邊躲避，一邊大喊：「兒臣做不得，恐負不孝名。」趙汝愚在後面邊追邊勸說：「天子當以安社稷、定國家為孝，今中外憂亂，萬一變生，置太上皇何地！」最後又是吳氏出面，喝斥了趙擴這個曾孫子。趙擴才極不情願地停止了不成體統的奔跑。

眾臣將趙擴扶入素幄，披上龍袍。趙汝愚率領文武大臣，列隊再拜。趙擴正式登基，改元慶元，史稱宋寧宗。太皇太后隨即宣布撤簾歸政，結束了只有一天時間的垂簾聽政生涯。趙擴登基後，宋朝的政治亂局迎刃而解。趙眘的喪禮由新皇帝、孫子趙擴出面主持，朝政也得以繼續運轉。趙眘諡號為哲文神武成孝皇帝，廟號孝宗，於當年十一月乙

卯日葬於永阜陵。宰相留正被召回朝中，臨安城又恢復了往日的繁華喧囂。

這次政變史稱「紹熙內禪」。

當趙惇在宮中聽到外朝皇帝朝會的鐘鼓聲響起，他非常清楚那不是自己吩咐下去的。到底是誰，敢大膽地動用天子禮樂呢？

不多時，有幾個大臣過來拜見趙惇。他們使用的稱謂是「太上皇」。趙惇這才明白：哦，原來我已經不是皇帝了啊！這幾個大臣是來遵照新皇帝趙擴的意思，「恭請」太上皇出宮的。趙惇沒有進行反抗，也沒有大吵大鬧，只是平淡地說了一句：「怎麼事先也不告訴我一聲啊？」

他無可奈何地收拾起行囊，搬出皇宮去。李鳳娘也隨丈夫搬出宮去，成為太上皇后。即位前，趙惇對皇位充滿了期待，甚至有些急不可耐。但在位五年期間，他毫無作為，白白浪費了天下五年時間。而趙惇本人也沒有從皇位中得到絲毫的享受或是快慰，只有無聊的辛苦和疲倦。當車駕緩緩離開皇宮的那一刻，趙惇有了祖父趙構、父親趙昚當年那種如釋重負的感覺。

因為原來安置太上皇的重華宮已經改名為慈福宮。吳氏從德壽宮時期就一直居住在那裡。經過紹熙內禪後，吳氏和趙惇夫婦顯然不能同住一地。於是朝廷決定讓趙惇夫婦移居泰安宮。

在泰安宮中，趙惇得出一個結論：自己不適合做皇帝。他的太上皇生活單調沒有色彩，只是在反覆地回憶皇帝生涯。近侍們總能聽見趙惇一個人在房間裡自言自語，有的時候會出現罵聲甚至是哭聲。

慶元元年（西元一一九五年）十一月戊戌日，趙惇被上尊號為聖安壽仁太上皇帝，情況也沒有好轉。那李鳳娘說來也怪，褪去皇后的光環被安置在泰安宮後，居然安靜了下來。慶元六年（西元一二○○年）

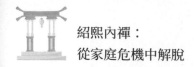
春，當了五年多太上皇后的李鳳娘病死。

兩個月後的一天，太上皇趙惇難得地走到庭院中，默默地看著草長鶯飛的院子。他聽到有恢弘的鼓樂之聲由遠及近，傳入耳中。那是兒子——皇帝趙擴從郊外祭禮歸來時宮中奏的樂。

趙惇問近侍們樂聲何來。

侍人們怕實話實說惹得太上皇觸景傷情，撒謊說是街上百姓奏樂遊戲。

趙惇大怒道：「就連你們這些奴才，都來欺騙我！」

多年的閒居沒能讓趙惇修身養性。他竟然揮拳要去打左右侍從，結果沒用好力，跌倒在地。趙惇就此得了一場大病，熬到當年八月辛卯日病死在壽康宮，享年五十四歲。趙惇諡號憲仁聖哲慈孝皇帝，廟號光宗，葬在永崇陵（今浙江省紹興縣東南三十五里處寶山）。

南宮復辟：

明英宗的第二次登基

　　人們習慣認為古代帝王一旦即位，便活到老當到老。其實中國歷史上有三位皇帝是兩次登基，兩次為君的。前兩位是唐中宗李顯和唐睿宗李旦兄弟。第三位兩次登基的皇帝就是本章的主角明英宗

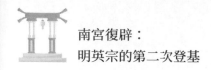
臨危受命

明英宗正統十四年（西元一四四九年）八月十五日，北京城人心惶惶，一日數驚。

這一天，朝廷五十萬精兵強將在土木堡遭到全殲、蒙古大軍兵鋒指向北京的噩耗以不可遏制的速度在城中瀰散開來。達官顯貴們到處打聽御駕親征的皇帝朱祁鎮的消息；前線潰敗的大小官員、太監、侍衛和缺手臂少腿的士卒陸續回到京城，他們帶來的消息是蒙古人俘虜了皇帝。甚至有人信誓旦旦地說遠遠望見走投無路的皇帝坐在荒野上束手就擒。一時間，北京城的人都惶惶不可終日。平日裡大家為官爵、為待遇爭得頭破血流，現在大戶人家終於覺得做人要低調、要懂得敝帚自珍了。金碧輝煌的紫禁城內，北京留守、皇弟、郕王朱祁鈺，留守官員和從前線潰回的官員聚首，面面相覷，一時舉朝驚恐。《明史》這麼記載當日的情景：「帝北狩。甲子，京師聞敗，群臣聚器於朝。」在這裡，皇帝朱祁鎮的被俘被隱稱為「北狩」，也就是說皇帝還在北方狩獵，群臣聚集在朝堂中束手無策。

朱祁鎮御駕親征的時候，帶走了北京所有的精銳部隊和三分之二的文武官員。經過緊急徵調和重新編制前線潰軍，能夠去保衛北京的官兵不滿十萬。許多官員已然成了驚弓之鳥。侍講徐珵是蘇州人，首先倡議朝廷南遷，躲避蒙古鐵騎的軍鋒。他在朝堂大聲說道：「驗之星象，稽之

曆數，天命已去，只有南遷才可以避難。」他的提議獲得了一部分大臣的贊同。遷都的地點則是本朝的開國都城南京。成祖皇帝朱棣北遷北京後，南京依然維持著完備的官僚機構，重兵防守，是理想的避難場所。

在場一位同樣出生在江南的大臣卻堅決反對南遷江南。他就是杭州人于謙。

于謙歷任多職，為人正直而屢受大太監王振的打壓，儘管資歷深、官聲好，卻由外地巡撫任上調任兵部侍郎。王振挾持明英宗親征蒙古的時候，于謙和本部尚書鄺埜身為軍隊主管，極力反對，意見不被接受。鄺埜隨同皇帝出征，于謙被留在北京代理主持兵部事務。「及駕陷土木，京師大震，眾莫知所為。」于謙在京操持軍隊事務，無疑被推上了風口浪尖。我們不禁要感嘆歷史畢竟是公平公正的。它雖然給了于謙一個坎坷的前半生和並不通暢的仕途，卻把他安排在了關鍵時刻的關鍵職位，為他提供了千載難逢的機遇。

就在群臣戰守不定，侍講徐珵藉口星像有變極力主張南遷的時候。于謙厲聲說道：「言南遷者，可斬也。」只這麼一句話就震住了朝堂。吵鬧聲戛然而止，郕王朱祁鈺和大臣們都把目光投到了兵部侍郎于謙身上。于謙分析道：「京師是天下的根本。朝廷一旦南遷，就等於放棄了整個北方地區，大勢去矣。諸位難道忘記了宋室南渡的往事了嗎？當今局勢只有一策，那就是備戰抗敵！」郕王最終堅定了抵抗決心。眾人擁護他「監國」（代理皇帝管理國事），請求將禍國殃民的王振滅門九族。

當時王振的黨羽太監馬順還在朝上，當場斥責要懲治宦官的大臣們。沒想到群情激昂，大臣們當廷毆打馬順，朝上聲勢洶洶，秩序大亂。郕王初來乍到，控制不了局勢，害怕得要離座而去。于謙上前一把拉住郕王，大聲說大臣們為民除害，既往不咎。朝堂再次安定下來。針

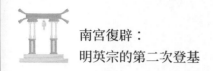
對當時京師人心震恐，上下無固志的情況，于謙請郕王發文兩京、河南的備操軍、沿海防備倭寇的軍隊和江北及北京諸府運糧軍，緊急增援北京。他計畫部署得當，安定了人心。郕王朱祁鈺將于謙提拔為兵部尚書，大臣們也都將他視為危難時刻的中流砥柱。于謙都以之自許。

通州的糧草，兩畿、山東、河南備倭運糧諸軍紛紛輸入北京。南京儲存的軍器也源源不斷地輸送到北京來。朱祁鈺在于謙的幫助下撫卹陣亡將士，提拔抗敵人才，籍沒王振家，並曉諭邊將：當蒙古兵劫持皇上叩關時不得輕出。于謙還提拔前線敗退下來的都督石亨總管京師兵馬。一切都進行得非常順利。美中不足的是，北京還是處於群龍無首的狀態。郕王朱祁鈺只是以留守身分代理朝政而已，儘管他決策得當，但所有的命令都是缺乏法律效力的。抵抗的軍民缺少一個抗敵核心。更危險的是，蒙古人手中握著明英宗，認為奇貨可居，時刻以皇帝來要挾明朝。如果蒙古人簇擁著明英宗來進攻明軍，明朝的將士們還真不知道如何處置是好。

在這樣的情況下，九月初一，群臣合請太后孫氏立朱祁鈺為帝。

明英宗母親孫太后和皇后錢氏是反對立郕王朱祁鈺為新皇帝的。她們自然希望自己的兒子和丈夫早日歸來。面對危如累卵的局勢，孫太后為了大局考慮，以懿旨形式追認了郕王監國，主持國政的事實。這是她能夠接受的底線。郕王監國的意思是 —— 皇位還是明英宗的。為了防止朱祁鈺產生非分之想，孫太后在軍民最惶恐的時刻，匆忙操持了明英宗的兒子朱見深被冊立為太子的儀式。同時，她和錢皇后收集了後宮的貴重珠寶送往蒙古軍中，試圖贖回明英宗。結果蒙古人收下了珠寶，拒絕放人。

現在面對大臣們擁立新皇的呼請，無計可施的孫太后心中不願，可無力抗拒，只好同意。朱祁鈺面對送上門來的最高權力，反而打起了退

堂鼓。半個月前，他還是一個平庸的藩王，深知最高權力這趟水的深淺。現在，沒有權力基礎的自己趁亂空降在皇位上，他便害怕了起來。勸進的于謙用堅毅的語氣說：「我們今日完全是為國家考慮，沒有私心。」朱祁鈺於是受命，在九月六日即位稱帝，遙尊「北狩」的英宗為太上皇，改明年為景泰元年。

臨危受命的朱祁鈺就是明景帝。

新皇帝迅速扭轉了局勢。

十月初，蒙古瓦刺首領也先率領蒙古各部兵馬，挾持太上皇朱祁鎮進攻大同。大同總兵郭登在城樓上遙拜朱祁鎮，堅守不出。蒙古軍繞過嚴密防守的大同，攻陷紫荊關，直逼北京城下。京師戒嚴。

負責北京防守戰的將領是于謙、王文和石亨等人。石亨，渭南人，方面偉軀，美髯及膝，長相不同凡人。他是行伍出身，曾在西寧侯宋瑛、武進伯朱冕麾下與也先作戰。宋瑛、朱冕部隊全軍覆沒，石亨單騎逃回。這原本是重罪，但考慮到正是用人之際，朝廷只賜他降職處分，命他募兵自效。兵部尚書于謙認為石亨是個將才，破格提拔他掌五軍大營，升為右都督，不久又進封武清伯。也先大軍逼近時，石亨就處在對敵第一線。于謙、石亨等人在各地勤王援軍的支持下，同仇敵愾，抵擋住了蒙古軍隊的進攻。隨著時間的推移，北京附近的明軍越來越多，增加到二十二萬人，聲勢浩大，戒備森嚴。明軍是用火炮轟擊，城外百姓也配合明軍，跳上屋頂牆頭，用磚瓦投擲敵人。軍民取得了西直門、德勝門、彰化門等戰鬥的勝利。傷亡慘重的蒙古軍隊不敢再戰，裹挾著明英宗撤退了。史稱「北京保衛戰」的這場戰役以明朝的全勝告終。

明英宗朱祁鎮被釋放回來後，朝廷該如何處理？這是個比軍事威脅更加嚴重的問題。

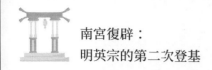

南宮復辟：
明英宗的第二次登基

早在明英宗被俘的時候，朝廷就展開了與他的接觸。「己未，右通政王復、太常少卿趙榮使也先營，朝上皇於土城。」當時軍事問題壓倒一切，索回皇帝的問題無從談起。新皇帝改元的第一年（西元一四五〇年）七月，給事中李實、大理寺丞羅綺出使蒙古並見到了明英宗。這時明朝已經取得了軍事勝利，明景帝只讓他倆來議和，並未提及迎還哥哥明英宗的事情。朱祁鈺短期內還沒有作好迎回兄長的準備。相反地，也先向李實使團提出了明廷迎接明英宗歸國的問題。

當李實一行還在出使途中時，蒙古人的另一個首領脫脫不花派遣使臣來到了北京。脫脫不花是主動向明廷求和的，同時主動表示可以送還明英宗。部分朝臣非常高興。右都御史楊善、工部侍郎趙榮等紛紛請求出使蒙古，迎還太上皇。朱祁鈺不高興了。他說出了壓在心底深處的憂慮來：「朕本不想登大位。當時把我推上皇帝寶座的，就是愛卿等人。現在迎回了兄長，當置我於何地？」天無二日，民無二主。原來的皇帝回來了，在宗法上處於劣勢的新皇帝應該怎麼辦呢？就在大臣們明哲保身、低頭不語的時候，于謙從容說道：「天位已定，寧復有他。我們應該早日奉迎太上皇歸國。萬一太上皇懷詐，道理也在我們這一邊。」群臣見于謙表態支持朱祁鈺，也紛紛點頭附和。朱祁鈺這才鬆了口氣，高興地對于謙說：「就依你所言，就依你所言。」於是，明廷派遣楊善、李實前往蒙古迎回太上皇朱祁鎮。

楊善使團得以成行，明景帝朱祁鈺的最終同意固然是一個原因，但這個結果，是經由各方面綜合起來而得的。朱祁鎮當了十幾年的大明天子，現在被囚禁在荒漠戈壁中的蒙古軍營裡，這也不是辦法，讓明朝君臣臉上無光。宮中孫太后在戰後一再催促朝廷迎接明英宗，言辭越來越激烈，向拖延著不辦的朝廷施加很大壓力。當蒙古人也明白表露出歸還

明英宗的意思後，朱祁鈺事實上已經有了迎回兄長的理由。不過，即使得到了大臣們效忠自己的保證，朱祁鈺的心中依然忐忑不安。他雖然派出了迎駕使節楊善，但既沒有在出使文書中明確書寫迎歸太上皇的意思，同時交付使團帶往蒙古的禮物也很微薄。可見朱祁鈺的內心中是希望楊善使團既能堵住芸芸眾生的嘴，又不能完成迎駕任務的。

楊善沒有徹底領悟老闆的意思，而是憑著自己的能力，出色地完成了迎駕任務。楊善這個人，起身於基層小吏，精於世故。土木堡戰役他也扈駕參加了。明軍覆沒的時候，楊善找了條小路逃了回來。蒙古大軍入侵時，楊善任左副都御史，參加了京城守備。戰後因功升為右都御史。在楊善的努力下，太上皇朱祁鎮在西元一四五○年八月成功南歸。哥哥的歸來是景帝朱祁鈺所不願見到的。等簡陋的迎接儀式一完，朱祁鈺就下令將太上皇哥哥送入南宮（今北京南池子）軟禁起來。楊善原本以為立下大功，可以得到封賞，誰曾想回京後一點動靜也沒有，還是當他的右都御史。

這其中可能只有一個人心滿意足。他就是活著歸國的前皇帝、現在的太上皇朱祁鎮。他非常滿意能夠告別囚徒生涯，回北京當個太上皇。被羈押在蒙古時，朱祁鎮就多次對來訪的明朝使臣表示，只要能夠回國，他情願放棄權力。他盼望著弟弟朱祁鈺能夠早日接他回去。隨同楊善使團歸國途中行至唐家嶺，朱祁鎮就遣使入京「詔諭避位，免群臣迎」。這是個非常重要的姿態。朱祁鎮主動表示自己已經不是皇帝了，請大臣貴族們不必來迎接了，既給自己臺階下，也免得到時候群臣們處境尷尬。

關於哥哥的待遇問題，朱祁鈺可謂「煞費苦心」。當年十月，朱祁鈺正式命令靖遠伯王驥率錦衣衛守備南宮，嚴格限制人員出入。朱祁鎮開

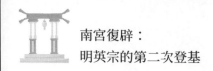
始恢復了囚徒生涯。十一月萬壽節時，禮部尚書胡濙上書請君臣朝賀太上皇，被朱祁鈺否決；胡濙又上書奏請第二年元旦時百官朝見太上皇，再次遭到拒絕。宗室荊王上表奏請允許朝見太上皇，維繫感情，也被朱祁鈺公開下詔制止。不僅是大臣，就是同一血脈的宗室親王也被禁止接觸朱祁鎮了。

朱祁鈺為了防止囚禁在南宮內的朱祁鎮與外界保持聯絡，乾脆派人將南宮的大門上鎖並灌鉛，伐光宮內全部的樹木。除此之外，還增加了負責看守的錦衣衛的數量。最後，朱祁鈺對哥哥朱祁鎮採取了人身迫害。每天，被嚴格控制的食物及生活必需品都經由一個小洞遞入被圍得水洩不通的南宮。後來北京城流傳「皇后女紅」，據說是同樣被囚禁在南宮中的明英宗元配錢皇后親手做的女紅，派人帶出宮來變賣了以補貼家用。往日之君在南宮中的生活狀況可見一斑。

漸漸地，朱祁鎮的內心充斥了怨恨。

易嗣之爭

作為迅速登上皇位的交換條件，朱祁鈺接受了以姪子作為皇太子的現狀。

早在皇位出缺，朱祁鈺還在監國的時候，孫太后就詔立朱祁鎮之子朱見深為皇太子。孫太后此舉影響深遠。它進可以讓朱見深也成為新皇帝的候選人之一，與朱祁鈺競爭；退可以保證日後的皇位怎麼也能夠回到朱祁鎮一系來。後來朱祁鈺在于謙、王文等大臣的支持下以絕對優勢登基了，孫太后等後宮力量則支持朱見深繼續當他的太子。大敵當前，朱祁鈺只能預設這一權力格局。隨著外患已去，兄長被囚禁，朱祁鈺越來越不能忍受讓姪子當自己的繼承人了。這樣讓他感覺自己始終是一個皇位的過客，只有將親生兒子朱見濟立為太子，他的皇位才算是穩固的。

易嗣的心思縈繞在朱祁鈺心中難以散去，卻苦於無法表露出來。

此時千里之外廣西的一樁案件，成為了點燃易嗣之爭烈火的火柴。廣西思明府是少數民族地區，實行本地民族上層世襲為官的「土司制度」。現任廣西思明知府黃綱年老，按制度應該由其子黃鈞襲位為知府。黃綱有個擔任廣西潯州守備都指揮的庶兄黃竑，貪戀思明知府之職，竟然率部襲殺了黃綱父子。殺戮朝廷命官的事情太大，壓制不住，很快就被人告發。黃竑情急之下派遣千戶袁洪來到北京，打通關係，希望能夠保全性命。這個袁洪也真是神通廣大，輾轉認識了朱祁鈺身邊司禮太監

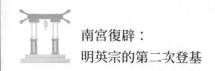
興安的心腹小太監。小太監自然了解朱祁鈺的心思，將皇上有意易嗣的念頭透露給了袁洪，建議袁洪上書請求易立太子，來幫主子黃竑間接地出頭。袁洪就假黃竑之名上了個「永固國本事」的奏章，請易太子。

朱祁鈺看到這封奏章後，高呼一聲：「想不到萬里之外竟然有如此的忠臣！」他以最快的速度將奏章釋出朝堂討論。

大家也都知道，只要是要求公開討論的奏章，皇帝心中其實早已經有了主意，所謂的討論只是走個過場而已。朱祁鈺對易太子的建議是支持的。但事關重大，禮部尚書胡濙出面召集群臣商議易立太子之事，竟然許久得不出結論來。都給事中李侃、林聰等人明確反對易太子。于謙、王文等人相顧愕然。于謙、王文等人內心中也是反對易太子的。他們居官多年，經驗豐富，處事穩重，深深知道易立太子必將引起朝廷的動盪。于謙等人是出於國家大義才擁戴朱祁鈺即位，現在為了國家利益也不願意在朝政初定時更立太子。同時他們也深知朱祁鈺決心已下，一時陷入了兩難。最後大太監興安厲聲要求：「皇帝對此奏章非常重視。列位大臣如果認為不可易立太子的請不要署名，如果認為可以易立太子的請聯署，切莫首鼠兩端。」面臨擁戴還是不擁戴的兩個選擇項，群臣只好聯署同意。最後由胡濙向朱祁鈺報告廷議結果：「臣等贊同陛下更立太子，以親子為嗣。」

景泰三年（西元一四五二年）五月，朱祁鈺高興地下詔廢太子朱見深為沂王，出宮到沂王府居住，立獨生兒子朱見濟為太子。遠在廣西的黃竑逃過了懲罰，還被晉升為都督。後宮中則有一些不同的聲音。這一次倒不是由孫太后出面，而是朱祁鈺的皇后汪氏反對更立太子。朱祁鈺索性廢去汪氏的皇后之位，改立朱見濟的生母杭氏為皇后。

現在，朱祁鈺的心裡感覺好多了。

一年半後（景泰四年十一月），皇太子朱見濟染病不治，死了。

朱見濟是朱祁鈺唯一的兒子，他的死為明朝政局帶來了軒然大波。在一年多前被強壓下去的反對易嗣的聲音再次出現了。這次是以請求復立朱見深為太子的形式出現的。南京大理少卿廖莊公開上奏請求復立沂王朱見深為皇太子，被勃然大怒的朱祁鈺下令廷杖，竟然被活活打死。另有多名官員下獄。有關易嗣的事情成為了遭受喪子之痛的朱祁鈺的最脆弱的心弦，任何人都不能觸動。他開始沉溺於後宮的淫樂生活，自我麻痺。而在朝堂上，針對朱祁鈺的不滿也在逐漸增長。

朱祁鈺顯然也感受到了君臣間的微妙關係。他開始猜忌他人，尤其是懷疑防範被重重囚禁的哥哥朱祁鎮。這段時間裡，太監阮浪曾被派往南宮「侍候」太上皇。阮浪有個跟班小太監叫王堯，被派往盧溝橋監營。臨行前，阮浪將太上皇所賜的鍍金繡袋和束刀送給了王堯。王堯之後有一次到錦衣衛指揮使盧忠家喝酒，喝多了就脫衣踢起了球來。盧忠發現王堯的刀袋不是普通太監所帶，而是御用之物。這個利欲薰心的小人指使妻子將王堯灌醉，解下王堯的刀袋入宮告密說：「南宮太上皇陰謀復立皇儲，正尋求外應。」朱祁鈺最敏感的神經被觸動了，不問青紅皂白就下令處死阮浪、王堯，並嚴令錦衣衛徹查。眼看牽涉面越來越廣，會演變成恐怖的政治行動，始作俑者盧忠害怕了，裝起瘋來。相關官員趁機進言：「盧忠狂言不可信。」此事這才大事化小，小事化無。

在一連串的反常事件後面，是皇帝鬱悶脆弱的身影。突如其來的皇位並沒有為朱祁鈺帶來快樂，而是無盡的憂慮和猜忌。這個皇帝當得太累了。

于謙的官也當得不舒服。

水至清則無魚。于謙是個顧全大局、能力出眾的大臣，個人品行完美得無可挑剔。沒當京官前，于謙每次進京奏事都不帶任何禮品。有人

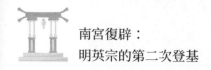
就提醒他說：「大人不肯帶金銀財寶，難道不能帶點土產去？」于謙瀟灑一笑，甩甩他的兩只袖子說：「唯有清風。」他還特意寫了首名叫〈入京〉的明志詩：「手帕蘑菇與線香，本資民用反為殃。清風兩袖朝天去，免得閭閻話短長！」據說這就是成語「兩袖清風」的出處。成為手握重權的朝廷支柱後，于謙難得地保持了這樣的品行。可惜的是，他往往原則性太強，缺乏必要的變通。他不拉幫結派，不居功，埋頭做事，也不多做解釋，不會花時間去刻意處理同僚關係。

這樣的人很適合當能臣幹吏，但是皇帝軟弱的時候成不了獨當朝政的主政大臣。可于謙偏偏就處在這樣的角色中。于謙的性格還有剛烈的一面。遇到不如意的事情，于謙急了就拊膺感嘆：「此一腔熱血，意灑何地！」這時，他動輒以拋頭顱、灑熱血來自勉，對朝中大臣、勛舊貴戚顯露出輕視的神色。因此儘管大家都承認于謙是朝廷支柱，但真正和他合得來的人很少，相反許多人怨恨于謙。需要指出的是，于謙在打敗蒙古、達成和議、迎回朱祁鎮等很多事情上做出了實質性的大貢獻。太上皇朱祁鎮能夠回國，相當程度上是于謙的功勞。但于謙深深藏在幕後，從來不向人提及，因此許多人對于謙在對待太上皇一事上有誤解，認為于謙是反對太上皇的。

自從于謙在景泰年間主政以來，指責他的聲音就沒有停止出現過。許多御史幾次上表彈劾他，言辭苛刻。好在朱祁鈺對于謙的信任和器重始終如一，力排眾議，不為彈劾所動。于謙算是遇到了一個好主子，得以平安無事。

不知道大家還記不記得那個主張遷都的徐珵。徐珵因為主張南遷，在相當長的一段時間裡被朝廷所排斥。明景帝一看到徐珵的名字就不提拔他。徐珵知道于謙掌握大權，就謙卑地請于謙推薦提拔自己擔任國子祭酒。于謙其實與徐珵並沒有過節，相反地，還相當欣賞後者，於是就

上表推薦了徐珵。沒想到皇帝沒有同意，說：「這不就是提議南遷的徐珵嗎？他為人傾危，讓他當國子祭酒會敗壞學生們的心術的。」徐珵也就沒有得到提升。按理，于謙應該向徐珵解釋一下。但是于謙可能太忙，或者根本就沒有這個意識，也就不再提起提拔徐珵的事情了。徐珵完全不知道于謙曾經上表推薦過自己，還以為自己總是得不到提升是于謙在背後搞鬼，咬牙切齒地痛恨于謙。後來徐珵改名徐有貞，這才蒙混過關，能夠得到正常的晉升。

原本在同一個戰壕中的石亨也走到了于謙的對立面。石亨原本失律削職，是于謙破格提拔了他。但石亨行伍出身，身上有很多毛病，和于謙這樣的謙謙君子並不合拍。德勝門大捷時，石亨的功勞比不上于謙。朝廷論功行賞，石亨受封了世襲侯爵，而于謙則推辭了所有的封賞。事後石亨內心非常慚愧，上疏推薦于謙的兒子於冕，請求朝廷封賞於冕。于謙再次拒絕了封賞，大義凜然地說：「國家多事，臣子義不得顧私恩。石亨位居大將，沒有為朝廷選拔民間隱士，也沒有從行伍中提拔微賤的人才，有助於軍國大事。他唯獨推薦臣子，難道是符合公心公議的事情嗎？我僥倖取得軍功，絕不敢濫封及於子孫。」於是奏章被否決了。石亨見聞了這一幕後，覺得彷彿被人連抽了無數個耳光一樣。對于謙的深深恨意在心中萌發了。

都督張軏在徵苗戰爭中有違法行為，被于謙彈劾；內侍曹吉祥曾經受到于謙的斥責。這些人也都非常怨恨于謙。

我們會發現于謙，所有的敵人其實都不是政敵，而都是因為于謙沒有處理好人際關係而得罪的。如果于謙有意識地去彌補修好，這些私人關係都是可以改良的。可惜于謙實在不是一個成熟的政治家，他沒有這樣的意識，更沒有這樣的行動。在于謙兢兢業業為國為民服務的時候，朱祁鈺的敵人和他的敵人開始利用他們的弱點，編織一張碩大的政治黑網。

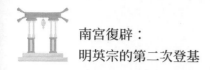

奪門之變

景泰八年（西元一四五七年）正月，朱祁鈺得了重病。病到什麼程度了呢？朱祁鈺連正月的郊祭儀式都無力主持了，只是拖著病體勉強出城住進齋宮，不能行禮，讓大臣代自己完成祭祀。

朱祁鈺所託付的大臣就是石亨。

石亨在皇帝的病榻前受命後，就開始有了心眼。在戰場上衝殺的武將都有判斷形勢的敏銳意識，石亨很自然地猶豫要不要將自己的命運全都依託在看似行將就木的朱祁鈺身上。他與深受朱祁鈺信賴的于謙合不來，有過節；他也有貪心，希望能夠在現在的官爵上再進步，再升遷。石亨的腦袋嗖嗖嗖地梳理起當時的權力結構來，發現看似安寧穩固的表象下面隱藏著一尊大砲。只要挪動一枚棋子，就能使天下棋局逆轉。這枚棋子就是被囚禁的太上皇朱祁鎮。石亨祕密與張軏、曹吉祥等人謀劃迎太上皇復位。

為了增強力量，石亨、張軏等人還去拉攏太常卿許彬。許彬首先肯定了石亨一夥人正在從事不世之功的大事，同時坦言自己老矣，無能為力了，最後再推薦了「善奇策」的徐有貞。石亨又去拉徐有貞入夥。徐有貞欣然同意，為了報復，更為了將來的榮華富貴。徐有貞文官出身，做事畢竟比石亨等武將要穩重縝密。他認為：「這事首先得讓南城的太上皇知道。」張軏說：「暗地裡已經把消息傳進去了。」徐有貞又拜託曹吉

祥將計畫透露給孫太后，取得後宮的支持。至此以石亨、徐有貞為首，曹吉祥、張軏、許彬等人配合的陰謀集團正式形成了。

　　當時京城中有關皇上病重的消息傳播得沸沸揚揚，甚至有謠言說皇上已經不在人世了。朱祁鈺決定在當月十七日恢復早朝，公開亮相，打破謠言。石亨怕夜長夢多，決定在十六日夜晚動手。當夜，諸人再次在徐有貞府上會合。只見天空烏雲密布，伸手不見五指，石亨、張軏等人都很惶惑，問徐有貞：「這事能成嗎？」顯露出打退堂鼓的意思。徐有貞雖然也沒有十足的把握，但他知道如果連政變計畫都安排好了，小集團都形成了，就像已經上滿了弦的弓箭，不得不發了。後退只有坐等被人告發，身首異處的下場。徐有貞於是假裝爬上屋頂觀看天象，隨即下屋來說：「天象顯示成功就在今晚，良機勿失。」圍觀的石亨等人馬上又恢復了元氣。

　　這一夜，北京城中出現了小規模的兵馬調動。恰好之前西方傳來邊警，徐有貞就讓張軏謊稱要加強皇宮守衛，以備非常，將所部千餘兵馬調入了北京城。張軏率領的這支小部隊就成為了十六日晚上政變的主力部隊。可千餘兵馬怎麼可能完成壓制住數以萬計的禁軍、錦衣衛，營救出太上皇並擁立他復位的龐大「作戰任務」呢？石亨掌握的權力造成了關鍵作用。

　　因為石亨世襲侯爵的爵位，因為皇上對石亨的信任，石亨掌握著宮城的門鑰。四更天的時候，張軏、徐有貞帶領部隊來到了宮外的長安門。石亨開啟宮門，將一行兵馬放入了宮中。守衛宮城的其他部隊見領頭的是在北京保衛戰中戰功赫赫、深受皇上信任的石侯爺，竟然沒有往政變的方向思考，眼睜睜地看著兵馬魚貫進入皇宮，朝南宮方向而去。

　　徐有貞非常細心，等全部人馬都進入長安門後，就緊閉宮門，拿過

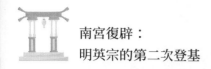
門鑰丟進水井裡去。他是以此堵死宮門，防備萬一其他部隊回過神來入宮圍剿自己這夥叛軍。

很快就到了南宮，這邊的宮門緊閉。石亨一邊選擇靈活的士兵搭人梯翻入高牆，準備裡應外合，一邊指揮官兵抱著巨木撞牆。不知道是宮牆屬於豆腐渣工程，還是官兵們的力氣大，沒過多久，高大的宮牆就在轟隆的聲響中倒塌了。

當南宮宮牆被撞得轟轟低響的時候，太上皇朱祁鎮被驚醒了。他戰戰兢兢地舉著一根蠟燭，躡手躡腳地走到院子裡想看個究竟。朱祁鎮剛發現聲音的來源地，就猛然發現宮牆倒塌在面前，著實嚇了一大跳。他看到煙霧中閃現出全副武裝的甲士，心臟一下子就跳到了喉嚨。他驚恐地問：「你們想幹什麼？」石亨忙帶著眾人伏地，回答：「臣等恭請陛下即位！」朱祁鎮一下子癱倒在地上。原來不是來殺我的啊！

另一頭，徐有貞慌忙讓士兵們推皇帝乘坐的御輦過來，大家幫忙把朱祁鎮扶上去。張軏所帶的士兵們不是傻子。之前，他們並不知道晚上行動的內容和目的。看到這麼多有頭有臉的達官顯貴在前面張羅，士兵們覺得總不會是什麼壞事，也就跟著老老實實執行命令了。現在，他們都知道自己正在進行前途未卜的冒險，知道將一個退位的皇帝扶上寶座是多麼的艱難和大逆不道。因此在場的士兵都表露出驚懼神色，不知所措。徐有貞越使勁呼喊，越沒有人敢上前來。徐有貞急了，親自撩起袖子攙扶朱祁鎮登上輦車，讓士兵們拉動車子。士兵們慌亂中拉不動，徐有貞又親自上前拉車，在前引路，向奉天殿而去。

說來也怪，幾個時辰前還烏雲密布的天空到這時變得晴空朗朗，月明星稀。緩過神來的朱祁鎮藉著月光看清了眼前的幾位主要人物。他隱約記得之前有宮人傳入過外面有大臣密謀扶持自己復位的消息。但朱祁

鎮關久了，對這樣的好事不抱希望了。想不到今天晚上，自己就身處這樣的政治陰謀之中。遺憾的是，眼前幾個冒險擁戴自己的大臣自己是一個也不認識。這也難怪，朱祁鎮還是皇帝的時候，石亨、徐有貞等人都還只是小角色，連在朱祁鎮面前徘徊的機會都不多。朱祁鎮不得不屈身下問：「卿等都是何人？」石亨、徐有貞等人忙各自報告了姓名、官職。朱祁鎮茫然地點點頭，雖然之前一點印象都沒有，但他現在記住了這幾個名字。

簇擁著太上皇朱祁鎮的隊伍出南宮不一會，就到了東華門。進了東華宮就能夠望見金鑾殿了。守衛東華門的部隊發現有支隊伍由遠及近而來，忙喝令停止前進。石亨不理，命令繼續全速前進。守衛部隊也不敢輕敵，忙擺開陣勢，搭上弓箭，準備迎戰。朱祁鎮不知哪來的勇氣，朗聲喝道：「朕是太上皇！」守衛部隊見是太上皇被官兵護衛歸來，竟不敢阻擋，為石亨這支隊伍讓出了一條道路。朱祁鎮、石亨、徐有貞等人順利進入宮內。朱祁鎮被簇擁上奉天殿，石亨等人搶先山呼萬歲。

不一會兒，深宮中鐘鼓齊鳴。

此前，明景帝第二天早朝的消息已經通告群臣了，大家都在宮門外等待朝會的鐘鼓響起。忽然殿中響起了鐘鼓聲，群臣卻相顧驚愕。因為聲音響起的時間不對。還沒有到早朝的時間私自敲響鐘鼓，意味著朝中發生了大事。

不一會兒，宮門開啟，徐有貞走了出來。他高聲唱道：「太上皇帝復位，眾臣入賀！」在情況未明的情況下最忌輕舉妄動。加上群臣中的確存在對朱祁鈺的不滿情緒，大臣們紛紛列隊入宮拜賀。復位的朱祁鎮坐在寶座上，當即命徐有貞兼任內閣大學士，參與機務。景泰年號改為天順。次日，徐有貞又獲加兵部尚書職務。

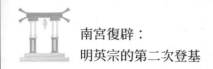

明景帝朱祁鈺躺在病榻上，被朝中的喧鬧聲驚醒了。他明白不遠處的喧囂與自己無關，齊鳴的鐘聲不是自己敲響的。朱祁鈺掙扎著起身，想出去看個究竟。貼身小太監慌慌張張地進來稟報說，大臣們簇擁太上皇在大殿復位了。朱祁鈺扶著床頭櫃，緩慢而清晰地連說了三個「好」。

朱祁鎮復位太過倉促，石亨、徐有貞等人沒有深思熟慮就頒布了太上皇的復位詔書。詔書中的一個疏漏留下了巨大的法律隱患。原來朱祁鎮在詔書中只宣布自己復位，卻忘了寫廢除明景帝的內容。從法律上來說，朱祁鈺尚未被廢，也沒有自我宣布退位，明朝的江山出現了兩個名義上的皇帝。明英宗朱祁鎮和大臣們很快就發現了這個大漏洞，可又一時不好改正。總不能讓朱祁鎮再發一道詔書說剛才忘記把我弟弟朱祁鈺廢掉了，現在再來補上。最終還是等到二月，孫太后下了道懿旨，宣布將朱祁鈺廢為郕王。朱祁鈺的皇帝生涯既是由孫太后下旨確立的，又是孫太后下旨廢去的，可謂「始終如一」。

當時朱祁鈺的病情已經加重。重新成為郕王後，朱祁鈺被遷出大內，移居西苑（今中南海）。剛進入西苑的朱祁鈺的狀態可以用奄奄一息來形容。朱祁鎮以其人之道還治其人之身，對朱祁鈺的待遇也非常刻薄，甚至沒有安排專職的太監侍候。朱祁鈺大勢已去，自然也沒有人敢薦醫送藥。奇怪的是，囚禁中的朱祁鈺的病情竟然慢慢自我康復了，紅潤重新出現在了他的臉龐。有人分析認為，朱祁鈺患病的原因有二。一是長期自我麻痺在後宮的淫亂生活中，二是為明朝的國政操心勞累，導致了朱祁鈺的病情加重。被囚禁後，這兩大病因都自然消散了，他的病也就自然好轉了。

然而朱祁鈺的病情不能好轉。他的康復讓很多人，讓明英宗朱祁鎮、孫太后、石亨、徐有貞等人深感不安。朱祁鎮從自身經歷中提取經

驗教訓，認為一位廢帝的存在始終是對皇權的威脅。不管自己對他防範多麼嚴密，總不能保證萬無一失。自己的復位不就是一個絕好的例子嗎？孫太后、石亨等人則是不安中夾雜著愧疚和恐懼。在這些人的眼中，朱祁鈺的病情日益惡化，最後不治身亡才是最好的結果。二月十九日，郕王朱祁鈺在西苑被太監蔣安用帛勒死，年僅三十歲，距離退位不過一個月時間。正史明白無誤地記載，蔣安是在執行朱祁鎮的命令。朱祁鈺死後被追諡為「戾」。「戾」字是非常差的諡號。在諡號已經成為奉承粉飾工具的明朝，朝廷為一位「前皇帝」追加了這麼差的一個諡號，很能說明問題。

朱祁鈺生前就在昌平家族陵區為自己修建好了壽陵，供死後安歇。朱祁鎮即位後將昌平的陵墓推倒平整，把弟弟以親王禮節改葬在西山。明朝有十六個皇帝。第一個皇帝葬在南京，第二個皇帝的遺骸迄未發現，下面要提到的第七個皇帝朱祁鈺，則單獨埋在北京西郊，另外十三個皇帝全葬在今日國都北方約四十公里處。明朝所有皇帝中，除了朱元璋安歇在已經成為世界文化遺產的孝陵中，建文帝失蹤外，沒有在京北十三陵地區擁有自己陵墓的就只有明景帝朱祁鈺了。朱祁鎮似乎還不解恨，命弟弟的所有嬪妃一律自盡。已死的杭皇后削去皇后名號，毀掉陵墓。只有當初反對易立太子而被朱祁鈺廢去皇后名號的汪皇后才在朱祁鎮即位後得以倖免。

歷史一再告訴我們，對一個人物做出正確的評價至少是後一代，甚至是後幾代人的任務。朱祁鈺到姪子 —— 明憲宗朱見深在位的第十一年十二月才得到平反。朱見深下詔說：「朕叔郕王踐祚，戡難保邦，奠安宗社，殆將八載。彌留之際，奸臣貪功，妄興讒構，請削帝號。先帝旋知其枉，每用悔恨，以次抵諸奸於法，不幸上賓，未及舉正。朕敦念親

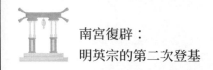
親，用成先志，可仍皇帝之號，其議諡以聞。」詔書充分肯定了朱祁鈺八年皇帝生涯的歷史功績，認為叔父被廢是奸臣貪功所為，基本符合事實。朱見深為了替死去的父親朱祁鎮留點面子，便說父親很早就知道叔叔的冤情，非常悔恨，可惜來不及為他平反就死了。現在，朝廷恢復朱祁鈺的皇帝名號，改上尊諡，命令有關部門修繕朱祁鈺的陵寢，四時巡視祭饗。

清朝在《明史》中為朱祁鈺下了一個恰如其分的結論：「景帝當倥傯之時，奉命居攝，旋王大位以系人心，事之權而得其正者也。篤任賢能，勵精政治，強寇深入而宗社又安，再造之績良雲偉矣。而乃汲汲易儲，南內深錮，朝謁不許，恩誼怢然。終於輿疾齋宮，小人乘間竊發，事起倉猝，不克以令名終，惜夫！」可見後人對朱祁鈺的功績是肯定的，也認為南宮復辟事件並不光明磊落，對朱祁鈺的命運表示同情。

上面的這段歷史發生在明朝的轉捩點上。

黃仁宇在《中國大歷史》中這麼描寫這段歷史：「西元一四四九年，他（指明英宗朱祁鎮）年近二十二歲，有一個宦官勸他巡視北方邊境，在行程之中他遭蒙古人瓦剌（Oirat）部落的酋領也先（Esen）奇襲被擄北去，群臣與皇太后商議之後決定立朱祁鎮之異母弟朱祁鈺為帝，以免也先挾制當今皇帝而在談判時逞上風。這計策成功，次年也先恭送朱祁鎮返京，自後他稱太上皇，居住在宮廷之內的偏僻之處，按照中國『天無二日，國無二主』的傳統，其被監視有如囚禁。西元一四五七年，在這樣的安排之下過了六年半之後，朱祁鈺因病不能臨朝，太上皇的手下人趁機兵變而使朱祁鎮復辟。他們始終不承認朱祁鈺有登九五之尊的資格，也不算是名正言順的皇帝，所以他死後，遺骸也不能占用北郊千秋享配的地區。歷史家自此承認西元一四四九年可算明代的一段分水嶺，

象徵著這朝代的軍事力量由盛而衰，可是這與朱祁鎮的關係不深。此外，他兩次御宇的期間並無其他大事值得渲染，即便算上西元一四五七年的兵變也仍不過是弟兄間的私事。」

針對南宮復辟中表現出來的朱祁鎮和朱祁鈺兩個親兄弟之間的悲劇，柏楊的分析最為透澈。他在《中國人史綱》中指出：「研究十二世紀宋王朝南遷後的局勢，可以發現，趙構拒絕他哥哥趙桓回國，有充分的理由。沒有人能保證趙桓回國後不像朱祁鎮一樣，發動政變。這是專制政體的另一個死結，無法解開。」我們也許又要發出「可憐生在帝王家」的感嘆。的確，有多少皇室家族在皇權專制體制中遭遇親情危機，發生悲劇啊！

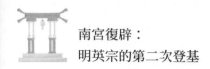
晚明的碎片

政變總是會培育出一批勝利者。但政變得來的勝利能否持久，就要看各人造化了。

朱祁鎮以「奪門迎復功」大肆封賞政變參與者，封石亨為忠國公，張軏為太平侯，張輗為文安伯，楊善興為濟伯，孫鏜為懷寧伯，董興為海寧伯，欽天監正湯序為禮部右侍郎。太監曹吉祥的嗣子曹欽也蔭功升遷為都督同知。因為復辟成功而晉級的凡官舍旗軍官兵竟然多達三千餘人。一時間北京城裡多了許多彈冠相慶的聲音。

石亨無疑是最大的勝利者。他一下子成為了帝國的公爵，地位顯赫。這時候，石亨身上的許多缺點顯露了出來。如果說于謙不是一個成熟的政治家，那麼石亨同樣不是。他長年從軍，缺少政治家的穩重，多了許多張揚；缺乏決策的縝密心細，多了許多輕狂。石亨幾乎每天進出宮廷，干預政事。如果他奏請的事情出現沒有被皇帝批准，沒有得到朝廷的執行，他的臉色立刻就拉了下來，說話也不對勁了。《明史》上說他是「艴然見於辭色」。最犯忌諱，也最讓朱祁鎮接受不了的是，石亨常常在皇帝沒有宣召的情況下，找各種理由隨意出入皇宮，出來後還大張旗鼓，生怕別人不知道，彷彿皇宮就是他家一樣。如果說石亨像于謙一樣，凡事都是為了國家考慮的話，人們對他的「不拘小節」尚可理解。問題是石亨的私心很重，他干預政事、進出皇宮是為了自己牟利，將權

力拿來到處「尋租」。石亨很快就「透支」了自己在朱祁鎮心中的信任和感激。

據說石亨還在外地軍隊中安插親信，試圖永保富貴。朱祁鎮抓住石亨親信的過失，逼石亨辭職。後來，朝廷又出現了「石曹之變」，將石亨和曹吉祥都一網打盡了。石亨在富貴場的核心走了一遭，成為了歷史的過眼煙雲。

南宮復辟的諸多結果中，最令人痛心的莫過於冤殺于謙。

政變後，勝利方為于謙、王文等人捏造了許多罪名，比如與黃竑內外串通，更立東宮；與太監王誠、舒良、張永、王勤等人密謀迎襄王子為新皇帝等等。石亨在幕後導演，一幫言官上書彈劾。于謙等人很快就被以「謀逆」之名定罪，判處極刑。王文聽到宣判結果後，情緒激動地為自己辯護。于謙淡淡地笑道：「石亨等人一心要我們的命，爭辯何益？」結果奏上去後，朱祁鎮有一絲的猶豫，說：「于謙是有過大功的。」徐有貞一針見血地說：「不殺于謙，我們復辟之舉就師出無名了。」關鍵是朱祁鎮也有意剷除包含于謙在內等擁立弟弟朱祁鈺的大臣們，於是確認了這一判決。于謙、王文被殺，並被抄家；明景帝時的重臣陳循、江淵、俞士悅罷官謫戍；蕭鎡、商輅廢為庶民。朝廷還公布了一份「于謙黨人」名單公示天下。

于謙的確是明朝的大功臣，深受北京軍民的愛戴。《明史》承認「卒奉上皇以歸，謙力也。」朱祁鎮自己能夠從蒙古歸來，大半是于謙的功勞。朱祁鈺在位時，非常敬重、依靠他。東宮太子更易後，朝廷允許有兼宮的大臣可以支取雙份俸祿。于謙是所有大臣中最堅決推辭的。于謙的生活非常儉約。堂堂兵部尚書的居所竟是只能遮蔽風雨的破舊屋子。朱祁鈺知道後，將西華門的一處大宅院賜給于謙。于謙又推辭了，說：

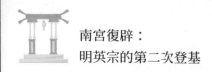

「現在正是國難當頭的時候，我怎麼能貪圖享樂呢？」于謙為官多年，前後獲賜的璽書、袍、錠之類的物品很多。他都將這些賞賜細心封識起來，每年過年的時候拿出來看一下而已。後來抄家時，于家唯一值錢的東西就是這些皇帝賞賜的東西。于謙為人、為官都正氣凜然，這讓那些不稱職的人都怨恨他，讓那些做人當官都比不上他的人都嫉妒他。孫太后原先不知道于謙之死，知道後也是連連嘆息。

于謙年輕時候寫了一首名為〈詠石灰〉的詩：「千錘萬鑿出深山，烈火焚燒若等閒。粉身碎骨渾不怕，要留清白在人間！」這是于謙對自己一生的準確預測。柏楊評價于謙：「這是自十二世紀岳飛死後，第二位名將死於冤獄，相距三百年。于謙行刑之日，北京天氣驟變陰霾，街巷到處聽到哭泣。民間傳說，于謙是岳飛轉生，再來世上，為國家抵抗北方蠻族。」于謙死後，忠義之士冒險收殮他的屍體埋葬在西湖邊上，離嶽廟不遠。百餘年後，明朝末代孤臣張蒼水高吟著「西湖橋頭有我師」，慷慨就義。

于謙最終成為了岳飛那樣的後世楷模，在九泉之下也會感到欣慰的。

對於朱祁鎮第二次皇帝生涯的描述，《明史》毫不客氣地說：「前後在位二十四年，無甚裨政。」在他死後，晚明迎來了絢爛且悲壯的黃昏。

辛酉政變：
慈禧的閃亮登場

　　咸豐十一年（西元一八六一年）初秋開始，承德通往北京的官道就異常繁忙。驛站、太監、特使等快馬加鞭，來往如梭；隱祕的私人使節，傳遞消息的官員商人也鬼鬼祟祟，行色匆匆。人們像蜘蛛一樣，來往編織成一張巨大的網絡，籠罩在清王朝的權力中心地帶。承德、北京的各派政治力量、在京的洋人，各打各的算盤，醞釀著一場決定之後中國走向的政變。

　　當政變的帷幕瞬間開啟後，一個被稱為慈禧的女人登上了政治舞臺，開始了近半個世紀的執政生涯。

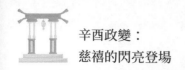
咸豐之死

我們將故事向前推移十多年。當時以吝嗇出名的道光皇帝正處於風燭殘年。道光皇帝除了吝嗇、迂腐、平庸外，整體而言還算是一個勤勉的皇帝。他的這一輩子都思考著怎麼維持住祖宗的基業，以及怎麼讓國庫的銀子不少下去。為了因鴉片走私而產生的越來越大的銀子缺口，道光皇帝不惜與英國人打了一仗。誰知道，平庸的道光皇帝戰和不定，最後竟然輸給了蠻夷之邦。國庫的銀子反而是越來越少，連祖宗傳下的香港島也給割了。道光帝一度為有愧於列祖列宗而深深內疚。

但是他最頭痛的還是為大清王朝挑選入關後的第七位皇帝，一位合格的太子。

道光二十六年（西元一八四六年），道光皇帝已經是六十五歲的老人了。挑選接班人的問題迫在眉睫。道光皇帝一共有九個兒子。其中大阿哥、二阿哥、三阿哥比他早過世。五阿哥被過繼給了醇親王綿愷，失去了繼承資格。七阿哥（奕譞，日後光緒皇帝生父）、八阿哥、九阿哥都還年幼。真正參加繼承者競爭的只有十六歲的四阿哥奕詝和 15 歲的六阿哥奕訢。

奕詝與奕訢相比，除了年長一歲外，不論是論文才，還是論武功，都遠不及後者。從面相看，奕詝小時候騎馬摔斷過腿，還得過天花，所以腳稍微有點瘸，並且臉上有麻子。而奕訢帥氣威嚴，有帝王之相。因

此，一開始道光帝曾有意立奕訢為皇太子，《清稗類鈔》中一則雲：「宣宗倦勤時，以恭親王奕訢最為成皇帝所寵，嘗預書其名，置殿額內。有內監在階下窺伺，見末筆甚長，疑所書者奕訢，故其事稍聞於外。宣示知而惡之，乃百守立宗。」

　　道光皇帝為什麼之後選擇了奕詝，自然沒有野史說的這麼簡單。實際上，道光對兩個兒子進行了一系列的考察。在這些考察中，奕詝的平庸反而取得了父親的歡心，戰勝了奕訢。

　　清朝尚武，皇室每年有圍獵的傳統。通常這也是檢驗皇子騎射能力的考試。因此每一年的圍獵不只被天下視為各位皇子表演的舞臺，也被認為是刺探皇位更替的指向針。這一年的圍獵，人們都將目光對準了奕詝與奕訢。

　　奕訢正常發揮了他的武功，騎射功夫出眾。他率領部眾打到了許多獵物。奕詝則力弱多病，乾脆呆呆地站在一旁，一箭不發。圍獵結束後，奕詝帶著自己的「戰利品」去見父皇。道光看後非常高興。道光見奕詝及其部眾毫無所獲，大惑不解。奕詝平靜地說：「父皇曾經多次教導孩兒，要有仁愛之心。春天正是萬物孕育的時候。現在正是春天，如果我把它射死了，那麼就連它腹中尚未出生的幼獸也射死了。我實在不忍心這麼做，所以一箭未發。」道光聽後覺得非常有道理，也很欣慰，當眾稱讚奕詝心胸開闊，有仁慈之心。

　　奕詝說的並非實情。在圍獵之前，奕詝認為毫無超越奕訢的可能，非常焦急，就去請教自己的老師杜受田。杜受田告訴他要「以愚示仁」，不以武功取勝。結果雖然他兩手空空，卻和六弟打了個平手。

　　道光皇帝還是難以在兩個兒子中取捨，於是以國家大事相質詢。道光先傳旨召六阿哥奕訢問策，詢問他對當前國事政務的看法。道光先

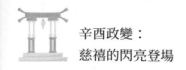

說：「我年紀大了，身體也是一日不如一日。可能不久於人世了。現在我想聽一下，你對治理國家有什麼看法。」奕訢就充分發揮自己的口才，滔滔不絕地闡述了自己的治國方略。道光聽著也頻頻點頭。奕訢對時弊看得很深，對各領域政務也都有比較明確的設想。做父親的道光自然很高興。

道光又召見了奕詝，把剛才的那番話又說了一遍，再向奕詝詢問治國良策。奕詝卻一言不發，長跪在地，痛哭不已。道光很奇怪，一再催促他快點回答。於是，奕詝流著眼淚回答：「兒臣希望父皇健康長壽，永遠也不要離開我們。我要永遠留在父皇身邊，好好侍奉父皇。」道光聞言，長嘆不語。之後轉問了幾個瑣碎問題。這回，奕詝答了，並無大的方略，只是延續了父親道光的既定策略而已。據說，這又是奕詝的老師杜受田教導的，以愚示情。

最終，道光在奕詝與奕訢之間選擇了四阿哥奕詝。奕詝與奕訢兩人的表現，將各自的能力、眼光表現得一覽無餘。道光為什麼選擇前者，而不選擇能力出眾的奕訢呢？因為道光從奕詝身上看到了自己的影子。奕詝雖然長相醜點，學識和武功差，但仁愛孝順。更重要的是，他忠厚老實，守規矩，惡變革。這既符合倡導儒家的仁愛和以孝治天下的思想，又讓同樣墨守成規的道光產生了共鳴。於是，他決定棄奕訢，而立奕詝。如果道光是一位銳意改革、奮發圖強的帝王，他就會選擇奕訢。

西元一八五〇年，道光皇帝駕崩，奕詝正式登基，改年號為「咸豐」。「咸」是普遍的意思，「豐」是富足的意思，「咸豐」就是「天下豐衣足食」的意思。

咸豐登基之初，與許多年輕帝王一樣，也有過銳意圖強的創舉。但是一來國家積弊日深，二來咸豐能力有限，依然是新瓶裝舊酒。結果，

朝政不但毫無改善，反而還打擊了咸豐自己的積極性。不過咸豐也真是苦命，剛即位，太平天國運動就爆發了。這場中國歷史上規模最大、組織最為完善的農民起義，席捲了大半個國家，幾乎斷送了清王朝的統治。咸豐開始以傳統鎮壓農民起義的方式一再圍剿，又要防止漢族官僚掌握實權。最終太平天國運動大大揭露出清朝的弊政，並成為封建社會保守僵化、積貧積弱局面的爆發點。太平軍越剿越多，甚至建立了與清朝相抗爭的政權。

咸豐先是派賽尚阿前往湖南防堵，無效。咸豐三年（西元一八五三年），向榮、琦善分別建江南大營和江北大營，圍困太平天國都城天京，再命曾國藩等人廣辦團練武裝抵抗太平軍，派僧格林沁阻擊太平軍北伐。六年過去，江北、江南大營被太平軍攻破，他又命德興阿、和春重建。由於清王朝內部衝突重重，滿族親貴不信任曾國藩等漢族地方軍隊，不肯委以重任。而紈褲子弟又腐化墮落。因此，咸豐日夜操勞，左支右絀，清軍與太平軍作戰中屢遭失敗。

茅海建老師的《苦命天子》一書是研究咸豐的通俗而深刻的專著。他認為咸豐年代「社會動亂的根源之一，在於乾隆末年起半個多世紀的政治腐敗」、「腐敗已經使得絕大多數的官員已經不能在政治目標上與朝廷中樞保持一致」（第八十五頁）。官場腐敗，行政敷衍塞責。咸豐勤政指揮，甚至傾盡家底，但屢戰屢敗，局勢每況愈下，最後不可收拾。咸豐困惑不解，他以傳統的方法來懲罰自己，兩次下罪己詔也絲毫沒發揮作用。慢慢地，勤政的咸豐帝，此時愁腸百轉，漸漸地倦怠於政務了⋯⋯

屋漏偏逢連陰雨。第一次鴉片戰爭結束後，列強並不滿足於既得利益，又於咸豐六年（西元一八五六年）發動第二次鴉片戰爭。與老爸一樣，咸豐在外國武裝的威嚇下，愚昧無知、戰和不定。結果一次次錯失

良機，方寸大亂。被迫與英法簽訂《天津條約》後，咸豐賠款、修改稅則、開放通商口岸全都答應，唯「外國使節常駐北京」一條死死不願接受，咸豐帝拒絕見外國公使，堅持要維護天朝上國的威嚴氣象。咸豐十年（西元一八六○年），英法聯軍攻陷天津。咸豐帝匆忙逃往熱河，命受封恭親王的奕訢留駐北京，以清政府全權代表身分與英法議和。

這一去，咸豐再也沒有回到北京。

平心論咸豐一朝，咸豐並非昏君，也想奮發圖強；清朝也擁有曾李胡左等幹臣。如果在承平時期，咸豐也算是個成功的守成之君。遺憾的是，咸豐及其大臣處於的是「千年未有之大變局」，面對的是「千年未有之強敵」，輸就輸在觀念和思想。

十八世紀時，歐洲掀起了「中國熱潮」。當時的歐洲對中國了解不多，對歐洲而言，中國儼然是繁榮、祥和、發達的國度。在他們看來，中國的制度是完美的，因此許多啟蒙思想家認為中國足以成為歐洲改革發展的方向。但是經過鴉片戰爭，到了咸豐朝的時候，當時的歐洲和美國又掀起了重新認識中國的熱潮。西方知識界和輿論整體的態度可以用八個字概括：善意還在，尊敬不再。

西方人眼中的中華帝國開始變得愚昧落後。因為中國專制保守，缺乏社會保障、沒有近代醫療、交通設施貧乏，甚至千百年來固執地使用著原始的農業工具。中國擁有豐富的資源和巨大的人力，但就像一位穿著破舊絲綢衣服的老太太，守著寶藏向西方國家要飯吃。雖然不能代表全部西方人的觀點，但它確實是時潮的、趨向性的。一百一十年前的美國人視中國人為「不受歡迎的移民」，審視者既往的敬羨和熱情沒有了，代之的是詫異不解、冷淡蔑視、譏諷貶抑，好一點也不過是冷酷的漠視。但這並不意味著西方忽視了中國。近代西方不乏清醒、全面、深入

觀察中國的傳教士、外交家和思想家。這是在對中國更加了解，思考加深的基礎上，西方得出的結果。不得不說，在一定程度上，西方人的思考是超前的、正確的。

中國人在政治認知領域裡缺乏了這樣的心態和人物。英文「president」一詞進入中國後，晚清人將其意譯為「總統」，取總統職權「總而統之」的特點而定。從總統一詞的譯法，對比清朝存在的「都統」、「統領」、「總管」等官職，我們不難看出當時的中國人試圖將這一現代政治名詞劃入中國政治習慣的努力。

曾任福建巡撫的晚清思想家徐繼畬驚訝於美國首任總統華盛頓的做法。他說：「華盛頓，異人也，起事勇於勝、廣，割據雄於曹、劉。既已提三尺劍，開疆萬里，乃不僭位號，不傳子孫，而創為之推舉之法，幾於天下為公，駸駸乎三代之遺意。其治國崇讓善俗，不尚武功，亦與諸國異。余嘗見其畫像，氣貌雄毅絕倫。嗚呼！可不謂人傑哉。」（徐繼畬，《瀛環志略》）徐繼畬的認知一來是基於中國傳統的史家思想，二來並不深入。他看到了華盛頓主動放棄權力，首創共和的功績，但缺乏深入比較、了解的能力。

稍晚的思想家張之洞曾任湖廣總督。針對清末西方民主思想的傳入，他認為：「其國（指美國）議院公舉之弊，下抉私徇，深以為惡。華人之稱羨者，皆不加深考之談耳。……近日掇拾西說者，甚至謂人人有自主之權，益為怪妄。」（張之洞，《勸學·正權考證》）身為「中學為體，西學為用」的堅持者，張之洞深刻地認知到了美國民主制度的缺陷。但僅僅指出西方制度的缺陷就足夠了嗎？權位如徐張者、睿智如徐張者，認知尚如此，更何況那些整日為生計奔波，衣衫襤褸又目不識丁的百姓們。

辛酉政變：
慈禧的閃亮登場

　　鴉片戰爭時，偌大一個北京城，竟然找不出一個懂英文的人。咸豐朝，中西實力對比的天平倒向了西方，中西互識的天平也在向西方傾斜。中國人對西方世界的認知有所缺乏，並不是途徑的問題，而是心態的問題。咸豐和幾乎所有的晚清國人沉浸於「天朝上國」的優越感，不願意轉換心態，客觀地認識世界，承認現實與心理的巨大落差才是天平傾斜的根本原因。

　　茅海建老師在《苦命天子》一書中這麼評價咸豐：「他直身躺在時代的分界線上，手和腳都已經進入了新時代，但指揮手腳的頭腦卻留在舊時代。」咸豐在位十一年，沒有過一天安靜的日子。席捲半個中國、持續十幾年的太平天國戰爭，西元一八五六年至一八六〇年爆發的第二次鴉片戰爭，天地會、捻軍等起義造反，內憂外患，遍地硝煙，使得咸豐如坐針氈，忙得不可開交。當李開芳的北伐軍逼近北京的時候，京津一帶的官僚富豪幾乎逃避一空。不知道在紫禁城一日數驚的咸豐帝做何感想？當強大得多的英法聯軍進逼北京的時候，咸豐皇帝已經完全缺乏膽量和氣度堅守北京了。中外軍隊略一接觸，咸豐帝即以「狩獵」為名，狼狽逃奔熱河，至死也未敢再回京城。

　　相反地，當時還只是貴妃的慈禧太后倒堅持咸豐留守京城。遺憾的是，慈禧太后的話被肅順等人「後宮不得干政」的祖訓給頂了回去。

　　咸豐十一年（西元一八六一年）八月二十三日，咸豐帝在承德避暑山莊病重，自知將不久於人世，口授遺詔，立唯一的兒子、年方六歲的兒子載淳為皇太子，繼承皇位，同時任命載垣、端華、肅順、景壽、穆蔭、匡源、杜翰、焦佑瀛八人為「贊襄政務大臣」，要求他們「盡心輔弼，贊襄一切政務」。在八大臣中，載垣、端華、肅順為關鍵人物，而載垣、端華兩位王爺庸饋無能，毫無主見，為肅順所驅使，形成了以肅順

為主的政治集團。肅順集團的權勢，此時達到鼎盛。第二天，咸豐帝死
在了承德，年僅三十一歲。

咸豐希望能夠有所作為，讓天下平和，但是在他死的時候，他留給
天下的是一個紛紛擾擾的局勢。英法聯軍正占領北京、太平天國在南方
統治已近十年、官場渾渾噩噩、黑幕重重。咸豐憧憬過，也努力過，可
惜他用過的千方百計都瑣碎且過時，換來的只能是失敗。身為百姓或者
普通官吏，咸豐不失為一位可交往的朋友；但身為國家領袖、全民的「天
子」，咸豐的缺陷就是國家的缺陷，在東西較量的關鍵時刻使國家墮入了
悲劇的深淵。

閻崇年先生評價咸豐皇帝的一生有三錯：錯登皇位，錯失京城，錯
立後事。皇位是他千辛萬苦算計來的，遺憾的是並沒有成為實現自己價
值的舞臺；京城是他主動放棄的，從此一去不復回，也為國家帶來了巨
大的傷害；臨終時設立了顧命大臣，本想輔佐年幼的獨子，卻加劇了身
後的黨爭。

從咸豐死的那一刻開始，政治陰謀就開始在廟堂之上醞釀了。

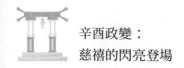

廟堂危機

咸豐帝死後，朝廷立刻陷入了黨爭。黨爭在歷朝歷代都是為君者力行禁止的。咸豐自然也是，但正是他自己一手造成了之後的廟堂危機。

咸豐帝剛即位時，即按父親道光皇帝的遺詔，封十九歲的奕訢為恭親王，恩遇超過其他諸王。這可能是道光皇帝對奕訢這個皇位競爭失敗者的補償，也可能是希望弟弟的才能能夠輔助忠厚守舊的哥哥，匡扶大業。西元一八五二年，奕訢受命在內廷行走。西元一八五三年，太平天國北伐軍由揚州進入安徽，殺入河南，直逼直隸。在危急時刻，咸豐帝打破親王不能任軍機大臣的祖制，任命奕訢為軍機大臣。奕訢成為了掌握實權的親王，威信日隆，在鎮壓太平軍北伐期間「參贊軍務，夙夜勤勞」，布防及時，為守衛京畿消滅北伐太平軍立了大功。但在平息太平軍北伐之後，咸豐帝妒嫉奕訢的能力，又擔心弟弟勢力過大，就藉口奕訢在其母喪期間為母爭封，禮儀失當，於西元一八五五年罷免了奕訢的軍機大臣、宗人府宗令已、都統等要職，但仍命其在內廷行走。

第二次鴉片戰爭中，英法聯軍於西元一八六〇年八月逼近天津。九月十八日，怡親王載垣、科爾沁親王僧格林沁等人拘留了英國使團巴夏禮等二十六名英國人和法國人十三名，侵略聯軍於是決定向北京進攻。九月二十一日，清軍在八里橋戰敗。咸豐帝逃往熱河，命奕訢留京議和。受命於危難之際的奕訢，在大兵壓境之下，代表清朝簽訂了中英、

中法、中俄《北京條約》。當時的北京依然保留著政府結構，大批官員留守，京畿軍事力量仍在，都受奕訢控制。咸豐皇帝西逃承德，卻使自己防範的弟弟成為了擁兵在外、自成氣候的親王集團。

主持與西方交涉的奕訢正是血氣方剛的年紀。他在西方近代物質成果面前大受刺激，立志走學習西方先進技術以自強的道路。其間奕訢逐漸思想開明，轉化為鼓吹洋務改革的首領。這下，奕訢集團擁有了獨立的、相對先進的思想、觀念和政策武器，足以在思想上與承德的宮廷相抗衡了。咸豐十年（西元一八六〇年），奕訢建議並創辦了總理各國事務衙門，主管通商和外交事務。奕訢和桂良、文祥任總理事務大臣，勢力更加強大。

從此，清廷於無形之中產生了兩個政治中心：一個是以奕訢為首，由在京的王公大臣組成，西方列強支持且相對開明的奕訢集團；他們憑藉總理衙門這一機構，掌握清朝外交大權，又逐漸經管通商、關稅等事務，掌握了清廷的財稅大權。另一個則是圍繞咸豐帝，以肅順為首，由在熱河行宮隨駕的一班近臣組成，掌握著清廷的最高權力。雙方在咸豐帝生前就在議和、回京、借師助剿等問題上明爭暗鬥，衝突不斷。

如果說親王勢力集團的形成有它的先天優勢，那麼權臣勢力集團的形成背後，往往充滿政治鬥爭故事，肅順集團便是如此。肅順，滿洲鑲藍旗人，愛新覺羅氏，字雨亭，一字豫庭，是鄭親王端華的異母弟，由宗室入仕。咸豐初以勇於任事漸受重用，地位不斷升遷。歷任正紅旗護軍統領、御前侍衛、工部侍郎、禮部侍郎、戶部侍郎、都察院左都御史、兵部尚書、御前大臣，一時握有國相實權。宗室和外官多人前來依附，形成肅順集團。

肅順的興起不是靠阿諛奉承，而是憑藉幹練剛毅而晉升官階的。他

的上升期正是清王朝在太平天國打擊下風雨飄搖的艱難時刻。同時英法在俄美的支持下又發動了第二次鴉片戰爭，矛頭直指北京。朝廷可謂是內外交困，舉步維艱。在這樣的時刻，能者上，庸者下。當時的軍機大臣諸人都是無能之輩，遇事唯唯諾諾，毫無主見。如老中堂彭蘊章被外界戲稱為「彭葫蘆」。這樣的大臣在國家危局，財政捉襟見肘之時自然難以勝任。年輕的咸豐帝就深感「廷臣習於因循，乏匡濟之略」，因而不得不改弦更張，將軍機大臣棄置一旁，起用勇於任事的肅順。肅順等人受命於危難之際，提出了改革財政、重用漢臣、訓練鄉勇等政策。

同時，肅順的個人表現可圈可點。首先他為政務實，雷厲風行。為鎮壓太平天國，肅順主張重用漢族官僚地主胡林翼、曾國藩；為解決財政困難，主張發紙幣、鑄大錢。其次在對外，肅順堅持國家主權利益，維持天朝尊嚴。他不畏強敵，奮起抗爭。第二次鴉片戰爭期間的英法聯軍入侵廣州時，在咸豐帝面前，肅順在御前堅決主戰。西元一八五九年，肅順負責與俄使伊格那提耶夫談判。他嚴詞拒絕沙俄對中國烏蘇里江以東地區的侵略要求，並把未經批准互換的《璦琿條約》文字，擲在談判桌上，嚴厲斥責道：「一紙空文，毫無意義。」

西元一八六〇年，英、法聯軍進攻北京時，肅順隨駕咸豐逃往熱河，次年以戶部尚書協辦大學士，領侍衛內大臣，主管行政事務。

肅順的上臺與咸豐八年（西元一八五八年）這一年關係重大。這一年，肅順趁「議約違旨案」和「戊午科場案」在派系林立、強手遍布的政壇裡異軍突起。

先說「議約違旨案」。在第二次鴉片戰爭中，咸豐命桂良、華沙納前往議和，耆英也自告奮勇前往。咸豐帝出於對耆英的器重，想讓他起「如桂良、華沙納所許，該夷尤未滿意，耆英酌量，再行允准幾條，或者

該夷因耆英於夷務情形熟悉，可消弭進京之請，則更妥」的角色。但被寄予厚望的耆英卻擅自離開崗位，「不候旨回京」。也就是說，耆英沒等咸豐同意就回北京了。載垣、端華等抓住耆英違旨的把柄，奏請將擅自回京的耆英「訊明正法」。奕訢等復議，為其開脫，理由是「遍查律例，並無大員奉使擅自回京，作何治罪專條」，認為「量予末減，定為絞監候」。按慣例，絞監候是死緩，大員絞監候往往一段時間後釋放。當時肅順「獨具疏請」，認為耆英原本為「棄暇錄用，委任辦理夷務」，卻「不顧大局，避而奔回」，假如以後「皆相效尤，畏葸潛奔，成何事體」。肅順等人堅持要求將耆英「立予正法」。最後咸豐帝朱諭耆英「自盡」。這件事情是咸豐生前，兩派政治力量的鬥爭，也顯示了肅順一派的政治力量。

咸豐八年（西元一八五八年），順天府鄉試科場考官舞弊，發生「戊午科場案」。這是清朝多次科舉舞弊案中的一件。戊午年九月十六日順天鄉試揭榜。當時輿論譁然，因為不學無術的著名「票友」平齡榜上有名。十月初七日，御史孟傳金上奏咸豐帝，揭露此次鄉試有諸多舞弊行徑，奏請立案審查。孟傳金指出了此次科舉主考和同考官相互推薦人選，各自取錄，而其中考取功名的平齡，其考卷朱墨不符。咸豐帝當時正想嚴查官場腐敗，下令由怡親王載垣、鄭親王端華、戶部尚書全慶、兵部尚書陳孚恩組成專案組。

平齡是旗人，考試的時候還在外面登臺演出，竟高中鄉試第七名。載垣、端華等提審平齡。他支吾不清，不久猝死在獄中。複查平齡試卷的時候發現其墨卷內草稿不全，硃卷詩內有七個錯別字曾被改過。之後專案組在圓明園的九卿朝房復勘全部試卷，發現有問題的試卷有五十本之多，甚至有的試卷錯別字有三百多個竟然也高中進士。咸豐聞訊大

怒，著令將主考官柏葰革職，副考官朱鳳標、程庭桂解任，聽候查辦。

時任戶部尚書的肅順非常關心此事，暗地訪蹤查跡，查出同考官浦安與新中進士、主事羅鴻繹暗地裡有勾當。載垣、端華等馬上傳訊羅鴻繹，羅供認他為考中，賄託兵部侍郎李鶴齡，鄉試同考官浦安等。浦安還告訴他「柏中堂門丁靳祥」參與科場舞弊，牽連出了主考官柏葰。靳祥已隨同柏葰之姪、分發甘肅知府的鐘英離開京城，最後在陝西潼關截獲歸案，押回不久病死獄中。浦安、李鶴齡在審訊中將柏葰接受囑託情節和盤托出。

咸豐九年（西元一八五九年）二月，專案組上奏結案。其中力請將柏葰「擬斬立決」。柏葰，蒙古正藍旗人，歷任刑部侍郎、兵部尚書、戶部尚書、協辦大學士等職，典試戊午鄉試不及一月位遷大學士，旋為文淵閣大學士。由於柏葰為當朝大學士，兩朝重臣，對他的處置成為科場案中最大的政治問題。

四大臣聯銜上奏的當日，咸豐帝便在勤政殿召見諸親王、軍機大臣、內務府大臣和各部尚書商議處置。各大臣鴉雀無聲。咸豐帝本想對柏葰從輕發落。這時肅順出來力爭，認為科舉是關係朝廷信義，士人典範，對柏葰「非正法不足以儆在位」。咸豐帝最後以柏葰觸犯科條，判斬立決。午後三時，肅順與刑部尚書趙光奉旨赴市曹監刑將大學士柏葰斬首，柏葰成為清代因科舉舞弊被處死的唯一大學士，浦安、李鶴齡、羅鴻繹也被同時斬決。

浦安之前還供出自己在科場中曾聞及副考官程庭桂燒毀紙條的情節，副考官程庭桂因此也受到專案審訊。程庭桂供出專案組成員、兵部尚書陳孚恩之子陳景彥，刑部侍郎李清風之子李旦華，工部郎中潘曾瑩之子潘祖同，湖南布政使潘鐸之子潘敦儼等都向場內遞過紙條，請託。

兵部尚書陳孚恩因此自請開缺，卻被咸豐挽留。但由於程庭桂也是道咸兩朝重臣，對其如何論罪，朝內也頗存爭議。載垣等擬請將程庭桂父子斬首。最後咸豐帝將程庭桂發往軍臺效力贖罪，謝森墀、王景麟、熊元培、李旦華、潘敦儼、潘祖同和陳景彥七人分別革職，發配新疆。同時副考官戶部尚書朱鳳標因失察科場革職，陳孚恩、潘曾瑩、潘鐸等因失察子弟犯法降一級官階，李清風病死免罪，同考官鄒石麟、徐桐則以更改硃卷之罪被革職。

戊午科場案至此審結。

過程中還有一個插曲。清代凡是一品大員臨決之日，多加赦免，改斬為戍，這也是清朝自立國之初就沿襲下來的慣例。柏葰被綁赴菜市口開刀問斬前也以為到時候咸豐一定會刀下留人，赦免死罪的。於是他叫家人準備好行囊，等聖旨一到，就起解登程。沒想到，咸豐拿他立了整頓吏治的榜樣。

在整件事情處理上，肅順利用了年輕的咸豐皇帝立志整頓吏治的決心，處死了柏葰。嘉道以來，吏治敗壞，正如曾國藩所言：「京官辦事通病大要有二：曰退縮，曰瑣屑；外官之辦事通病有二：曰敷衍，曰顢頇。……習俗相沿，但求苟安無過，不求振作有為，將來一有艱巨，國家必有乏才之患」。咸豐帝對此深惡痛絕，從清王朝的生死存亡出發，將一件科舉舞弊案鄭重其事地召開御前會議。戊午科場一案對整治科場積弊和肅清吏治確實收一時之效。《春明夢錄》一書評論道：「京師場弊，自大學士柏葰正法後，功令為之一肅，數十年諸弊淨絕」。之後朝廷會試，紀律嚴格。士子入場時官員搜檢謹慎，片紙隻字都不許帶入。可惜肅順辛酉斷命後，科場舊習又沉渣泛起。

「議約違旨案」和「戊午科場案」的處理，肅順自然有肅清吏治的考

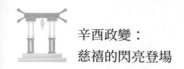
慮，但是更多的是藉機排斥異己，打擊頑固守舊派。兩案發生時，太平天國運動摧枯拉朽的打擊正令朝廷疲於應付，實力喪失殆盡。漢族官僚利用募勇辦練，勢力發展迅速。曾國藩及其湘軍就是其中的佼佼者。但湘軍的發展處處受制於頑固派所支持的政府，處於既無軍餉又無地方支持的地步。但嚴峻的形勢又使得朝廷必須借重漢族實力派，放權地方，維護統治。當時以祁寯藻為首的舊貴族官僚集團對軍人抱有根深蒂固的防範心理，想盡辦法限制地方軍隊。彭蘊章、柏葰等都是嚴肅勤慎的頑固守舊派。

而肅順集團一開始就持相反意見。他主張以漢制漢，務實執政。肅順對曾國藩、胡林翼等多有支持。但是肅順缺乏資歷名望，其政策主張受到頑固守舊派的反對阻礙。而兩案剛好為肅順集團打擊反對勢力提供了最佳武器。之後，肅順又透過咸豐九年戶部寶鈔案和十年何桂清脫逃案，先後打擊了協辦大學士周祖培、體仁閣大學士翁心存和首席大學士彭蘊章。這些大案極大打擊了當時的內閣和軍機處的勢力，進而削弱了兩大機構的實權。最高權力逐步由軍機處轉移到御前大臣肅順、載垣和端華手中。咸豐九年（西元一八五九年）十月，肅順成為「實習御前大臣」，十年正月，授為御前大臣。

經歷這一系列政治鬥爭，肅順藉助權位和咸豐帝的器重，力主重用湘軍，大力支持曾國藩、胡林翼平定太平軍。曾國藩不久以兵部尚書銜任兩江總督，並為剿匪欽差大臣，督辦江南各省軍務。雖然肅順集團最終失敗了，但政治權力從中央向地方的轉移已經完成，漢族地方督撫勢力壯大，慈禧太后依然重用漢人，藉助地方實力派執政。肅順集團務實的政策主張並沒有變。

但是肅順之人律己不嚴，律人過嚴，結果在貪汙成風的官場造成人人自危，反對聲浪暗潮洶湧。肅順集團失敗後，馬上有人為戊午科場案翻案，要求重新評價該案，起用科場案中被革職官員，並明確請求為柏葰昭雪。同治元年正月，朝廷釋出上諭，指出肅順等人因與柏葰有私仇，藉科場案擅作威福，致柏葰身罹重闢：參與審案的吏部尚書全慶辦案不力，受到降級處置；彈劾科場舞弊的孟傳金被視為多事，發回原衙門。不過，慈禧太后其實也認為柏葰罪行確鑿，不過行刑太重罷了。於是，同治帝之後召見了柏葰之子 —— 候選員外郎鐘濂，加以撫慰。

這裡的慈禧太后也是在同一時期崛起的第三派政治勢力。慈禧太后，那拉氏，祖居葉赫，故稱葉赫那拉。滿洲鑲藍旗人。父惠徵，曾任安徽徽寧池廣太道道員。葉赫那拉氏是滿族八大姓氏之一，也是起源較早的姓氏之一，其祖先最早可追溯到五代時期的海西女真。但真正讓葉赫那拉揚名天下的，當屬慈禧太后。慈禧太后由選秀入選而進入咸豐後宮，在殘酷的後宮爭鬥中脫穎而出，並生下了咸豐帝唯一的兒子 —— 載淳。

慈禧太后不是個簡單的女人，因為她是同治、光緒兩朝的實際統治者。

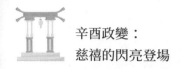
這個女人不簡單

西元一八六一年，咸豐帝病危。當時，他將死後的大政託付給肅順集團。八月二十二日咸豐帝病逝，遺命載垣、端華、肅順，御前大臣景壽，軍機大臣穆蔭、匡源、杜翰、焦祐瀛等八人為「贊襄政務王大臣」，輔佐年幼的皇太子載淳執政，總攝朝政。

肅順不用說是誰了。端華是他大哥，是世襲鄭親王；載垣爵位是怡親王，也是皇族；御前大臣景壽是咸豐的妹夫。

但咸豐在臨死時，人為製造了權力結構的複雜性。他將自己的兩枚印章（「御賞」和「同道堂」）的作用提升。「御賞」章讓皇后慈安掌握；「同道堂」章由同治掌握，同治年幼歸慈禧掌握。咸豐規定皇帝釋出詔諭時，除了玉璽必須蓋上這兩枚章才能生效。這就使肅順集團的大權受到了極大牽制。

咸豐帝死後，肅順八人即以贊襄政務王大臣的名義總攝朝政。第二天，群臣為太後上尊號，尊咸豐皇后慈安為「皇母皇太后」，新皇生母慈禧為「聖母皇太后」。載淳登基，定第二年改元祺祥，這一切都只是走個流程罷了。熱河朝廷僅命奕訢繼續留京辦理一切事宜，意在防範政敵前來熱河干預新政。

奕訢自然不會在北京等著被肅順集團收拾。肅順集團滯留奕訢在京，不讓奕訢集團的人員參與新朝。但是奕訢搬出孝道來：哪有哥哥死

了，不讓親弟弟奔喪的啊？半個月後，他不顧阻攔，高喊「豈梓宮前亦不應一哭耶？」跑到熱河奔喪來了。奕訢此舉自然不光是哭哥哥，也是哭自己，是哭給權力欲極強的慈禧太后看的。他希望形成後宮與北京留守力量暗中聯繫，共同對付肅順集團。

現在的問題是，奕訢怎麼和後宮「接上頭」？

肅順集團對其他兩大勢力都有所警惕，對後宮防範嚴格。奕訢只能以「敘親情」為由，才能有直接會面太后的機會。當奕訢在咸豐靈前哭得昏天黑地再提出這個要求後，肅順擦乾淚水說不行。在場的八人集團之一的杜翰也說：「叔嫂當避嫌疑，且先帝賓天，皇太后居喪，尤不宜召見親王。」可是庸碌的端華卻認為：「阻乖於禮。」奕訢抓住把柄，更加堅持。這時後宮也傳出話來，說既然眾大臣不讓單獨見面，那就讓眾大臣陪著王爺一起來後宮見面吧。叔嫂見面，哪有奴才們監視的啊？這更不成禮法了。八大臣忙說不了，不了，我們就不進去了，還是請親王進去吧。奕訢「乃得一人獨進見，兩宮皆涕泣而道三奸之侵侮」，雙方「奏對良久」。叔嫂三人在後宮密商，確定了回京（咸豐必須要回北京下葬，朝臣要護送）發動政變。

奕訢出宮後，北京、承德兩頭就開始了政變籌備。奕訢在承德渡過了悲痛欲絕的六天，回京了。三天後，道光第七子、日後成為光緒生父的醇郡王奕譞被任命為正黃旗漢軍都統，掌握北京周邊軍隊的實權。（奕譞的終生都在扮演這樣的政治助手角色。）

任命釋出的第二天，在北京的御史董元醇上了奏摺，發動了前哨戰。

董元醇的奏摺以「事貴從權，理宜守經」立論，主要內容有三點。第一是請兩宮皇太后臨朝垂簾聽政。他大讚兩宮，「所賴一切政務皇太后宵旰思慮，斟酌盡善，此誠國家之福也。臣以為宜明降諭旨，宣示中

外，使海內外咸知皇上聖躬雖幼，皇太后暫時權理朝政，左右並不能干預，庶人心益加敬畏，而文武臣工俱不敢稍肆其矇蔽之術」。但是清朝向來沒有垂簾聽政的制度，因此董御史說「中國向無太后垂簾之儀，而審時度勢，不得不為此通權達變之舉。此所謂事貴從權也。」第二就是要求簡派一個到兩個親王輔政，董元醇稱：「自古帝王莫不以親親尊賢為急務，此千古不易之經也。現時贊襄政務，雖有王大臣、軍機大臣諸人，臣以為當更於親王中簡派一二人，令同心輔弼一切事務，律各盡籌畫，再求皇太后、皇上裁斷施行，庶親賢並用，既無專擅之患，亦無偏任之嫌。」第三，董元醇要求為幼皇加派師傅一兩人，意在建立宮內外穩定的聯絡管道。「董三點」從根本上推翻了咸豐帝的臨終安排。

這份言辭激烈的奏摺引起了九月十六日的激烈廷爭。參加董元醇奏摺討論的一共有十一個人：兩宮太后、小皇帝、輔政八大臣。慈禧和慈安堅持要批董元醇的奏摺，肅順八人堅絕不同意。雙方都不願讓步，發生爭吵。肅順勃然抗論，極言不可，聲震殿堂；載垣也當面咆哮，認為他們「贊襄皇上，不能聽從太后之命……請太后看折亦系多餘之事」，就是說本來讓太后看奏摺就是多餘的事；杜翰聲稱「若聽信人言，臣不能奉命」，也就是說如果太后同意了，我們也不奉命執行。慈禧太后氣得雙手發抖，雙方激烈爭論達兩個小時之久。史載：「天子驚怖，至於啼泣，遺尿後衣。」意思是：小皇帝嚇得直哭，尿了褲子。廷議不歡而散。

肅順力主清朝無太后垂簾聽政的先例，下令軍機處擬旨斥駁。慈禧則串通慈安拒絕蓋印，將奏摺留中不發。八大臣，特別是載垣、端華則聲稱不理朝政，罷工示威。最後兩宮太后不得不讓步，下旨嚴屬斥責董元醇。

董元醇本來就是在慈禧太后的授意下上奏摺的，現在慈禧等於是自己下詔書打自己的嘴巴。十六日的廷爭堅定了慈禧除掉肅順集團的決

心，並加緊部署政變，儘管表面上依然對八大臣優待有加。十月七日，慈禧諭令端華改任工部尚書、步軍統領。載垣、端華、肅順等三人以事務繁忙管不過來為由，懇請改派。這是一招奇臭無比的爛棋。步軍統領掌管整個北京城的衛戍部隊。肅順集團願意讓出這個職位，可能是覺得北京的軍權實際意義不大。端華堅持擔任行在（皇帝暫住地）的統領，慈禧立刻免去端華步軍統領職務，將他管轄的健銳營調走，削去了肅順集團的兵權。

當時駐防熱河的主力軍團還有欽差大臣勝保部和宮內侍衛大臣榮祿部。在宮外的奕訢積極爭取和榮祿兩支軍隊力量的支持。勝保當即表示願為兩宮太后所用，並公開聲稱將「清君側」。慈禧聞言大喜，賜了「精忠報國」的錦囊給他。十月十七日，勝保率領衛隊前往熱河拜見太后。（慈禧掌權後，勝保居功自傲，成為被慈禧懲治的第一位功臣。）榮祿的城府要深得多，他不露聲色，但主動承擔了慈禧太后的警衛工作。烏雲密集。

當時就有人斷言：「此事不久大變，八人斷難免禍，其在回城乎？」

緊接著，兩宮太后對付肅順集團的主要辦法，是催促咸豐靈駕盡快返京。在北京，奕訢已爭取到朝中大學士賈楨、周祖培、戶部尚書沈兆霖、刑部尚書趙光的支持。肅順集團則計劃著回到北京，光明正大地掌握實權，再慢慢對付兩大反對勢力，也同意回鑾北京。後來，朝廷宣布咸豐靈駕九月二十三日起駕，二十九日到北京。

按清代喪儀規制，在皇帝梓宮抵京前，皇帝的妃嬪均需跪迎。因此熱河的兩位太后必須先行到京。因此二十六日當天兩宮太后偕幼帝載淳啟程回京，肅順護送咸豐帝靈柩後行。在這裡，慈禧又耍了個花招，故意讓除肅順以外的七大臣陪同幼帝先行回京，將肅順與團夥分開。原本新即位皇帝是要護送先帝靈駕的。太后說新帝太小，離不開母親，建議

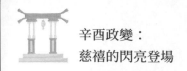

辛酉政變：
慈禧的閃亮登場

只象徵性陪護靈駕一天，之後趕上前隊回北京，在京恭迎靈駕。肅順聽著有理，同意了這樣的安排。

皇帝靈柩既大且重，需要一百二十人以肩抬靈，肅順則護駕於靈柩旁，一個人慢慢而行。誰知當時大雨滂沱，道路泥濘，晚出發的咸豐帝靈柩比幼帝和慈禧太后晚到京四天。

當時先行到京的慈禧等人已經召鴻臚寺少卿曹毓英密擬查辦肅順的聖旨了。現在，皇帝、玉璽、「御賞」和「同道堂」兩章都掌握在北京。北京又在奕訢集團的重重保護下，勝負立分。十一月二日，太后下詔，曆數載垣、端華、肅順等罪狀，並令載垣、端華、肅順解任聽勘，景壽、穆蔭、匡源、杜翰、焦祐瀛退出軍機處。載垣、端華等七人大呼這是偽詔，但是一切手續齊全，慈禧和奕訢集團硬是廢了八大臣。不到二十四小時，宮中又下詔將肅順等三人革職拿問。第二天，朝廷任命奕訢為議政王，掌管軍機處，桂良、沈兆霖、文祥、寶鋆入軍機處。新的領導層轉換完成。

當時肅順還在密雲途中。奕譞兼管善捕營，連夜前去捉拿。史載「逮者至，門已閉，乃毀外戶而入……又毀其寢門……遂械至京，亦系宗人府。」奕譞踹開門，肅順在睡夢中被抓，押往天牢。

十一月七日，朝廷下詔廢祺祥年號，以明年為同治元年。八日，再下詔命載垣、端華自盡，斬肅順於市；景壽、匡源、杜翰、焦祐瀛皆革職，穆蔭革職後發往軍臺。傳說肅順臨刑時破口大罵，稱那拉氏「廢棄遺命，紊亂家法，妄干政事」。肅順集團的黨羽，如之前出現過的吏部尚書陳孚恩，侍郎劉棍、黃宗漢、成琦、德克津泰、富績等也即行革職或遣戍。

這場稱為「辛酉政變」的政變從策劃到成功只用了一個月時間。八位顧命贊襄政務王大臣三死五廢，陳孚恩等六名官員和五名太監被查辦。

　　慈禧等人成功發動政變的原因很多。肅順等人是第二次鴉片戰爭的主決策者，正是他們的愚昧無知、舉止失措造成了中國的慘敗和圓明園之毀。咸豐死後，肅順集團試圖大權獨攬，這更增加了人們對他們的不滿。兩宮太后雖然也是為權力而爭，但她們是皇室成員，占據著輿論優勢。相當一部分人將肅順集團視為弄權禍國的奸臣，支持了慈禧集團的政變，帝師賈楨就是個明證。賈楨是山東人，進士出身，在英法聯軍逼近北京的時候他拒絕隨朝廷逃往承德。史載英法聯軍侵入北京後，賈楨每日在天安門正襟危坐，阻攔侵略軍進入皇宮，一時被傳為文人骨氣典範。像他這樣的社會名流站在了八大臣的對立面，無疑助長了其他兩個集團的力量。

　　在技術層面上，慈禧和奕訢集團牢固掌握皇權，是政變迅速成功的保障。同治雖然才六歲，但卻是最高權力的象徵。太后、親王提前聚集北京，掌控了皇帝和璽章。他們背靠皇權的象徵，才能從容布置。軍隊支持（勝保等人）和外國列強的配合是政變成功的另兩大原因。列強在國內各政治勢力中認定奕訢是思想開放、可以合作的政治夥伴。英國駐華公使卜魯斯就說：「為了順從恭親王的意思，並證明我們是準備幫他把皇帝從那群險惡黨徒手裡解救出來的，我和我的同僚們曾注意防止外國人冒犯皇帝一行入京時的行列。」列強在政變中採取了支持奕訢的態度。

　　宮廷鬥爭是破釜沉舟的流血。如果肅順集團安穩地處理好喪事，必然要反過來對付慈禧和奕訢集團。懦弱的慈安太后在政變中採取了積極配合的態度，其實也是自保的表現。十一日，同治帝載淳正式即位。從此，兩百多年的政制發生了一個重大變化，太后開始垂簾聽政。這一體制後來演變成慈禧專權。

　　慈禧實際掌握朝政長達四十七年，影響了清朝的歷史，影響了中國近代的歷史，也影響了整個中華民族的歷史。

宮門之內：
魅力與明槍暗箭

　　隔著千年的故紙堆，後人常常好奇地伸頭去窺探中國宮門的深處。

　　為什麼中國的宮廷盛行政變呢？是因為那深邃的宮門之內隱藏著無窮的魅力，將一代天驕、文臣武將和志士仁人都磁吸進去了嗎？還是因為中國古代政治存在著導向政變的制度缺陷呢？

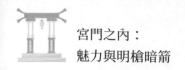

宮門之內：
魅力與明槍暗箭

宮門的魅力

宮門的魅力從何而來？來自於皇帝。

宮門的魅力其實就是皇權的魅力。在中國歷史上，中國皇帝的權力越來越強，專制的內容越來越龐雜。歐洲歷史和中國不同，歐洲的市民、農夫與貴族統治者不斷地展開鬥爭，盡力削弱統治階層的專制權力，維護自己的利益。中國歷史卻走上一條與此不同的道路：帝王都順利地奪取並強化了自己的專制權力。

《史記》在開篇的〈五帝本紀〉中說：「軒轅之時，神農氏世衰。諸侯相侵伐，暴虐百姓，而神農氏弗能徵。於是軒轅乃習用干戈，以徵不享，諸侯咸來賓從。」到啟建立夏朝後，「有扈氏不服，啟伐之，大戰於甘……遂滅有扈氏。天下咸朝。」可見從遠古開始，中國的政治權力主要是自上而下地貫徹，而不是單純藉由權力妥協和交易，來營建政治平衡的格局。與西方歷史最有可比性的時期可能是周朝時期。周天子與諸侯之間存在一系列權力和義務的對應關係。諸侯和天子的關係是一種鬆散的政治軍事聯盟關係，列國可以自任官吏，自鑄錢幣。這與西方的封建歷史類似，是王權衰落的政治。「春秋之中，弒君三十六，亡國五十二，諸侯奔走不得保其社稷者不可勝數。」權力分割制衡只是歷史的曇花一現。周朝中後期後，天下的政治力量依然是朝著集權專制的方向發展的。各個諸侯並沒打算保持權力制衡的關係，而是力求恢復夏、商時期的大權力格局。

　　封建周朝的亂局根源是地方力量的割裂。諸侯、卿大夫們領取的不是厚實的俸祿，而是實實在在的土地。這就好像在一家公司裡，員工們領取的不是薪資，而是股份一樣，這樣不造成公司權力的分散才怪。周朝這麼做的結果就是地方權力強大，諸侯爭霸。到了後期，大的諸侯吸取教訓，發動戰爭去奪取土地，朝著大一統的局面發展。孔子一度擔任魯國大司寇並攝相事，官職相當高，但他卻只能拿俸祿而沒有封邑，也沒有食田了。孔子下野後就當不了大地主、大豪強，而是去各國遊蕩，宣傳自己的政治思想和主張。跑到衛國時，衛靈公問孔子在魯國的俸祿多少，孔子說：「奉粟六萬（年薪六萬）。」衛國也給了孔子這樣的薪水，想挽留他。在孔子時期，周朝前期的地方割據力量已經不可能再產生了。

　　秦國的嬴政是第一個集天下權力於一身的皇帝。西元前二二一年，嬴政統一天下，奄有四海。他自以為德兼三皇，功蓋五帝，於是創立了「皇帝」名號，史稱秦始皇。東漢蔡邕解釋道：「皇帝，至尊之稱。皇者，煌也。盛德煌煌，無所不照。帝者，前也。能行天道，事無審諦。」從此之後，中國的皇帝就再也沒有從權力的巔峰跌落下來。

　　因為皇帝們都不是傻子。他們有充分的時間將各式各樣的權力聚攏於一身。

　　西元前一一三年，漢武帝下令各地必須將鑄造的錢幣集中到京師銷毀。盜鑄者「罪皆死」。之前，諸侯各國，甚至鉅富之家都有權鑄造自己的錢幣。市場上的錢幣五花八門，百姓不是看錢是誰造的，誰發的，而是看自己更喜歡誰，或者單純就選造得好看的。皇帝當然不喜歡印有自己頭像的錢幣輸給地方豪強的錢幣了。它關係到王朝的威望和利益。現在，皇帝把錢幣的鑄造權完全收歸自己，其他人誰造了就砍誰的頭。

　　隋朝時，政府嚴禁各級官府「自聘署吏」，將任免各級官員和僚佐

的權力都從地方收歸中央。用誰，不用誰，這是核心的權力。之前，皇帝只掌握了少數官員的任免權，人事權是不完整的。有的時候，皇帝會問，這個人是誰，我怎麼沒見過呢？一問，是某某高官拍板的「聘用人員」。現在成立了吏部，大小官員都要透過它了。皇帝終於不用擔心不認識下屬了。

宋代規定「文人知州」，之後讀書人擔任地方官成為中國的政治傳統。而之前主政地方的多數是武將。這些人富有軍事經驗，常常帶上人馬就殺向京城去了，導致皇帝對武將極端不信任。而用弱不禁風的讀書人主政地方，皇帝覺得心安多了。為了削弱地方，宋朝的皇帝還人為製造地方權力格局的複雜性，寧可冗官冗兵也要防止地方官員獨攬大權。

宋太祖在西元九六二年還下令此後各州的死刑案件，都要報告朝廷，由刑部複查。對老百姓來說，合法殺人的權力是最大、最可怕的權力。之前，縣太爺每天都可能判決人死刑。治下的百姓就怕他，甚至比害怕皇帝更害怕。現在，只有皇帝才能合法殺人了。他對普通人來說再也不是處於遠在天邊的神靈了。

西漢時，皇帝就在京師建立期門軍、羽林軍等軍事力量，建立絕對優勢的中央常備軍，集中軍權。皇帝也怕別人危害自己，權力越大越不安全，再多權力所編織的軍事網絡都不能給他安全感，所以他需要精銳的直屬常備軍來保護自己。之後禁軍規模越來越大。宋朝時，中央禁軍的數量和裝備都大大超過地方軍隊；清朝時，皇帝直接控制八旗軍隊作為直屬部隊，僅在北京周邊就駐紮了近二十萬「皇家衛隊」。

那有沒有什麼領域是皇帝管不著的呢？有人可能說：思想，皇帝總管不著吧。

錯了，思想皇帝也要管。秦始皇時的「焚書坑儒」就連人們隱祕的

思想都要管。如果不控制人們的思想，表面上恭恭敬敬的臣子就極可能是最隱蔽的敵人。不允許下面的人想多了，就不能讓他們多想，於是皇帝乾脆就不讓你想了。秦始皇禁了所有自己看得不爽的思想和理論，人則是一律都埋了。於是，君君臣臣、父父子子的思想就成為了官方統一的思想。

南宋朱熹曾經評價皇帝攬權說：「兵也收了，財也收了，賞罰刑政一切收了。」你再感嘆、再議論都沒用。皇帝要的就是「一兵之籍，一財之源，一地之主，皆人主自為之」的結果。

你說，擁有這樣大權力的皇帝身上能不散發出異樣的魅力嗎？

人們對乾綱獨斷的皇帝有什麼感想呢？最有代表性的反應來自於離皇帝最近的大臣們。

首先，大臣們在皇帝面前是畢恭畢敬，戰戰兢兢的。明代的葉伯居說：「今公卿大臣數十萬之眾，戰必勝，攻必取者，朝廷遣一介之使召之，則拱手聽命，無敢後時，況敢有抗衡者乎！」不管是碩學鴻儒，還是在千軍萬馬中來往自如的大將，在皇帝面前都召之即來，揮之即去，不敢有半點怨言。因為皇帝掌握著所有大臣的生殺予奪。秦始皇建立皇帝制度後，當時就設定了規範的、相互制約的大臣機構。到洪武十五年，朱元璋設定華蓋殿、武英殿、文淵閣、東閣大學士，隨侍左右，以備顧問。因為這些人常常在皇宮殿堂出現，所以被稱為「內閣」。其中，大臣們的人數、稱號、構成變化很大，萬變不離其宗的是皇帝始終掌握著大臣們的命運，歷次改革機構的目的都是為了增強皇權，削弱大臣們的權力。到清朝雍正年間，大臣在皇帝面前完全失去了獨立性。雍正以軍事需要為名，設立了軍機處。軍機大臣每天寅時入值房，辰時被召入內廷商議國事。當時天還剛剛露出魚肚白。擔任軍機大臣的人們幾乎都

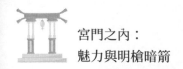
年過半百，體力和精力都不適應在凌晨時來回奔波。好不容易皇帝召見了，軍機大臣們都要跪坐在「軍機墊子」上聽旨，當面擬寫詔旨或退出後交給軍機章京擬寫諭令，經皇帝覆審後即下發執行。說得難聽一點，這些被天下讀書人羨慕的軍機大臣們幾乎就是一臺臺記錄儀器，沒有絲毫獨立性可言。

其次，大臣們的生命還時刻受到威脅。明朝官吏將當官上朝比喻成「如作虎穴遊」。武則天當權的時期，每天公卿上朝，「必與其家決日：不知重想見不？」而將上朝視為生離死別的情況在皇權高漲的朱元璋時期達到了巔峰。當時的大臣們上朝必要與妻子相訣別，晚上如果能平安返回家裡則全家稱賀。這官當的可真是不容易。你不想當又不行，害怕皇帝懷疑你有二心，懷疑你不願意效勞朝廷。那時候，你不僅連官都當不了了，恐怕小命都要歸天了。因此，許多大臣退休致仕後，大多心有餘悸，感嘆虎口餘生。宋、明、清時期，江南的退休官員總喜歡營建園林別墅，避居不出。我們後人現在徜徉在這些優美的園林中，很難相信它們其實是幾百年前退休官員們喘息苟且、慶幸餘生的小樓、小窩。

有一個流傳很廣的故事，是清朝趙翼寫的。說某年的元旦，鼎甲出身的大臣王雲錦在家與朋友一起玩葉子戲──類似於現代橋牌的一種遊戲。玩到興頭上的時候，大家忽然發現一張葉子不見了。第二日上朝，雍正問王雲錦元旦幹什麼去了。王雲錦據實回答。雍正誇獎他誠實篤信，不愧是狀元郎。隨即從袖中拿出那張失蹤了的葉子還給他。這個故事的內容還曾經被移植到明朝時期，說明皇帝對大臣們的監視和操縱到了何等的程度。

嘉慶皇帝總是炫耀地說：「我朝列聖相承，乾綱獨攬……從不令臣下阻擾國是，用人行政，令出唯行，大權無從旁落。」意思就是說，皇上

我讓你們大臣幫忙著做事，你們做就是了，不該問的別問，不該看的別看，不該想的別想。我就是讓你知道，大權在我手中。

大權在握的皇帝們覺得權威還不夠，因此又在全國施行了自我神化，往自己臉上貼金。

西漢有個生活得不太如意的讀書人董仲舒提出了皇上就是天子，是天下父母的觀點，鼓吹要統一王權。他的這種觀點令漢武帝拍案叫絕。董仲舒以後的儒學之所以能有獨尊的地位，受到歷代皇帝的倡導，是與其學說神化君主的內容密不可分的。揉合了王權思想的儒家理論開始成為幾千年來的中國傳統社會正統思想。你要當官入仕，必須熟讀其中的基本規則；想要打官司、交際，就必須嚴格遵守儒家思想的條條框框。

但是儒家思想比較虛，與百姓的話語和現實生活存在差距。於是，皇帝們創造性地挖掘出了種種現實象徵來證明自己君權神授，神聖不可侵犯。根據儒家天人感應的學說，祥瑞總是與太平盛世有所關聯。無論天下是否真的太平，國家是否強盛，人們總是對祥瑞津津樂道，用充滿神祕色彩的天地異象來解釋國家的政治。皇帝在自我貼金的時候就牢固掌握住了祥瑞的重要意義。祥瑞又稱「符瑞」，如出現彩雲，風調雨順，禾生雙穗，地出甘泉，奇禽異獸出現等等。儒家認為這是表達天意的、昭示現實的自然現象；朝廷非常重視收集研究祥瑞，因此正史中多有專設的《符瑞志》記載前代或歷代出現的祥瑞。

每一個權臣篡位前，都會組織一批祥瑞在全國各地出現，暗示自己的政績和即將到來的改朝換代。例如「王莽謙恭未篡時。」王莽主政後，全國各地上書替王莽請功請賞的人絡繹不絕。到西元五年，全國上書為他請賞的人高達四十萬人之多，這個數字大概相當於當時會讀書寫字的人口的一半以上。還有人專門收集各式各樣歌頌王莽的文字，一共有三

萬多字。王莽的威望越來越高。於是公卿大夫、博士、議郎、列侯等九百〇二人聯名上書朝廷，為王莽請九錫。

大昏君、大暴君隋煬帝最喜歡用祥瑞來粉飾太平，曾經有麻雀飛集殿上。這些麻雀大概就是想休息而已。會拍馬屁的禁軍某校尉稱這是天降鸞鳥。但有衛士當場說：「村野之中，大有此物。」（這就是麻雀，田野鄉間到處都有。）校尉下令鞭打這個衛士，仍向隋煬帝匯報說是鸞。隋煬帝也不究真偽，認定這是祥瑞，改殿名為「儀鸞」。除了祥瑞，還有諸如童謠、傳言之類輿論製造工具。比如《南史》的蕭道成本紀中不僅記載了蕭家祖墳冒青煙、讖言童謠、龍影朦朧等吉兆，還說蕭道成在夢中遇到神人，神人告訴他「子孫當昌盛」。承天受命。唐高祖李淵建立唐朝之初，編造了種種祥瑞。比如武德初年，太行山大聲說：「唐國興，理萬年。」連山脈都開口說話了，真是千古未有的盛事。現在看來，這些所謂的祥瑞、傳聞和吉兆其實都是虛假的。可凡揭穿這些把戲的人都會大禍臨頭。鞭打、貶官、下獄，甚至是丟了腦袋。結果就是所有人都對祥瑞充滿期待，不知不覺地相信它們都是真的。

自我欺騙久了，全天下都相信皇帝是天降神人，奄有四海，大權獨攬，也是應該的。

後來皇帝的野心越來越大，還要為自己的身材、家世等全方位地貼金。

隋朝的李德林在《天命論》中說楊堅「帝體貌多奇，其面有日月河海，赤龍自通，天角洪大，雙上權骨，彎回抱目，口如四字，聲若釗鼓，手內有王文，乃受九錫。昊天成命，於是乎在。顧盼閒雅，望之如神，氣調精靈，括囊宇宙，威範也可敬，慈愛也可親，早任公卿，聲望自重。」大意是說楊堅長得很大氣，威武雄壯。李德林還將楊堅的身上

特徵都和天命、日月等敏感事物連繫在一起，極力論證楊堅的形象就注定了他必將成為皇帝。現代研究推論，楊堅因為是漢族和少數民族的混血兒，所以身材長得比較高大，面龐與漢族人有點不同而已。

我們再來看看乞丐出身的朱元璋的官方傳記是怎麼寫他的出身的：「太祖開天行道肇紀立極大聖至神仁文義武俊德成功高皇帝，諱元璋，字國瑞，姓朱氏。先世家沛，徙句容，再徙泗州。父世珍，始徙濠州之鍾離。生四子，太祖其季也。母陳氏，方娠，夢神授藥一九，置掌中有光，吞之，寤，口餘香氣。及產，紅光滿室。自是夜數有光起，鄰里望見，驚以為火，輒奔救，至則無有。」《明史》於本紀第一的這段紀錄帶有典型的粉飾色彩。為了增加合法性，渲染「君權神授」氣氛，作者張廷玉等人不僅沒有說明朱元璋農民的出身，更是增加了朱元璋母親陳氏「夢神授藥」以及朱元璋一出生就「紅光滿室」驚動鄉里的情節。

可事實是，中國古代皇帝中沒有比朱元璋出身更加低微、身世更加悽慘的人了。朱家祖籍江蘇沛縣，朱元璋的父親、明朝建立後被追贈為淳皇帝的朱五回（明朝成立後，官方稱他為「朱世珍」）在老家破產無法立足，一輩子靠租種別人田地當佃農，東遷西移，居無定所。六十歲的時候，他在濠州鍾離縣太平鄉孤莊村（今安徽嘉山明祖陵縣治明光鎮北趙府村）定居下來。朱元璋於元文宗天歷元年（西元一三二八年）九月十八日，出生於村外一座破舊的二郎廟中。相傳當時朱母正在田地中勞動，突然分娩，就地生產。朱元璋是家裡的第六個孩子，上面有三個哥哥和兩個姐姐，取名重八，字國瑞。朱元璋就是純粹的赤貧農家子弟。全家靠勞動力換取生活所需，吃不了任何好一點的食物，甚至還常常沒飯可吃，哪裡有絲毫王者氣象可言。

攀祖宗，拉血緣，不是朱元璋的獨創。我們再來看看道教始祖、太

上老君 —— 老子死後的經歷。老子姓李，名耳，因而被說成是唐朝皇族的祖先、被尊為玄元皇帝。到宋代，趙家也把老子尊為本族始祖，稱之為「天尊大帝」，特為之廣建宮觀，當作「聖祖」來供奉。道教能夠在中國延續幾千年，和儒家和佛學並列，老子的姓氏功不可沒。

除了現實帝王外，歷代王朝還對整個皇室家族尊崇有加，用死人來抬升活人的地位和威望。結果造成伴君如伴虎，陪伴君主的亡靈，同樣是令人膽顫心驚的事情。皇帝抓住中國人敬死、重墓的心理，大修祖先陵墓，使得中國皇帝的陵寢是全世界最雄偉壯觀的。皇帝們死後，依然有全套的供奉、守衛和儀器。漢武帝死後，他的陵墓 —— 茂陵光，負責守衛的羽林軍就有五千人，還不包括與生前規制一樣數量的太監、宮女和專職守靈官員。此外，朝廷還遷移百姓居住在茂陵周圍，劃定新的以守陵為目的的新縣。有個守衛漢武帝茂陵的士兵，只因為在陵上的一塊方石上磨了刀劍，就被定為大不敬而論斬。現在想想，這個倒楣蛋何嘗不能因為愛護公物（主動磨刀劍）而受到表彰？漢武帝後元二年，太常官員魏不害因為「孝文廟風發瓦」而被撤職。魏不害的死真的是比竇娥還要冤，漢武帝的爺爺漢文帝的廟上有瓦片被大風給吹了下來，主要責任在大風，而不在人。如果一定要追究人的責任，那也應該追究建築商的責任，和管理王家祭祀的太常官魏不害有什麼關係呢？

怪只怪皇帝的權力太大，大到了涵蓋一切，管天管地的程度。

皇帝也是人，也需要一個住所。皇宮就是皇帝的居所，是皇權在現實中的棲息地。很自然地，皇權的魅力也瀰漫到了皇宮之中。皇宮這座帝王為首的權力核心，伴隨著城牆的不斷加厚、制度的不斷嚴密而日益神祕。除了在京師有規模宏偉、金碧輝煌的皇宮外，天下到處都有供皇帝臨時駐蹕的住所，稱為行在。行在的規制裝潢都向皇宮靠攏，並有著

赤紅的高牆和深入人心的權力光芒。中國古代幾乎所有的最高層政變都
發生在皇宮和行在的宮門內外，而且都是針對皇權而發起的。

人們見到皇帝就會不由自主地顫抖、下跪。顫抖和下跪的場所，多
數就在皇宮之中。南朝的侯景是個反覆無常、縱橫南北的梟雄。當年他
攻克南京，看到自己的俘虜 —— 菩薩皇帝蕭衍時，依然渾身不自在，出
皇宮後發誓再也不見皇帝了。歷代的許多賢臣大將，指點江山、談笑風
生，但一見皇宮，都不免汗流不止，膽顫心驚。這是流淌在他們血液之
中的對皇權的敬畏和千百年來形成的奴性在發揮作用。

這就是宮門的魅力所在。進出宮門，就是觸碰到皇權。

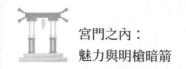
受威脅的權柄

上天是公平的。它在給予皇帝無窮大的權力的同時，也為皇帝創造了牽制力量。皇帝的巨大權力也是受到威脅的。這是中國宮門多政變的更深層次的原因。神祕的後宮，既不是皇帝的溫柔之鄉，也不是私家花園，而是權力場。皇帝只是權力場的主角，並非唯一的角色。

皇帝最親近的女人就是制約皇帝的第一個牽制力量。皇后、後妃就是與皇帝最接近的人，她們最容易打著皇帝的旗號干預朝政。人無十年好，花無百日紅。即使後宮的女人沒有權力野心，但為了自身的長遠生活、為了後宮競爭，她們也往往主動或被動地捲入宮廷政治之中。這是身不由己的。

宮外的政治力量為了權力，除了接近皇帝，取悅皇帝，更不放過經營後宮的女人們。家族如果出了妃子，或者皇后，就有了通向皇帝的權杖的捷徑。走上了這條捷徑，可以讓人少走幾十年的路，少奮鬥幾十年。漢朝時，凡外戚都封侯。正常的大臣即使功勳卓著也封不了侯。李廣不就是戎馬一生，也沒能封侯嗎？之後外戚依然有崇高的地位和優厚待遇，可以進出皇宮，優先選入皇家衛隊。我們在之前的宮門之變故事中，就發現了許多外戚的影子。

所以，選擇皇后、妃子不僅關係到一個家族的利益，還可能影響著統治階層內部某一集團的利益。皇帝在選擇皇后的人選，或者廢立皇后

時，就不一定能隨心所欲，可能面臨許多麻煩。權傾天下的豪門大族要干預；維護封建綱常倫理的王族要干預；堅持祖宗之法的朝廷大臣要干預。如果人選不能保持既得利益者的權益，或者打破舊有的權力格局平衡，必然引起各個集團的反彈，引起激烈交鋒。重重障礙極大地限制了皇帝任心而行的權力。因此，皇后一般出身禮教名家，而不是皇帝心愛的女人。

漢宣帝劉病已在即位之初曾下了一道奇怪的詔書，說自己在貧賤的時候曾經有一把心愛的寶劍。雖然自己現在貴為天子，佩上了華貴的新劍，但心中一直思念舊劍。可惜的是自己找不到原來的寶劍了，所以請各位大臣們幫忙尋找舊寶劍。

這件事情的背景其實是這樣的：劉病已是廢太子的孫子，完全是依靠重臣霍光的力量登基的。霍光為了鞏固權勢就把自己的女兒霍成君嫁給他當了妃子，而且還要劉病已冊立霍成君為皇后。但劉病已很早就和許平君結婚了。他深愛著這位來自普通家庭的妻子，非常珍惜這段貧寒時期的愛情。如果要立皇后，他也想立許平君為皇后。一方面是真愛和髮妻，另一方面是政治和權臣，劉病已即位之初不能得罪霍光，但他也不想違背自己的心願，就想出了這道奇怪的詔書。在立后的敏感時期，劉病已的這道詔書準確地傳達了自己的心意。寶劍沒有找到。但是大臣們紛紛上書，說許平君賢良淑惠，是皇后的最佳人選。霍光見事已至此，不便阻攔。劉病已於是以眾人之口堵權臣之嘴，名正言順地立許平君為皇后。可憐的許平君即使貴為皇后，但沒有根基，最後竟然被霍光的老婆下毒而死。劉病已、許平君和霍成君之間的感情糾葛日後成為了越劇《漢宮怨》的主題。

漢宣帝劉病已還算是比較幸運的，他畢竟能夠冊立心愛的女人為皇后。

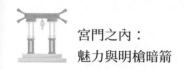

宮門之內：
魅力與明槍暗箭

　　後宮的女人是和外戚力量緊密結合在一起的。如果讓他們坐大，皇權將受到嚴重威脅。歷代皇帝都盡力避免這樣的局面。

　　西元前一世紀，對宮廷鬥爭已經心灰意冷的漢武帝在安排身後之事的時候殘酷地將自己心愛的女人 —— 鉤弋夫人殺掉。因為漢武帝要冊立她的兒子劉弗陵當太子，他殺死鉤弋夫人是為了預防她將來以皇太后的身分，干預朝政。後來鮮卑民族拓跋部落建立北魏帝國後，逐漸漢化學習了漢族的政治制度，非常欣賞漢武帝預防太后和外戚專權的殘酷做法，並且明定為宮廷制度。因此北魏的妃子們終身生活在衝突之中。她們既希望生育兒子，因為那是她們將來地位的基礎；同時她們又擔心生出的孩子日後被選立為太子。那樣年輕母親就要被迫服毒，也就永遠享受不到榮華富貴了。

　　西元六世紀初，執掌北魏帝國大權的第八任皇帝元恪計劃立兒子元詡為太子。按律，元詡的母親胡貴嬪要被處死。但元恪非常喜愛胡貴嬪，赦免了她。西元五一五年元恪逝世，年僅六歲的元詡即位，胡貴嬪以皇太后身分輔助兒子執政。北魏帝國先輩擔心的太后掌權的局面不幸出現了：胡太后年輕貌美，隨性而動，貪圖享受，私生活混亂，從而引起了整個帝國的動盪。西元五二〇年左右，北朝各地騷亂暴動不斷，北魏帝國開始流血。胡太后的倒行逆施遭到了朝野部分大臣的反對，並引發了兩次政變。西元五二八年，元詡的妃子生下一個女兒。胡太后竟然宣稱生了一位王子，還大赦天下。缺乏經驗的元詡忍無可忍，竟然選擇引進外藩將領來清除母親的勢力。北魏終於走向了分裂。元恪的婦人之仁最終將帝國推向了墳墓。由此可見，古代歷史上一些看似殘酷無理的制度是有其合理性在裡面的。以宮廷婦人的死來防止皇權的旁落和國家的動盪，是以小代價防範未來的有效選擇。

　　漢朝的後宮干政和外戚專權可能最為嚴重。開國不久就爆發了呂后專權。漢惠帝死後發喪，呂后沒有流一滴眼淚。留侯張良的兒子張闢強當時是侍中，跑過去跟丞相陳平說：「太后只有皇上一個兒子。她在兒子的葬禮上沒有悲傷的表示，您知道這意味著什麼嗎？」陳平問：「怎麼了？」張闢強說：「皇上沒有子嗣，太后是在擔心丞相你們威脅她的權力啊。你應該上奏請求拜呂臺、呂產（呂后的姪子）為將，率領京城南北營的精銳部隊。如果諸呂掌握軍權，居中用事，太后就會心安，我們大家也能脫禍了！」陳平依照張闢強的建議上奏，呂太后這才哭出聲來，悲傷兒子的死。可見在當時，後宮和朝臣的關係僵化到了何等程度。

　　東漢中期後，皇權衰落，即位的不是襁褓中的嬰兒就是未成年的小孩子。後宮人物紛紛登上櫃檯，掌握權力。這些女眷們既缺乏政治經驗，也沒有政治班底，只能依賴娘家人。於是外戚們粉墨登場。這一時期是後宮和外戚專權最為嚴重的時期。最跋扈、最荒唐的外戚幾乎都出現在這個時期。漢朝政治昏暗，造成民不聊生，生靈塗炭。西元一八四年，中國爆發了第一次有組織的大規模農民起義──黃巾起義。西元一九〇年，東漢用血腥清洗的方式，剷除了外戚等惡性腫瘤。遺憾的是漢王朝也進入了風燭殘年。

　　必須承認，歷代王朝限制後宮和外戚的制度和措施不少，但並沒有斷絕歷史上的類似惡性事件。

　　牽制皇權的第二股力量是一群特殊的人掌握的力量。他們就是身為後宮奴僕的宦官。

　　宦官的使用在各國都有。中國將宦官用到了極致，也導致了歷史上最嚴重的宦官問題。古代皇帝使用宦官的最初原因是為了保證王室血統的純潔。要知道，如果皇帝被人戴了綠帽子，那可是天大的醜聞。看著

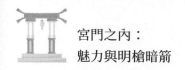
宦官在後宮忙碌，皇帝們可以鬆一口氣了。慢慢地，皇帝賦予宦官們一定的政治權力。宦官近在皇帝左右，浸染政治大缸，自然沾染上了政治的光芒。皇帝們一開始也放心將相當的權力賦予宦官們。因為宦官多出身寒門，地位低下。君主們視之為家奴，呼之即來，揮之即去，沒有根基與後嗣，不易與大臣及地方官結成私黨，便於駕馭。

歷史上絕大多數宦官的確出身很苦。清朝百分之八九十的太監都來自於京南二三百里地的圈子裡。大太監李蓮英、安德海、崔玉貴都是京津南邊的河間人。因為河間府緊靠子牙河邊上，是一個十年九澇的低窪地帶，夏天雨水一多，莊稼就顆粒無收。一淹水，老百姓只得四處逃荒，送孩子入宮當太監也就成了一條求生的途徑。太監在後宮的生活也很苦，過不上正常人的生活，吃苦吃虧，終年辛勞。上升為大太監的人極少，多數太監卑微得終日低頭做事，壽命很短。太監們的人性也因為備受摧殘而發生扭曲，比如清朝的太監們都很迷信，尤其反感其他人盯著太監的後脖頸不放。歷史上很多宦官不是被杖責致死，籍沒抄家，就是身首異處。他們最害怕自己的腦袋突然掉了。如此心理不正常的人一旦掌握了權力，對政治的破壞力可能比後妃和外戚更嚴重。

宦官上升為政治上翻手為雲，覆手為雨的顯赫集團，非一朝一夕之力。其對權力的掌握，有一個從無到有，從小到大的歷史過程。從漢朝的內朝對立於外朝，到唐朝的插手兵權，到明朝的干涉政治，太監的身影從來沒有從中國政治史上消失過。趙高、高力士、劉瑾、魏忠賢……每個人都能舉出一長串歷史上的太監名字。宦官本應該是皇帝意志的延伸，發揮捍衛皇權的作用。當宦官勢力強盛時，卻反過來成為皇權的破壞力量。

唐朝的大太監仇士良，一生弄權干政，在宮中侍奉六主，擁立二

帝，掌握禁軍，專權二十多年，大肆殺戮朝臣。他不僅凌駕於朝臣之上，還當著朝臣的面數落唐文宗的過錯，威脅要廢黜皇帝。西元八四三年，仇士良請求告老還鄉。宮中大小太監一起來送老前輩回家。仇士良當時對黨羽們傳授駕馭皇帝的經驗：「不要讓天子閒著，應該常常以奢靡淫逸來掩住他的耳目，使他沉溺於宴樂中，沒工夫管別的事情。如此我們太監才能得志。千萬不要讓皇帝讀書，不要讓他接近讀書人，否則，他就會知道前朝的興亡，內心有所憂懼，便要疏斥我們了。」這樣的話出自皇帝的奴僕之嘴，真讓人懷疑到底誰是主人，誰是奴僕？

宦官專權是歷代皇帝的心病。但哪一朝的皇帝都不曾宣布廢棄太監。皇權最為強大的唐朝、明朝和清朝，恰恰是宦官權力登峰造極的時期。朱元璋說：「開國承家，小人勿用」，並設計了嚴格的限制後宮和太監的制度。但恰恰就是在明朝，宦官掌握了東廠、西廠，指揮錦衣衛，還四出監軍，管理國有經濟，儼然是比正常的王朝政府更為強大的政治力量。即使是權相嚴嵩也對太監忌憚不已，張居正要推行改革，也離不開大太監馮保的支持。

後妃和太監可算是臥在皇權身邊的兩大定時炸彈。一旦條件合適，它們就會爆炸。

牽制皇權的第三股力量就是讀書人出身的大臣們。

皇帝不可能一個人獨治天下，他必須分官設職，藉助於一個龐大的官僚體系贊襄朝政。秦始皇那種「事無大小皆決於上」的絕對君權模式在實際政治中是很難行得通的。就算皇帝一天工作二十四小時，也不能獨立處理掉成一大堆持續送過來的奏章和資料。皇帝的職責在俯瞰全域性，總攬威柄，只要大權在握，就可以「垂衣裳而天下治」。皇帝必須與大臣相互配合，依靠大臣，用好大臣。

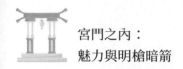

宮門之內：
魅力與明槍暗箭

　　宋代的文彥博就公開宣布：皇帝必須「與士大夫治天下，非與百姓治天下也。」宋朝皇帝代代優待讀書人，開國就規定不能殺任何一個讀書人。因此，有宋一代，即使讀書人再不討皇帝喜歡，犯了再大的工作失誤，也不會掉腦袋，只是發配邊疆了事。最惹人討厭的讀書人就發配到最遠的海南天涯海角。明朝的駱問禮也說：「陛下躬攬萬機，宜酌用群言，不執己見，使可否予奪，皆合天道，則有獨斷之美，無自用之失。」大臣們承擔了大量的具體工作，任何一個皇帝都離不開大臣。最典型的就算是明朝了。明朝的皇帝，尤其是萬曆皇帝，可以幾年，十幾年，甚至幾十年都不上朝。多數大臣連皇帝的臉都沒見過。但是整個帝國還是運轉自如。為什麼？因為即便缺少了皇帝的直接工作，整個國家在龐大官僚機構有條不紊的工作下仍然不會出問題。

　　君主專制政治離不開龐大的文臣集團。文臣集團除了在具體工作中不可或缺的作用外，還可以直接限制皇帝的權力，例如「諫議制」就是針對皇帝權力的直接干涉。「諫者，所以安主也。」大臣們對包括皇帝過錯在內的所有言行都有議論和勸諫的權力。一旦皇帝的言行不符儒家道德或是與大臣們的利益相悖，大臣們多少會發動攻擊。朝廷還設立了專門的監察官、諫官來監督皇宮內外。相關官員則組成「清議」群體，臧否時政，指點江山，儼然朝野道德支柱，正義清廉的象徵，力量不容小覷。皇帝非但不能為難這些清議官員，還要虛心納諫，有則改之，無則加勉。天下無數的讀書人都以能夠成為清議官自豪。最後發展成一些官員動輒上奏，以諫搏名。不管是政治清明還是昏暗的時期，清議之風都沒有消退過。

　　原先，我們都知道皇帝的詔書、諭令等有類似於現代憲法的權威。其實皇帝詔令形成和執行並不是暢通無阻，隨心所欲的。若要起草詔

書，東漢時規定詔書必須由尚書臺起草，頒發後才算是正式諭旨。魏晉南北朝則由尚書臺變成中書省，不經中書省起草的皇帝「內降」、「手詔」往往不算正式詔書。因此，現在古裝片中出現的皇帝動輒下的命令，甚至是口諭，在帝王政治上是不具備正式效力的。唐朝時，皇帝的詔令必須要先交門下省審署，完全有可能被駁回。宋代的封駁制度更加完備。明朝初期設立了六科給事中，後演變為獨立的封駁機構，其重要權力是：「詔旨必由六科，諸司始得奉行，脫有未當，許封還執奏。」六科給事中分領域、分內容，作為皇帝詔書頒發前的最後一關。皇帝一些隨口吩咐、違反管理和禮法的命令根本不可能頒發出去。

　　皇帝的權力在朝廷大臣和制度的分割下，遠不是絕對的。這點，我們可以從明世宗朱厚熜的遭遇上清楚地看出：朱厚熜是以藩王身分而成為沒有子嗣的堂兄正德皇帝的繼承人的。他成為皇帝後，馬上提出為自己的生父上帝號。內閣首輔楊廷和為首的大臣們立即反對，當天就有六十多位大臣聯名抗議。朱厚熜依然強硬地將尊生父為興獻皇帝，生母為興獻皇后的要求鄭重其事地發下廷議，結果遭到了內閣和朝會的聯合否決。明朝的官僚體系是非常成熟的，文官集團異常強大。在健全的官僚制度作用下，文官勢力對皇帝構成了極大的束縛。這也是黃仁宇的名著《萬曆十五年》所要透露給讀者的內容之一。朝野的大臣和文人們慷慨激昂，指點朝政，贏得實質的和名聲的利益。這在明朝成了政壇和文壇的一大風景。朱厚熜就遭遇到了孫子萬曆皇帝所面臨的困境。在這件有關宗法大事的朝政被公之於眾後，立即在朝野掀起了軒然大波。大臣們引用了許多前朝的例子來勸諫朱厚熜不能破壞了宗法制度，亂了大宗小宗的區別。反對的奏章像雪片一樣飛來，壓得朱厚熜喘不過氣來。朱厚熜對自己的計畫越堅持，遭到的反對就越強烈。文人出身的朝臣們還

宮門之內：
魅力與明槍暗箭

有一個更絕的做法。首輔楊廷和、內閣主紀蔣冕見皇帝沒有聽從大臣的勸諫，便上書辭職，不等皇帝同意就「罷工」了，以至於內閣數日主持無人，朝政幾乎癱瘓。大禮儀之爭在嘉靖三年（西元一五二四年）舊曆七月達到了高潮。當天，護禮派大臣決定向朱厚熜集團進諫。包括九卿二十三人，翰林二十人，給事中二十一人，御史三十人在內共兩百〇八名大臣組成長長的隊伍，跪在左順門外，大呼弘治先帝，哭諫不可為興獻王上帝號。一干人喊聲震天，非常壯觀。我們設身處地地想想當時朱厚熜的內心感受，簡直是備受煎熬，接近心力交瘁了。而他的孫子萬曆皇帝在與朝臣們的對峙中，壓力更大，命運也更離奇。我建議感興趣的讀者可以看看《萬曆十五年》中的萬曆和群臣像。

總之，皇帝有很多東西是更改不了的，是必須遵守的。諫議制、封駁制、科舉制等都是條條牽制皇權的鐵絲。這些制度鞏固後，就帶有了慣性，沿著既定的軌道執行了千年。

不過，任何事情都不是絕對的。

君主專制制度本身帶有的自我調節功能，不會讓皇權獨大，不會讓皇帝由著自己的性情氾濫胡為。如果把中國古代的帝國政治比喻成一張網，皇權可以算是網路中的綱，最大、最硬的線條。其他的后妃、外戚、大臣、制度、文化傳統等就是其他的線條。它們雖然比不上皇權，卻能把皇權束縛得牢牢的。一旦其中任何一根線條出現斷裂、出現交叉，就會引發政治變動。宮門之變可以算是糾結在皇權主線條周圍的線條之間的變動。有人將後宮臨朝、宦官弄權和權臣專政並列為王朝顛覆的三大根源。這也是歷史上引發宮門之變的三大重要原因。

流血的父子情

絕大多數宮門政變都是衝著皇位去的，都是以權力繼承的爭奪為主要內容的。

身為自然人的皇帝，遲早要把皇位傳遞給下一代。於是乎，皇家的父子關係就沾染上了骯髒的血腥。皇子們或主動、或被動地爭奪父皇手中的最高權位。父子之爭往往成了皇權鬥爭、皇權和後宮對立、宦官干涉朝政等衝突的宣洩管道。

中國歷史所奉行的主流繼承制度是嫡長子繼承製。所謂嫡長子繼承制就是在「皇帝眾多的妻子中，按照等級制的原則，確立一個正妻，即皇后，叫做『嫡』；其餘的嬪妃統稱為『庶』。庶當然也有貴賤之別。皇位必須由嫡妻即皇后的長子繼承。至於這個嫡長子是賢與不賢，不在考慮之內。如嫡長子早死，有子即立其子，無子再由嫡次子順序繼承，只有在皇后無子的情況下，才考慮庶生的皇子們，但原則上要立貴妾之子。至於這個貴妾之子的年齡是不是在諸子中為最長，則不在考慮之內。」

理論上，繼承君位成功率的大小在一個孩子出生之時就決定了，而不看個人的能力素養和品德，也不看年齡大小。《公羊傳》概括說：「立嫡以長不以賢，立子以貴不以長。」明太祖朱元璋晚年，懿文太子朱標病死，朱允炆為皇太孫繼承皇位，而不是功勳卓著、鎮守北方的燕王朱

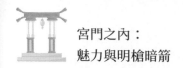
棣。晉惠帝司馬衷是個不知道米肉的白痴，晉安帝司馬德宗則分不清春夏秋冬，就是因為他們是嫡長子而繼位。這就是對嫡長子繼承制的最好註腳。即使是乾綱獨斷的皇帝想撼動這個制度，扶立心愛的兒子也不是易事。明朝萬曆年間所謂的「國本之爭」，就是因萬曆皇帝企圖廢長立幼引起，朝野內外、不同派別的大小官員和讀書人都紛紛表示反對。苦諫、跪諫、聯名勸諫，洶湧蓬勃，成了最大的朝政。失望至極的萬曆皇帝躲進深宮數十年不見朝臣，君臣隔閡日漸加深。可見嫡長子繼承制度的根深蒂固。

實現冊立的皇位繼承人被稱為「儲君」、「儲副」、「東宮」、「儲貳」，最常用的說法還是「太子」。太子被尊為宗社之本，天下根本：太子的更替被上升到「社稷系以安危」的高度。太子身上散發著特殊的魅力和誘惑力，所以歷來圍繞著太子衍生的或未遂的宮廷政變不勝列舉，由此導致的政局動盪，宮闈流血也都司空見慣。而太子引發的政變對皇帝的打擊力就更大了，因為它發生在至親的父子之間。天下最大的悲痛莫過於父子相殘了。這一切又都是權力惹的禍。因此太子的選定和培養深深地困擾著每一位最高統治者。

太子的選定有它的益處，更有它的壞處。好的一面就是嫡長子繼承制的確立和確定太子人選，可以一定程度上避免皇族內部，尤其是皇子之間因為爭奪皇位而相互傾軋。畢竟「名分」已定，他人不能存非分之想，即使不能實現最高權力的平穩交接也可以使政局在一定時期內保持相對的穩定。但是它的壞處也是顯而易見的。首先就是圍繞著太子之位的殘酷爭奪提前打響了皇位爭奪戰。

太子身為未來的皇帝，身上帶有的皇權影子深深關係各個方面的利益，遠遠超越了太子個人的利益。官僚宦官們關注太子，因為太子將是

新天子，將是他們的新主子。自己日後的困頓顯達甚至是家族的興衰榮辱，都繫於太子一身。后妃外戚們關注太子，因為太子是他們將來的代言人，一榮俱榮，一損俱損。人們都需要提前站隊，和未來的皇帝預先打好關係。其中最有效、最簡便的方法就是將自己中意的人選或者乾脆是自己圈子中的人推舉為太子。我們都知道人事選擇是最複雜的政治決策。如果這個選擇關係到全天下人的利益，關係到所有政治力量的利益，那麼這個選擇的複雜程度將會是多麼的怵目驚心。

我們只要看看後宮的嬪妃們是如何挖空心思，調動一切可能將自己的兒子推向太子寶座，就可以知道太子選定背後的艱辛。在嫡長子繼承制度下，子以母貴。母親的貴賤常常決定兒子的將來。後來皇帝常常將有意冊立為太子的兒子其生母冊封為正妻，加上日後兒子登基後帶來的一系列尊容顯貴，「子以母貴」就變成了「母以子貴」。太子之位和嬪妃們的利益是切身相關的。深宮後院中不知道有多少寵妾貴妃因為無子或者兒子與太子之位擦肩而過而鬱鬱寡歡晚景淒涼；不知道有多少平常女子因為偶然的臨幸，結果生育出太子而草雞變鳳凰，蔭及家族；不知道有多少嬪妃自覺或不自覺地喝下保胎藥或者墮胎藥，經受著心理和生理的雙重煎熬。無子的嬪妃不希望別的女子有兒子，於是大搞破壞。有子的嬪妃在保護兒子的同時要偷挖其他人的牆腳搞自己的小集團。人人都將生育當成皇位爭奪戰的起跑線。

劉邦晚年的時候，寵愛戚姬及其子趙王如意，日益疏遠呂后。如意聰明過人，才學出眾。劉邦對呂后所生的太子劉盈的軟弱無能很不滿意，想另立如意為新太子。劉邦的意思外露後，多數大臣表示反對。為了打消劉邦的念頭，保住兒子和自己的地位，呂后開始多方設法為劉盈輔翼。她聽說商山四皓名聲很大，且為劉邦所信服，就請四皓出山幫

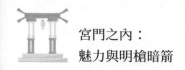
忙。這商山四皓指的是秦末漢初的東園公、甪里先生、綺里季和夏黃公四位隱士。他們不願意當官，長期隱居在商山中，當時都八十多歲了，眉皓髮白，故被稱為「商山四皓」。劉邦久聞四人的大名，曾邀請他們出山為官，但被拒絕。某天，劉邦與太子一起飲宴，他見太子背後有四位白髮蒼蒼的老人，詢問後才知是商山四皓。四皓上前道：「我們聽說太子是個仁人志士，又有孝心，禮賢下士，我們就一齊來當太子的賓客。」劉邦見劉盈得到了這四位大賢輔佐，羽翼已成，打消了改立趙王如意為太子的念頭。呂后鞏固了自己的地位。而戚姬聽到劉邦「我已盡力，奈何實難為之」的無奈之聲後淚流滿面。

各位皇子和圍繞在他們周圍的大小臣子們也絲毫不敢怠慢太子競爭。宮廷權力潛規則在皇子們觸碰到皇位之前就提早發揮作用了。著名的「玄武門之變」爭的就是太子之位，打的就是皇位爭奪戰。又比如道光晚年的圍獵往往被人們視為四阿哥奕詝與六阿哥奕訢的皇嗣地位之爭。最終，向父皇靠攏、被道光皇帝認為「類己」的四阿哥奕詝成了繼承人。

康熙十四年（西元一六七五年），三藩之亂愈演愈烈，清王朝的統治地位受到了挑戰。康熙為了穩固江山社稷，安定民心，宣布立皇后赫舍里氏所生的皇二子胤礽為太子。康熙的這一行為讓綿延康熙朝近半個世紀的太子之爭提前打響。胤礽被立為太子後，康熙特請名臣李光地專任胤礽之師，悉心調教。胤礽八歲能左右開弓，背誦四書，稍長後在康熙的授意下參與部分政務。胤礽處於了太子競爭的領跑地位，一度坐鎮京師監國。時間一長，在胤礽周圍就聚集起了一批王公大臣，形成了「太子黨」，核心人物是大學士、領侍衛內大臣索額圖。太子黨出現的同時，在大阿哥胤禔周圍也集合了一批人，謀求扳倒太子。這一派以大學士明

珠為首，人稱「大阿哥黨」。兩派之間明爭暗鬥，互不相讓。康熙發現了黨爭問題後，在康熙二十七年（西元一六八八年）罷斥了明珠，暫時遏制了黨爭的局面。之後的幾年沒有人再試圖與太子為敵。胤礽錯估形勢，權力欲快速地膨脹，最終發出了「古今天下，哪有當四十年太子的」的感嘆。

　　對於康熙皇帝來說，權力遲早要給予太子的，但是康熙自己不給，身為太子的胤礽便不能搶。胤礽的所作所為自然而然地引起了康熙的警覺。加之胤礽自小就有太子之位，長期處在一種「一人之下，萬人之上」的尊貴地位，久而久之，變得剛愎自用，脾氣暴躁。康熙最終下決心打擊太子黨：處死索額圖；囚禁十三阿哥胤祥；剪除太子周圍的羽翼。可這些嚴厲措施並未使胤礽清醒，他反而變本加厲，開始與康熙疏遠，並打聽起康熙的起居飲食，終於在康熙四十七年（西元一七〇八年）九月初爆發了所謂的「帳殿夜警」事件。康熙痛下決心廢黜並幽禁皇太子胤礽，頒示天下。康熙痛斥胤礽「不法祖德，不尊祖訓。唯肆惡虐眾，暴戾淫亂。」

　　康熙本以為廢了胤礽，可以制止黨爭，但沒有想到太子位置的空缺引發了諸位皇子對太子之位的病態追逐。幾乎每個皇子都有當皇帝的野心。首先積極謀取皇位的是大阿哥胤禔。他早就暗地裡詛咒胤礽，並在胤礽被廢後向康熙暗示：自己可以殺掉胤礽。康熙雖然對廢太子不滿，但從來沒有想過要殺子，怒斥大兒子「不諳君臣大義，不念父子至情」，「於國法天理所不容」。當年十月胤禔被檢舉陰謀咒死太子，康熙隨即下詔革去胤禔爵位，永遠圈禁。胤禔被處置後，康熙感到如果再不立個新太子，必然會生出更大的亂子。於是在十一月十四日令群臣保舉新太子。大臣們推薦了八阿哥。康熙卻在四十八年三月祭告天地，宣布再次

冊立二阿哥胤礽為太子。這是康熙為了制止黨爭而做出的無奈決定。康熙為避免重蹈覆轍，分散了皇太子的權力，同時也讓別的皇子接受政治鍛鍊。胤礽也實在不成器，在被復立後不知悔改，短期內再度聚集了新的「太子黨」，依然我行我素。他不僅又開始索取金銀美女，甚至還有逼宮的企圖。而別的阿哥看到胤礽復立，心裡十分不滿，欲置之於死地而後快，致使太子越來越孤立。康熙對胤礽也越來越反感，於是在五十年（西元一七一一年）詔示再廢太子，永行圈禁。胤礽二度被廢後，諸臣中不乏有欲再請復立的，一概被康熙否決。

　　這一次，康熙決心不再立太子，而且態度十分堅定。表面上，大家對太子之爭偃旗息鼓了，但對皇位的渴望並沒有消失。除了已經在權力鬥爭中失敗的幾個皇子外，剩下的三皇子、四皇子、八皇子、十四皇子等人都是可能的人選。三皇子胤祉似乎沒有什麼爭奪皇位的野心，一門心思地招攬文人編書立說。他學問淵博，在康熙和大臣們心中的形象也都不錯，但並沒有聚集多少力量。八皇子一黨是所有朋黨之中勢力最強的一支。以八阿哥胤禩為首，包括九阿哥胤禟、十阿哥胤䄉、十四阿哥胤禵以及侍衛鄂倫岱、內大臣阿靈阿等人形成了一個黨派。胤禩「樂善好施」，人稱「八賢王」，實際上結黨營私，博取聲望。這一切也沒有逃過康熙的眼睛，他曾說：「二阿哥悖逆，屢失人心；胤禩則屢結人心，此人之險，百倍於二阿哥也。」後來十四皇子胤禵逐漸活躍起來，開始脫離「八爺黨」，另起爐灶。當時西北部準噶爾入侵西藏，康熙命皇十四子為撫遠大將軍，統兵援藏，給以大權，用正黃旗，稱「大將軍王」，禮儀隆重，規格極高。很多人認為這是康熙意有所鍾的表示，以為胤禵將成為接班人。朝中紛紛支持十四皇子奪儲。而十四皇子去前線後，清軍戰事順利，收復失地。誰料到幾年後康熙駕崩，康熙遺詔以四阿哥胤禛為

繼承人，黑馬胤禛突然一夜間成了皇帝。

胤禛並不是朝野看好的人選。他不是太子也不是大阿哥，沒有朝野大臣的吹捧，只能非常小心地掩飾自己的欲望。胤禛是個非常有謀略的政治家，知道如何穩定地提高自己的實力。他在康熙晚年時掌管戶部任勞任怨，整頓吏制政績卓著。康熙對胤禛的好感與日俱增，常委派他調查皇族案件；或代天子行祭祀大禮。康熙六十一年十一月初九，康熙駕崩的前四天，皇上還委派胤禛代自己到天壇行冬至祭天大禮。康熙晚年，家事不夠稱心，體弱多病，需要安慰。私下胤禛也很注重培養與父親之間的感情。胤禛之子弘曆（乾隆皇帝）就是在家庭交往中深得康熙皇帝喜愛，並帶在身邊親自調教的。為了擴大勢力，胤禛還注意安插家奴，補外省官缺。雖然人數不多，但個個都身居要職。例如年羹堯手握軍政大權，集四川、陝西等地重權於一身。這麼一個踏實、願意做事的皇子才能最終勝出。可以說只有胤禛才深諳太子之爭的遊戲真諦。

提前打響的皇位爭奪戰顯然是宮門之變的誘導劑。

選定太子的第二大壞處是可能推前了父子相殘的時間。

唐高祖李淵有二十二個兒子，明太祖朱元璋有子二十六人，康熙皇帝有子三十五人。在這麼多兒子中選定了太子後，原本應該高枕無憂了。遺憾的是，他們三個人都沒有處理好繼承人選擇問題，引起了巨大的政治動盪。其中最主要的原因就是兒子不會全聽老爸的。尤其是在權力誘惑下性情開始扭曲，說不定會做出逼父奪位甚至殺父奪位的悲劇來。宋光宗趙惇在做太子的十幾年間，小心謹慎，亦步亦趨。父皇趙昚高興的時候，趙惇也「喜動於色」；趙昚遇到煩惱的時候，趙惇也隨著「愀然憂見於色」。但他常常有一個看似不經意的舉動：在趙昚面前露出自己的滿頭白髮。儘管侍從和官員們紛紛向趙惇進獻黑髮的特效藥，但

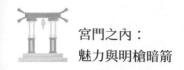
趙惇都拒絕使用。他就是要讓父親知道，兒子也已經白髮上頭了，也應
該當皇帝了。

　　古制，立定太子後，為了保護、培養太子，朝廷把太子安置在東
宮，撥給他一群幕僚，設官分職，建立政治機構，並配備一定的軍事力
量。這就使太子掌握了相當的政治實力。有的時候，皇帝外出或者有病
都由太子監國，也就是代理皇帝職務；戰事興起的時候，太子還往往負
責監兵，也就是代理武裝部隊司令職務。天下沒事的時候，太子長期或
短期負責一定範圍的事務。比如南朝劉裕平定關中的時候，就授予兒子
劉義隆「監司州豫州之淮西兗州之陳留諸軍事、前將軍、司州刺史，持
節如故」，鎮守洛陽。劉義隆之後擔任過「都督荊益寧雍梁秦六州豫州之
河南廣平揚州之義成松滋四郡諸軍事、西中郎將、荊州刺史，持節如故」
等職務，封宜都王，食邑三千戶；進號鎮西將軍，給鼓吹一部；進督湘
州。當時，劉義隆還未滿十四歲。孫權立長子孫登為太子的時候，「選置
師傅，銓簡秀士，以為賓友」。江左名士諸葛恪、張休、顧譚、陳表等都
進入東宮，侍講詩書，出從騎射。孫權正式稱帝後，立孫登為皇太子，
以諸葛恪為左輔，張休為右弼，顧譚為輔正，陳表為翼正都尉。他們四
人被稱為「四友」，謝景、範慎、刁玄、羊衜等大小臣子都成為太子賓
客。「於是東宮號為多士」。

　　如果太子能夠按照父親的安排，「茁壯成長」，那當然很好。可一旦
太子利用這些政治力量進行叛亂，那將是什麼樣的情景呢？西元四五三
年二月二十一日凌晨，劉宋首都建康還未從睡夢中醒來。皇宮守衛遠遠
就發現有一隊兵馬快步向皇宮走來，慌忙加強了戒備。不想這隊兵馬帶
頭的是太子劉劭。劉劭把一張偽造的聖旨遞給守衛，說：「奉旨進宮。」
守衛不辨真偽，開啟了宮門。劉劭率領軍隊闖入皇宮後，拔刀惡狠狠地

向父皇劉義隆的寢宮殺去。當時劉義隆正在和大臣密談，尚未睡覺。他見太子屬官張超之持刀而入，大為驚駭，本能地舉起身旁的小桌子推擋。張超之一刀砍下，劉義隆舉著小桌子的五個手指被砍斷。不等受傷倒地的劉義隆有所反應，張超之再劈一刀，劉義隆當場身亡。宮廷內外，殺聲連天，血流滿地。這一切的導因是劉義隆之前流露出了廢立太子的意思。實力在握的劉劭搶先發難，踏著鮮血登上了皇位。

子弒父的悲劇在歷史上一再出現，既因為太子具有叛亂的客觀實力，也因為父子之間日益加深的猜忌。

皇家的父子關係往往被權力所扭曲，不用說坦誠相待，就連正常的父子關係也不能維持。

對太子來說，父皇的好惡、後宮的干涉、宦官的擅權、黨派之爭、兄弟覬覦、母親失寵、太子自身能力的規定和變化，乃至恰到好處的一句讒言都可能導致太子地位的變化，或者一波三折，甚至被廢死。皇帝情感心理上的哪怕是最微妙的一絲變化都可能為太子的地位帶來巨大影響。而對皇帝來說，東宮的行政、臣子的傾向、派系間的鬥爭、後宮的枕邊風、太子自身的言行，乃至偶然被撥動的心絃都可能是皇帝之位受威脅的預兆。

隋煬帝時，元德太子薨，朝野都認為皇子楊暕最有希望接替太子之位。隋煬帝也一度將元德太子所屬的兩萬餘人改隸楊暕屬下，對楊暕的寵遇益隆。樂平公主、皇家貴戚和朝廷顯貴都紛紛向楊暕致禮。百官紛紛拜詣楊暕，堵塞了府邸前面的道路。不久，隋煬帝帶領楊暕一起巡幸榆林。楊暕獨立總督後軍步騎五萬人，和隋煬帝保持數十里的距離行軍紮營。隋煬帝在汾陽宮舉行大規模圍獵，詔令楊暕率領本部千餘騎入圍。在圍獵中，楊暕大獲麋鹿，進獻給隋煬帝。不料隋煬帝自己沒有獵

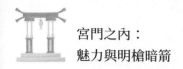
獲多少麋鹿，見兒子送上來這麼多獵物，惱羞成怒，就責罵自己周邊的人沒用。周邊的人慌忙推說楊暕帶來的人在獵場中左突右撞，遏制了皇帝身邊的人的行獵，野獸都逃走了。隋煬帝大怒，再聯想到楊暕之前的言行，惡意頓起。《隋書》說隋煬帝下令「求暕罪失」，蒐羅兒子的不當之處。人非聖賢，孰能無過？何況現在還是假定了楊暕言行不法，找相關罪證就更容易了。楊暕回京很快就靠邊站，打入權力的冷宮。

三國時期也有一個父子打獵的故事。據說，曹丕即位後很久都不立太子。長子曹叡曾跟曹丕出獵，遇到子母鹿。曹丕射殺了母鹿，命令曹叡射殺小鹿。結果曹叡不從，說：「陛下已殺其母，臣不忍復殺其子。」說著曹叡流涕哭泣。曹丕由此想到曹叡的生母、被賜死的甄氏，內疚起來，下決心立曹叡為太子。曹叡「借物喻情」，成功地奠定了自己的太子位。

漸漸地，皇家父子關係變得虛偽，甚至異化成演戲。隋煬帝楊廣是有名的昏君，荒淫無恥。但他還是太子的時候，是個傑出的演員和無可挑剔的皇子。隋文帝到楊廣家探望的時候，樂器的弦多斷絕，覆蓋著塵埃，看起來很久沒用了。隋文帝認定兒子不好聲妓，很嘉許。楊廣更加矯揉造作，博取名聲。某次，楊廣觀獵遇雨，隨從們遞給他油衣。楊廣嚴肅地說：「士卒們都在淋雨，我怎麼能一個人披雨衣呢！」他堅持和士卒們同甘共苦。不過表演最誇張的還是北周武帝的太子宇文贇。宇文贇堅持每天和大臣們一樣，五六點鐘就佇立於殿門外等待父皇早朝，即使是嚴寒酷暑也不例外：堅持待人接物不卑不亢，說話溫文爾雅；面對父親的杖責無怨無悔，有則改之，無則加勉。宇文贇多年的表現無可挑剔，周武帝對他的表現是滿意的。可周武帝死的時候，棺材還擺放於宮中沒有入殮，剛滿二十歲的宇文贇就原形畢露。他不但絲毫沒有悲傷之

色,而且還撫摸著腳上的杖痕,惡狠狠地對著父親的棺材大聲叫罵:「死得太晚了!」宇文贇將父親的嬪妃、宮女都叫到面前,排隊閱視,將長得漂亮、自己喜歡的都納入後宮,毫不顧及人倫綱常。從此,宇文贇開始了淫蕩荒唐的執政生涯,活生生葬送了父親奠定的基業。不客氣地說,中國歷史上的太子們或多或少都是個演員。

在如此困境中,父子一有風吹草動便兵戎相見也就不奇怪了。

預立太子制度在清朝中期走向了終結。

康熙很早就冊立了太子,之後立而廢、廢而立。眼看兒子們為太子之位爭得頭破血流,朝野內外各為其主烏煙瘴氣,晚年的康熙失望透頂。康熙的失敗也是公開建儲制度的失敗,更是兩千多年來預立嫡長子為太子制度弊病的又一次集中大暴露。切身教訓使康熙皇帝意識到公開和過早冊立太子的危害。康熙於是得出結論說:「立皇太子事未可輕定。」他的繼承人是在臨死前在遺詔中披露的。繼位的雍正皇帝吸取教訓,創立了祕密建儲制度。祕密建儲就是皇帝生前不公開宣布立哪一位皇子為太子,而是把皇帝祕密親書皇太子名字的「御書」密封在一個匣子中,藏於乾清宮的「正大光明」匾後,還另寫一道內容相同的密旨隨身攜帶,作為必要時勘對之用。這樣的祕密做法讓所有皇子都覺得自己有機會,始終維持著銳意進取的精神狀態,想在父皇和天下百姓面前做出一番成績來。同時皇子們又不敢做出爭權奪利的事。萬一匣子中的名字就是自己,如果因為一次出軌的權力之爭而被抹去名字,那麼就太不值了。雍正之後,皇位之爭的確沒有再出現先前那樣的紛爭。祕密建儲制度功不可沒。

不知道讀者們有沒有玩過「殺人遊戲」。當法官「天黑請閉眼」聲起之後,所有的遊戲者都要盡力偽裝自己,讓別人相信自己,同時又要猜

測他人，或自保、或謀殺、或指認。帝王家庭圍繞皇位的爭鬥就類似於「殺人遊戲」，無論皇帝還是皇子，都要正襟危坐，極力偽裝，爭取在權力賽跑中堅持到最後。參與者越多，指認的難度越大；參與者越少，每個參與者的危險就越大。對於父子來說，這樣的狀態正常嗎？

最後，希望讀者們對頻繁爆發的皇室父子權爭不要太過驚訝。

宮變簡史：
中國特色的「一二三四」

　　中國是富有宮門政變傳統的國家。很多人似乎一提到
宮門政變，就認為是西歐宮廷和貴族的專利。其實從大禹
的兒子啟違背父親傳位賢人的遺囑，廢除禪讓制度而世襲
為夏王，到已經邁入近代門檻的西元一八六一年，中國依
然發生了將慈禧推上政治核心平臺的辛酉政變，中國歷史
上的宮門政變就沒有停止過。每一個古代王朝都發生過至
少一次的宮門政變。我們熟悉的許多歷史人物，幾乎都有
過非正常的權力運作經歷。

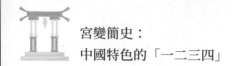

中國宮變簡史

　　中國古代的宮廷政變數以百計，要想一一列舉簡直就是不可能的任務。下文僅僅簡單地梳理中國古代王朝那些著名的和非著名的、有定論的和沒有定論的宮廷政變。

　　讓我們從秦朝的宮廷政變說起。這倒不是我對秦朝有偏愛，而是因為夏商周的歷史缺乏信史可依據，春秋戰國時期諸侯各國的宮廷詭計多到難以計數的程度。當趙高、李斯等人在西元前二一〇年的沙丘偽造秦始皇遺囑，立胡亥為新皇帝的時候，他們開創了中國傳統統一王朝的第一場宮廷政變。和後世相比，沙丘政變實在是個小兒科，宮廷詭計特別簡單，付出生命代價的也只有一個人。他就是本該繼承皇位的皇子扶蘇。三年後，趙高又逼秦二世自殺，立子嬰為帝，成為力挺向劉邦投降事宜的傀儡。不久趙高反過來被子嬰殺死。秦朝也走到了盡頭。

　　漢朝是中國歷史上宮廷政變最多的朝代。開國皇后呂后在這方面開了一個壞的開頭。權欲薰心的她處心積慮地將兒子扶上皇位後就開始了殘酷的報復，最後發展到濫施權威的地步。在兒子死後，呂后殺戮少帝，重用諸呂，終於引起了劉氏宗族與朝臣的聯合反對。周勃等人在呂后死後誅殺諸呂，選立代王劉恆為帝。劉恆的孫子漢武帝劉徹則在他的晚年爆發了漢朝歷史上最嚴重的政變 —— 巫蠱之禍。這是第一場父子相殘，突顯出帝王在家務事上的艱難處境，令人發出「可憐生在帝王家」

的感慨。漢武帝晚年選中霍光輔助自己的繼承人 —— 小兒子劉弗陵。霍光歷任數朝，終至權傾朝野。西元前七四年的夏天，霍光於百日間將昌邑王劉賀先擁後廢。漢宣帝登基時都不習慣與他同車，總覺得芒刺在背。在皇權面前，霍光最終還是失敗了，整個霍家都受到株連。西漢末期的外戚王家也獲得了霍家那般的權勢。看似道德品行出眾的王莽在西元五年用一碗粥毒死漢平帝劉衎，扶持孺子嬰自居攝皇帝位，三年後乾脆即皇帝位，改國號新。

　　劉秀恢復了漢朝後，東漢長期沒有出現宮闈之變，直到後期宦官和外戚交替登上歷史舞臺。西元一〇七年，司空周章謀閉宮門，廢太后，殺鄧騭兄弟及干政宦官，廢安帝而立平原王劉勝。可惜周章沒有成功，以自殺謝幕。漢安帝後來病死了，皇后閻氏聯合兄長閻顯擁立北鄉侯劉懿即位，以太后身分臨朝，以閻顯為車騎將軍。半年多後劉懿死了，閻顯祕不發喪，緊閉宮門，與太后謀立新君。宦官孫程等人擁立劉保為帝，殺死閻顯、閻太后等人。孫程等十九人因功封侯。外戚和宦官的恩怨從此開始。西元一四六年閏六月，外戚梁冀毒死漢質帝劉纘，立年幼的蠡吾侯劉志為帝，梁太后臨朝。劉志就是漢桓帝，長大後自然不願意當個虛君，便在西元一五九年藉助宦官唐衡、單超等人發兵圍梁冀第，迫梁冀與其妻自殺，並大開殺戒。單超等五名宦官因功封侯。九年後發生外戚針對宦官勢力的反撲。太尉陳蕃勸大將軍竇武殺中常侍曹節、王甫等。宦官搶先發兵進攻竇武，竇武發北軍士兵平定叛亂。最後竇武兵散而死。西元一八九年爭鬥長久的兩派勢力同歸於盡。外戚何進為大將軍，與朝臣密謀誅殺宦官，結果為宦官所殺。青年將領袁紹、袁術等人攻殺諸宦官。最後外臣董卓率軍結束亂局，立陳留王劉協為漢獻帝。

　　西元二二〇年，漢獻帝劉協禪位於魏王曹丕，東漢滅亡。有人說禪

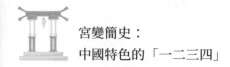
讓也是宮廷政變，可也有人說禪讓畢竟是平緩的權力轉移，不算是宮廷政變。

短暫的三國時期也沒有免於宮廷政變的騷擾。西元二四九年，善於裝病的司馬懿趁大權在握的曹爽和皇帝曹芳出洛陽祭掃高平陵之際，控制洛陽，逼對手棄權。富貴窩裡長大的曹爽主動放棄了權力，結果被司馬懿族誅。司馬氏開始專權，為晉朝的建立鋪路。司馬氏專權引起了忠於曹魏的實力將領的反對，三次在淮南等地發動兵變，結果都遭到司馬懿父子的鎮壓。吳國在孫權之後就內亂不斷，先是輔政大臣諸葛恪專權為人所殺。後來國君孫亮欲殺執政者孫綝，反被孫綝廢黜為會稽王。孫綝後來改立琅琊王孫休為帝。孫休反過來聯合大臣張布、丁奉攻殺了孫綝。蜀漢在庸碌無為的劉禪的統治下，反而是三國中唯一沒有宮廷染血的國家，令人深思。

西晉的宮廷政變只有一次。這倒不是西晉政治清明，政治人物嚴格自律，而是因為這一場政變就讓西晉跌入了滅亡的深淵。這次政變規模之大、持續時間之長、影響之惡劣，被歷史學家冠之以「八王之亂」的名字。參與政變的不止司馬家的八位王爺，政變的肇事者也不姓司馬，而是一個叫做賈南風的醜陋媳婦。賈南風是白痴皇帝司馬衷的皇后。她先是誅殺了外戚楊駿和太后楊氏，又利用汝南王司馬亮、楚王司馬瑋的內亂，將二人殺死，最後發展到廢殺太子及其生母謝氏的地步。不滿賈后作為的趙王倫、齊王冏帶兵入宮，輕易捕殺了她，並誅滅全族。由此可見後宮勢力的虛弱。她們必須依靠實實在在的外力才能實現權力轉化。卻說之後淮南王司馬允，成都王司馬穎，長沙王司馬義，河間王司馬顒等宗室諸王都參與了八王之亂。宮門之變終於發展成了中原大混戰。其間趙王司馬倫逼司馬衷禪位，自立為帝，旋即被將領殺死，迎惠

帝復位。光熙元年十一月（西元三○七年一月）的某個夜晚，晉惠帝離奇死去，據說是被東海王司馬越毒死的。皇太弟司馬熾即位，稱為晉懷帝，晉室南渡後，皇室日益衰落。西元三七一年，趁亂奪權的桓溫廢皇帝司馬奕為海西縣公，立司馬昱為簡文帝。桓溫在江東世族的不配合下最終失敗了。三十多年後，他的兒子桓玄重複了父親的道路。桓玄取得了更進一步的勝利，至少廢掉了晉安帝，自行稱帝，建立了所謂的楚國，但還是被士兵出身的北府兵將領劉裕推翻。劉裕也不是東晉的忠臣。他先是將晉安帝司馬德宗殺死在宮中，立司馬德文為晉恭帝。據說劉裕早就想篡位了，但迷信「孝武（司馬曜）之後晉有二帝」的傳聞，才臨時拉司馬德文來湊數的。西元四二○年，劉裕廢晉恭帝為零陵王，成為了宋武帝。司馬德文次年被殺於囚禁處。

隋朝統一了南北朝的亂世，也沒有逃脫宮廷政變的老路。開國的隋文帝就是在仁壽宮被太子楊廣殺害。楊廣即位後成為了臭名昭著的隋煬帝。隋煬帝喜歡遊玩，最後於西元六一八年被禁軍將領殺死在江都行宮。隋煬帝臨死前拖泥帶水，迫不及待的亂軍一擁而上，乾脆縊死了他。同年原隋朝太原留守李淵廢黜傀儡代王，自立為王，建立了唐朝。

八年後（西元六二六年），玄武門之變爆發。對子孫失去控制的李淵眼看二兒子、秦王李世民殺死太子李建成、齊王李元吉，被迫承認現實權力結構。李世民很快被立為皇太子，幾個月後李淵退位稱太上皇。

唐朝中期是宮廷政變頻發的時期。權力欲望和能力成正比的武則天導演了大明宮中的一系列陰謀和政變。她的親生女兒和兒子接連死去，據說幕後黑手都是深宮中的武則天。西元六八四年，武則天廢兒子、唐中宗李顯為廬陵王。西元六九○年，武則天乾脆降兒子、唐睿宗李旦為皇嗣，自己成為了中國亙古唯一的女皇。武則天的皇帝生涯很辛苦，終

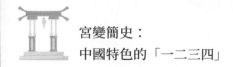
於在西元七〇五年病倒了。在她病重時，大臣張柬之等以羽林軍殺入皇宮，迎李顯即位。這場政變以武則天名義上的退位完成了唐朝的復國。復辟的唐中宗李顯是個懦弱的丈夫和溺愛孩子的父親，在西元七一〇年的夏天被皇后韋氏和安樂公主毒殺。韋后扶立溫王李重茂，臨朝聽政，想成為武則天第二，被李隆基與太平公主合謀起兵殺死。李旦重新成為唐睿宗，卻無意久留，很快將皇位讓給了兒子李隆基。李隆基就是唐玄宗。他發現太平公主是另一個潛在的武則天，隨即發動兵變，殺死或迫殺依附太平公主的大臣，賜太平公主死。唐朝經歷了一連串的陰謀和流血後，登上了歷史的巔峰。這也是皇權最為鞏固的時期。

安史之亂後，唐朝陷入了衰亡的深淵。宦官主導的宮廷政變接二連三。西元八二〇年正月，宦官陳弘志殺唐憲宗，託言皇上服丹藥毒發身亡。之後的唐敬宗也是被宦官殺死的。唐憲宗以後到唐亡的十個皇帝，除唐敬宗以太子身分即位、唐哀帝為權臣傀儡外，其餘的都是經宦官之手廢立的，都不是正常的政治交替。其間的甘露之變是朝臣企圖從宦官手中奪回權力的失敗嘗試。西元九〇四年，藩鎮朱全忠不忠，乾脆殺了唐昭宗，在大梁扶立傀儡。三年後，朱全忠也玩起了禪讓的把戲，在唐哀宗手中終結了唐朝國祚。唐哀宗次年遇害。

宋朝的政治制度冗雜制衡，很好地控制了宮闈之變的發生。儘管開國兩兄弟皇帝趙匡胤和趙匡義之間有「金匱之盟」、「燭影斧聲」等傳聞，但沒有確切的證據表明這些「口頭政變」的真實性。宋朝唯一可信的宮闈之變就是「紹熙內禪」了。西元一一九四年，宋孝宗趙昚死，宋光宗趙惇不問喪事，朝野愕然。大臣趙汝愚抬出太皇太后迫太子趙擴即位，才破解了政治僵局。

與宋朝時間相接的遼金元各朝的宮廷政變接連不斷。面對權力的誘

惑，政治經驗相對較少的少數民族貴族的表現可能更直接、更猛烈。西元九五一年，遼世宗強徵契丹各部助北漢攻北周。大軍行進到今河北宣化境內的祥古山時，遼世宗被泰寧王耶律察割殺死。察割又被壽安王耶律璟和大臣攻殺。耶律璟即位，是為遼穆宗。西元一○三四年，欽哀太后和弟弟蕭孝先陰謀廢掉遼興宗，另立耶律重元。耶律重元反向遼興宗告發。結果欽哀太后被廢，蕭孝先無罪不問。十九年後，身為皇太叔的耶律重元卻覬覦大位，發動政變，沒有成功，以自殺告終。

繼遼而起的金朝最早於西元一一四九年冬發生了完顏亮殺金熙宗自立的政變。完顏亮是位個性突出的皇帝，舉措多有不當。一一六一年，留守後方的完顏雍趁完顏亮貿然南征，自立為帝，成為金世宗。前方的完顏亮在瓜州死於前方將領發動的兵變。西元一二一三年，胡沙虎殺衛紹王，另立金章宗兄昇王完顏珣成為金宣宗。

元朝的宮廷政變也都是圍繞著皇位傳承展開的。十四世紀初元成宗死時，皇后與左丞相阿忽臺等謀立安西王阿難達。右丞相哈拉哈斯遣聯合懷寧王海山，殺阿忽臺等，捕安西王。海山在上都即位成為元武宗後就殺了安西王，廢元成宗後。西元一三二三年，鐵失等在上都南坡殺元英宗及大臣。諸王迎立晉王也孫帖木兒。也孫帖木兒在龍居河即位，史稱泰定帝，登基後殺了鐵失等人。五年後，泰定帝在上都病死。簽樞密院事燕鐵木兒在大都謀立周王和懷王兩兄弟，丞相倒剌沙等在上都搶先立皇太子阿速吉八，稱天順帝。同時，懷王在大都即位成為元文宗，發兵圍攻上都。倒剌沙投降，天順帝死。西元一三二九年，周王也即位了，就是元明宗。兄弟倆達成妥協，周王為皇帝，懷王去掉帝號為皇太子。皇太子懷王隨即與丞相燕鐵木兒等毒殺元明宗，在上都重新即位。當時離元朝滅亡只有三十多年。

　　明朝和宋朝的情況相似，也是一個政治制度龐雜穩定的朝代。它很少發生宮廷政變，一旦發生就是給人留下深刻印象的大事件。西元一三九九年，燕王朱棣發動靖難戰役，先敗後勝，於西元一四〇二年繞道直取京師南京。建文帝下落不明（有自焚、出走為僧、流亡海外等說法）。朱棣朝拜了父親的孝陵後，即位稱為明成祖。「土木之變」是明朝由盛而衰的轉捩點。明英宗朱祁鎮在土木堡成為了蒙古人的俘虜，後方又扶立了郕王朱祁鈺為新皇帝。明朝在十多年時間裡出現了兩個皇帝並列的奇特情況。最後在西元一四五七年，石亨、曹吉祥、徐有貞等人乘朱祁鈺臥病，將朱祁鎮從囚禁處救出復位。在這場史稱「奪門之變」或「南宮復辟」的政變中，于謙的千古之冤是最令人扼腕的。

　　清朝也是制度高度成熟的朝代。邁入近代之前，清宮沒有發生一次政變。有人可能會拿出雍正皇帝胤禛的嗣位之謎，以及嘉慶皇帝剷除和珅的事件來證明清朝前期也存在宮廷政變。但這兩次帶有濃厚傳說色彩的權力「小事件」被拎了出來，可見清朝後宮的平靜。

　　西元一八六一年初冬，病死熱河避暑山莊的咸豐皇帝屍骨未寒，咸豐皇帝的遺孀那拉氏聯合奕訢、奕譞等人，將咸豐帝臨死前任命的「贊襄政務八大臣」一網打盡。其中肅順被斬，載垣、端華賜令自盡，其餘都被免官發配。那拉氏的兒子載淳繼位，將原先的「祺祥」年號改為「同治」。政變後一個月，東西兩太后「御養心殿垂簾聽政」。因為西元一八六一年是辛酉年，這場政變被稱為「辛酉政變」。它象徵著慈禧太后四十多年專權禍國生涯的開始，也象徵著一個中西「和睦相處」的「中興」時代的來臨。前一個意義是傳統政治層次的，後一個意義是全新的。西元一八九八年戊戌年，光緒帝詔定國是，實行新政。從六月十一日到九月二十日，新政只維持了一〇三天。二十一日後，慈禧太后就發

動政變，將光緒帝囚禁在中南海瀛臺；七天后譚嗣同等六人喋血菜市口，成為了「戊戌六君子」。戊戌政變是發生在幽深的中國宮門中的最後一次政變，也是中國歷史上影響最大、最深遠的一次政變。

戊戌政變為中國宮廷政變史畫上了一個濃墨重彩的句號。

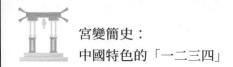
那些算不上政變的事

有人可能會質疑我為什麼選擇上面的事件列入中國宮廷政變簡史，而不選擇其他事件。的確，中國歷史上非正常的政治變革實在是太多了。選擇哪些，不選擇哪些都是令人為難的事情。我只介紹一下那些算不上政變的「政變」。

第一類搆不上政變資格的事件是那些沒有引起波動的「小把戲」。

周世宗柴榮死前，發生了一件不得不提的小事。史載：「（世宗）閱四方文書，得韋囊，中有木三尺餘，題雲『點檢作天子』。」原來在北伐進軍途中，病中的柴榮在翻看檔案時，曾經莫名其妙地得到一個錦囊，裡面裝著塊約一公尺長的木條，上面寫著「點檢作天子」五個字。點檢指的是禁軍的最高指揮官宮前都點檢，當時擔任這個職務的是張永德。得到木條的周世宗自然對張永德產生了懷疑。五代十國是個兵強馬壯的將領欺壓君主，多次奪取政權的時代。周太祖郭威就是以節度使身分奪取政權的。木條的出現不可能不挑起他敏感的疑心。隨著病情加重，周世宗決心防患於未然，提拔自認為年輕、可靠的殿前都指揮使趙匡胤取代了張永德為殿前都點檢。趙匡胤儘管屢立戰功，掌握著禁軍實權，但在資歷上和官職上仍然處於張永德之下。趙匡胤名正言順地在周世宗生前掌握了所有禁軍，成為了朝廷重臣。

現在想想，那塊木條極有可能是長期跟隨在周世宗左右的趙匡胤耍

的陰謀，目的是為掌握禁軍最高指揮權。趙匡胤既了解周世宗在病床上的心思，也有在周世宗物品中夾塊木條的可能性。周世宗萬萬沒有想到的是臨死前的人員安排不但沒有為兒子消除隱患，反而正是意外提拔的這個「點檢」趙匡胤最後得了天下。與此類似的還有許多塵埃落定前的政治搏鬥。西元九二年，漢和帝與宦官鄭眾聯合收大將軍竇憲印綬，追其自殺。西元一六二七年十一月六日，發配路上的大太監魏忠賢抵達阜城縣南關。在南關的旅館中，魏忠賢接到了人生中最後一道聖旨。夜裡，隨從作鳥獸散，魏忠賢自盡於懸梁之下。這些政治事件之所以沒有引起政治動盪，是因為人們在之前已經做了充分的權力鋪墊和準備。這種準備不僅是實力對比上的，更有心理上的。也就是說，結果並沒有脫離人們的意料。看似變故的政治事件其實早在人們意料之中了，所以才沒有引起波動，也因此成不了宮廷政變。

第二類搆不上政變資格的是那些在「禪讓」把戲下完成的政治變故。

西元四七九年春的一天，禁衛軍官兵在蕭道成親信將領王敬則的率領下湧入宮中，大喊著「齊王當繼大位」的口號，橫衝直撞，逼劉準遜位。劉準當時正在一個小房間捉迷藏，被外面一嚇，不肯出來。禁衛軍才不管這些，據說是將刀架在皇太后的脖子上，逼皇太后親手把小皇帝從某個房間的角落裡拉出來，官兵們架著劉準去完成「禪讓之禮」的。劉準坐在車上，被人急速帶往宮外，在驚嚇過度的情況下反而不哭了。他問王敬則：「你們要殺我嗎？」王敬則回答說：「你不能住在宮中了，要搬到別的地方住。你家祖先取司馬家天下的時候就是這麼做的。」劉準哭泣道：「願後身世世勿復生在王家！」宮中家眷聽到小皇帝的這句話，哭成一片。這句話成為古代歷史上的一句名言，成為後來人形容皇帝不易的一條鐵證。劉準不久後遇害，被新朝稱為「順帝」。

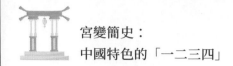

宮變簡史：
中國特色的「一二三四」

　　類似的政變之所以沒有被看作宮廷政變是因為「禪讓」是常見的政治制度，是在正常政治範疇內進行的。儘管禪讓的操作複雜，對操作者的要求極高，但禪讓過程一旦執行起來，不會造成國家和人心的動盪。實踐表明，只有那些在君臣實力對比中占據絕對優勢的權臣才敢嘗試禪讓的過程。禪讓劇中的皇帝往往是權臣手中的傀儡。其中最經典的案例也許是王莽篡位：王莽握著傀儡孺子嬰的手，痛哭流涕。王莽邊哭邊說：「昔日周公攝位，最後歸政給周王。我本來也想當周公，如今迫於皇天威命，當不了周公了啊！」王莽為自己當不了輔政的周公，而不得不當皇帝哀嘆了很長時間，拉著孺子嬰的手不放。最後還是官員上來將孺子嬰扶下殿去，讓孺子嬰跪在地上行君臣大禮。在場的百官一同行君臣大禮。據說人們都被王莽的無奈和忠誠給感動了。可要知道，表現忠誠和展現寬恕一樣是強者的特權。

　　第三類搆不上政變資格的事件雖然也發生在宮闈之中，但和政治鬥爭的關聯性過於疏鬆，無非是後宮爭寵而已。專寵、墮胎等小事件肯定是算不上政變的。想想皇帝也真是可憐，要忙著見大臣，處理朝政，還要花大量的精力來處理後宮家眷之間的矛盾。有的時候皇帝對某個女子寵幸的次數多了，都會在後宮引起暗流湧動。

　　我就來說說發生在漢宣帝時期的一件後宮大案。漢宣帝劉詢是權臣霍光扶立的，卻執意立心愛的髮妻許平君為皇后，而不立霍光的女兒。霍光的老婆名叫顯，是個歹毒的女人。她因為自己的女兒沒有被立為皇后，就對許平君懷恨在心，預謀要殺掉許平君。她買通宮中的小人，等待時機。

　　兩年後，許平君懷孕了。皇宮中頓時忙碌起來，太醫們開出一張張藥方，先是滋補、保胎的藥，之後就是產後調理的藥。侍女們為皇后的

生產忙成一團。在侍女們中間，有一個人叫做淳於衍。她被顯買通，成為了潛伏在許平君身邊的殺手。隨著生產逐漸臨近結尾，淳於衍始終沒有找到下手的機會，越來越著急。終於在一次製作藥丸的時候，淳於衍決定孤注一擲，利用自己配藥煮藥的機會，置皇后於死地。皇宮規定，凡是皇帝皇后要吃的藥，宮中醫生和經手的人都必須事先服用等量的藥物，無不良反應後，再呈送給皇帝皇后食用。淳於衍就選擇了一味特殊的中藥粉末加入了配方之中。這味中藥就是附子。附子是毛莨科植物烏頭的子根。生附子有毒，泡製過的附子也辛，甘，大熱。對於心律失常過緩的人，它有提高心率的作用，但是即使如此，也仍舊帶有毒性。中醫對附子的使用非常謹慎，規定孕婦、產婦絕對禁用附子。許平君喝下淳於衍加了附子的藥物後，隨即便感到極不舒服。附子使她的心率加速、血管硬化。過了不久，產後虛弱的許平君覺得心煩意亂，坐臥不安。她告訴身邊的人今天服用的藥物可能有毒。太醫和淳於衍等人親口喝了許平君尚未喝完的藥，並沒有不良反應。大家只好去安慰無助的年輕皇后。當天，許平君就去世了，年僅十九歲。她是劉病已的第一位皇后，但只當了不到三年的皇后。

許平君死後，劉病已悲痛欲絕，盛怒之餘命令嚴查死因。太醫們商議的結論是許皇后產後虛弱，正常死亡。劉病已不相信，讓朝臣參與調查。但是許平君周圍的人在服用了同一碗藥之後都安然無恙，並無不適。朝廷相關部門將所有的醫生和宮女都抓捕起來嚴刑拷問，也沒有問出什麼來。大家就只好將許皇后的死因歸結為產後不適。劉病已如此反覆了多次，都找不到真正的原因，不得不接受悲痛的事實。

歷代後宮有很多這樣的故事，非常吸引後人的眼球，但實在不能算是政變。

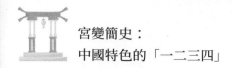

　　第四類不能算是宮廷政變的變故是那些口頭傳說極盛，卻沒有確實
證據支撐的事件。

　　在這類口頭「野史」中最流行的就是北宋初年趙匡胤和趙匡義兄弟
傳承之謎，其中有「金匱之盟」、「燭影斧聲」等傳聞，還穿插著花蕊夫
人的「緋聞」。據說兩人的母親杜太后生前曾向趙匡胤傳話：「汝百歲
後，當傳位於廣義，廣義傳光美，光美傳德昭。」意思是說：趙匡胤死
後，傳位給趙光義；趙光義死後，傳位給幼弟趙光美；趙光美死後，再
將皇位傳回到趙匡胤一支，由趙匡胤的兒子趙德昭繼承。但是「金匱之
盟」身上帶有明顯的邏輯缺陷，更因為「金匱之盟」的最大得益者是趙
光義，因此從宋朝開始就有人質疑它的真實性。後世的許多人認為這是
宋太宗趙光義為了顯示其即位的合法性而偽造的杜太后遺命。不管對於
它真實性的爭論如何發展，「金匱之盟」對北宋初年的政局造成了實實在
在的影響。

　　這一類中也包括那些原本可能發展成宮廷政變卻沒有發展起來的事
件。中國歷史在一些時刻走到了流血政變的邊緣，卻突然轉向，漸漸遠
離政變而去。

　　西元一六二七年就經歷過這樣的時刻。當年駕崩的明熹宗朱由校遺
詔傳位給弟弟朱由檢。朱由檢膽顫心驚地入宮去接受福禍未知的天下。
他雖然沒有經歷過政治風雲的考驗，但也知道當時的實際權力並沒有掌
握在皇帝手裡。他就像是一個傘兵被空投到茫茫無邊的敵後。朱由檢一
時的疏忽都可能導致性命危險。他的父親朱常洛就是在深幽的紫禁城不
明不白地死去的。一直小心謹慎的朱由檢不得不更加小心謹慎地對待似
乎唾手可及的皇帝寶座。入宮時，他特意穿了一件寬大的衣服。害怕宮
中的食物被人下毒，朱由檢在袖子裡面藏了信王府做的麥餅和準備的飲

用水。在入宮的前兩天，他就是靠這些東西解決溫飽的。進宮後的第一夜，朱由檢徹夜未眠，而是秉燭而坐，隨時準備處理突發情況。宮中燈火閃爍，下人伺候，一片平靜。朱由檢始終睜大眼睛，靜觀事態變化，彷彿置身於危險重重的叢林。深夜，有一隊武裝太監巡邏而過。朱由檢把領頭太監叫過來，讓他解下佩劍，煞有其事地觀賞了起來。最後朱由檢把劍放在桌上，給予這名太監重賞。他的興致似乎很高，緊接著還吩咐宮中為這些巡邏的和近侍的太監取來酒菜犒賞。太監們對這位即將登基的信王自然是百般稱謝，獻媚不已。八月二十四日，朱由檢在皇極殿舉行登基大典，才正式成為皇帝，年號崇禎。我們不知道在那幾天中，大權在握的大太監魏忠賢是怎麼想的。他權傾朝野，僅在後宮中就安排了數以千計的太監，並且對朱由檢沒有好感。歷史往往就是這麼奇怪，魏忠賢坐視朱由檢的登基，並最後死在了朱由檢手中。

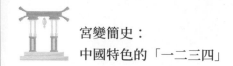
宮門政變的「一二三四」

回顧了深宮中的魅力所在、射向皇權的明槍暗箭、宮闈政變角度的中國通史和那些算不上政變的事件之後，我們需要從中提煉出中國式宮廷政變的特點來。有人說中國歷史爆發過數以百計的宮廷政變和未遂政變，我把這些政變的中國特點歸納為「一二三四」，不知道能不能自圓其說，得到大家的贊同。

「一」指的是所有的宮廷政變都圍繞著一個中心點：皇權。為名也好，為利益也好，無奈的自衛也好，貪婪的進攻也好，都是衝著皇權去的。皇帝身上散發出的權力光彩是政變者依靠的力量，爭奪的焦點和勝負的主因。

歷史上的多數宮廷政變發生在皇位更替時期。舊的皇帝死了，有的是自然死亡，有的是被謀殺的；新皇帝需要擁立，這是關係所有政治派系切身利益的大事。誰都希望自己中意的人選能夠當選。候選人們也需要尋找不同力量的支持。這段時期是宮中的政變多發期。即使隋文帝、唐高祖這樣的開國君主在還在位的時候，子孫就圍繞著他們的寶座施展了陰謀詭計。而那些不是圍繞著皇位發生的政變，也逃離不了皇權光芒的照耀。不論是誅殺宦官的事件，還是朝臣中的爭權奪勢，都是在皇權消長的背景下展開的，都與皇權有著密切的關係。最典型的例子是「甘露之變」，遭到突襲的太監們死命劫持了一個虛位皇帝，硬是扭轉了形

勢。皇權是一切宮廷鬥爭的中心點。

「二」指的是宮闈政變的發生與否取決於皇權的鞏固或是虛弱兩個選擇項。

宮闈政變一般發生於皇權虛弱的時候。即使是「沙丘政變」、「巫蠱之禍」這樣貌似發生在皇權高漲時期的政變的發生時刻也正是皇權偶然虛弱的時刻。前者發生在高高在上的秦始皇突然駕崩之時，後者發生在漢武帝晚年疑神疑鬼、國家內憂外患之時。

當皇帝的關鍵是要控制全域性，讓天下事務，尤其是政治執行在自己的計畫之中。這是維護王朝統治的需要。當皇權鞏固的時候，用什麼人、調動什麼軍隊、要不要採用非常手段，都只有皇帝才能決定，其他任何力量都無權染指；當皇權虛弱的時候，他人為名為利，就極可能採取非常手段而導致政變。實際上皇帝也不希望政變的發生，所以採取了多重方式來防範其他派系坐大。漢武帝喜歡小兒子劉弗陵，選擇他為繼承人，卻要事先賜死小兒子的生母鉤弋夫人，因為他要防止年幼的劉弗陵繼位後，鉤弋夫人臨朝掌握政權，為外戚勢力的增長開啟方便之門。皇帝幼小是外戚政治的唯一基礎，所以老皇帝最擔心的就是兒子弱，實權落入妻子和小舅子們手中。北魏王朝的宮廷乾脆就規定，凡是生育了兒子的嬪妃都要被處死，以絕日後太后干政的隱患。

「三」指的是宮闈政變爆發的三種形式：軍事政變、暗殺、陰謀詭計。

軍事政變是最常見的宮廷政變形式。周勃誅呂、巫蠱之禍、玄武門之變、甘露之變和多數宮廷政變都屬於這類形式。軍事政變最激烈，也最直接，沒有暗殺和陰謀詭計那樣的曲曲折折，似乎沒什麼看點。但是這種暴烈殘酷的形式為什麼被採用呢？背後的選擇是最吸引人的。鬧朝

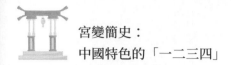
擊犬、專諸刺王僚等屬於暗殺形式的政變。如果說軍事政變屬於大手術，那麼暗殺就好似定點的小手術。暗殺的「CP 值」最高，但對操作者的實力和技巧要求也最高。暗殺一個人簡單，如何控制之後的政局是對政變者最大的考驗。沙丘政變、高平陵政變、神龍政變、紹熙內禪、南宮復辟、辛酉政變等則是典型的陰謀詭計。陰謀詭計表面看來符合正常流程，是在現行政治體制中的正常變動，比如禪讓，比如復辟，比如逼宮。但是它們不是將流程提前或加快了，就是爆出了巨大的冷門，是與人們的心理不符合的。之所以說它們是陰謀詭計就是因為它們經不起陽光的強烈照耀和幕後的仔細梳理。

通常情況下，這三種政變形式很難嚴格區分開。軍事政變、暗殺和陰謀詭計相結合，更容易取得政變的勝利。政變畢竟不是請客吃飯，是你死我活的決鬥。人一旦下定了政變的決心，就不會去計較採取什麼樣的形式問題，怎麼能取得勝利就怎麼去做。政變是要流血的，是要有白刀子進紅刀子出的膽量的。

「四」指的是在宮闈之中與皇權相糾纏、導致政變的四大誘因：權臣專權、後宮干政、宦官攬政和父子相殘。中國歷史上的宮廷政變的原因都可以歸結為這四項中的其中一項。

這四項誘因都貫穿了王朝歷史的始終，除了權臣專權以外，都是宮廷中的衝突。君臣關係可能是古代歷史上最難處的人際關係了。弄不好就刀光劍影，讓人唏噓不已。君主離不開臣子的輔助，而成為賢臣，輔佐君主成就大業就是多數臣子的人生目標。但歷史上沒有君主希望永遠被置於受輔助的狀態。中國古代君主從小就被灌輸了天之驕子，普天之下莫非王土，乾綱獨斷等思想。時間越往後推移，君主對天下視如己出的觀念，對權力的渴望就越強。於是，君主和賢臣的權力衝突就出現

了。對君主來說，他和權臣、賢臣的鬥爭是理所應當的；而臣子們有自己的獨立思想、抱負和名利需求。有人將君臣衝突歸結為主要是皇權和相權的衝突，認為它是影響王朝朝政的最主要權力因素。

發生在宮廷之內的後宮干政、宦官攬政和父子相殘多少令人傷感。皇帝與後宮嬪妃們是夫妻，與皇子們是天下至親；宦官們是從小服侍、照顧皇帝長大的家人，雙方有著濃厚的感情；再加上與嬪妃們相關聯的外戚們，大家都是一家人。這些人兵戎相見，喋血深宮，常常讓人扼腕嘆息。追究原因，固然是個人性格和家庭衝突的影響，更多的還是權力搞的鬼。權力誘惑人產生欲望，欲望讓人扭曲。如果讓權力缺位，皇宮將少許多恩怨仇殺，多許多溫暖和親情。巫蠱之禍真情大白後，風燭殘年的漢武帝在湖縣為死去的兒孫修建了「思子宮」，又造了一座高臺，喚作「歸來望思之臺」，親臨哭泣。這真是應了一句老話：早知今日，何必當初！

對複雜事物下定義是天底下最困難的事情。如果一定要用一句話概括中國史上的宮廷政變，那我認為中國宮廷政變指的就是宮廷之中圍繞皇權展開的，在皇權虛弱時期，君臣衝突、家庭衝突和後宮衝突等透過軍事政變、暗殺或陰謀詭計等形式爆發出來的非常事件。

後記：一切是皇權惹的禍

感謝讀者閱讀本書。

這是一本講述中國古代宮廷政變的歷史通俗讀物。中國古代的宮廷政變數以百計。從大禹的兒子啟違背父親傳位賢人的遺囑，廢除禪讓制度而世襲為夏王，到已經邁入近代門檻的西元一八六一年，中國依然發生了將慈禧推上最高權力平臺的辛酉政變，中國歷史上的宮廷政變就沒有停止過。每一個古代王朝都發生過至少一次的宮廷政變。我們熟悉的許多歷史人物，都有非正當的權力運作經歷。在本書中，我簡要列舉了宮廷政變在中國的歷史，如果要求全列舉，那幾乎是不可能完成的任務。許多割據政權的宮廷政變和隨起隨滅的未遂政變，就沒有列舉其中。

皇宮之內，為什麼有那麼多的陰謀詭計，爆發了那麼多的流血政變？宮變頻繁發生，根源在於乾綱獨斷的皇權。政治權力在中國古代扮演著重要角色，遠遠超出正常的範疇，進而侵蝕到社會生活的其他領域。它控制著社會資源，決定著個人的榮辱，引發了衝突。權力導致爭鬥，絕對權力導致殘酷的爭鬥。而宮廷作為絕對的、最高的、不可侵犯的皇權的棲息地，自然擺脫不了接連不斷的政變陰影。這是中國古代歷史的一個突出現象。

我們可以將這個結論放到本書中的各個具體案例中分析，屢試不爽。以「巫蠱之禍」為例。漢武帝晚年用法嚴苛，委任了很多酷吏，江充只是其中的一個，其他著名的還有趙禹、張湯、王溫舒、杜周等人。結果就是江充這樣的人抓住了老年人多疑的特點，抓住了老年君主對權

313

力敏感的特點，策劃了父子相殘的悲劇。有人認為導致巫蠱之禍這一西漢宮廷悲劇的根本原因在於皇帝與外戚的權力鬥爭。漢武帝早期透過抑制竇、田等外戚勢力來鞏固自己的權力。其中漢武帝扶持了新外戚衛家的勢力。到他晚年，衛家獨大，權力鬥爭的矛頭自然對準了以劉據、衛子夫、公孫賀、衛伉等人為代表的衛家勢力。還有人認為巫蠱之禍完全是江充主導策劃執行的。江充出身卑微，卻權力欲強，又繼承了強烈的本階層反富貴心理。他對長安權貴和劉據的挑戰顯示了他強烈的復仇欲望，代表了當時市民階層對貴戚的仇恨心理。但種種解釋都離不開皇權，離不開漢武帝劉徹的准許或預設。

康熙皇帝在御批《通鑒》的眉批中就說了幾句公道話：「充雖大奸，豈能謀間骨肉。特覷易儲之萌，足以乘機竊發耳，物先腐而後蟲生。」江充的一生絕不是「大奸」二字所能概括得了的，他暴露出了皇權專制體制下的諸多問題。重用小人、佞臣是皇帝晚年常見的現象。這些人出身卑微，人格不健全，為了榮華富貴不斷突破做人的底線，在滿足老皇帝需要的同時也在利用皇權自私作亂。試想，如果沒有皇權，或者皇權受到制約、皇帝不再大權獨攬，依附皇權上的小人們還能掀起那麼大的腥風血雨嗎？宮廷之中還有那麼多的陰謀詭計，還會讓其中的人們「步步驚心」嗎？

本書就是一本聚焦宮廷陰謀與政變的通俗歷史讀物。全書大致可以分為前後兩篇，前篇是對具體案例的描寫和論述，後篇由最後兩章（〈宮門之內〉和〈宮變簡史〉）組成，講述了宮門之內皇權的絕對性和專制特徵，梳理了中國的宮廷政變歷史。全書認為，中國宮廷政變就是圍繞皇權展開的，君臣衝突、家庭衝突和後宮衝突等透過軍事政變、暗殺或陰謀詭計等形式爆發出來的非常事件。

既然是歷史圖書，就有必要向讀者說明史料來源。作者告知史料，也可以便利感興趣的讀者檢視「原典」做延伸閱讀。本書主要以《二十四史》的原始記載為依據。在不觸動基本史實的前提下，本書故事擴展了枝節。不同的人對相同的史實有不同的解釋，這就是每個人的特點，也是不同作者作品的風格所在。

　　歷史解讀是一個層層堆積的過程。前人的辛勤勞動為後來人奠定了基礎。我要感謝所有前輩和相關同行，謝謝你們的辛勤付出。

　　本書選取的宮廷政變都是膾炙人口的著名事件。事件發生後，不同時代的人有不同的加工流傳和解讀，增加了不同的內容。身為後來人，我潛移默化地受到了這些「二手材料」的影響。比如羅貫中的《三國演義》和馮夢龍的《東周列國志》等著作和評書對我的影響或多或少會在相關章節中有所展現。我並非歷史科班出身，在史料的遴選和觀點的歸納闡述上肯定存在這樣那樣的問題，歡迎各位讀者批評指正。謝謝大家！

張程

從「宮變」談中國宮廷史：

巫蠱之禍 × 紹熙內禪 × 南宮復辟 × 辛酉政變……只要皇權還在，就永遠有權力爭奪的腥風血雨！

作　　者：張程

發 行 人：黃振庭

出 版 者：崧燁文化事業有限公司

發 行 者：崧燁文化事業有限公司

E-mail：sonbookservice@gmail.com

粉 絲 頁：https://www.facebook.com/sonbookss/

網　　址：https://sonbook.net/

地　　址：台北市中正區重慶南路一段六十一號八樓 815
室

Rm. 815, 8F., No.61, Sec. 1, Chongqing S. Rd., Zhongzheng
Dist., Taipei City 100, Taiwan

電　　話：(02)2370-3310

傳　　真：(02)2388-1990

印　　刷：京峯數位服務有限公司

律師顧問：廣華律師事務所 張珮琦律師

定　　價：420 元

發行日期：2024 年 05 月第一版

◎本書以 POD 印製

Design Assets from Freepik.com

國家圖書館出版品預行編目資料

從「宮變」談中國宮廷史：巫蠱之
禍 × 紹熙內禪 × 南宮復辟 × 辛
酉政變……只要皇權還在，就永
遠有權力爭奪的腥風血雨！ / 張程
著 . -- 第一版 . -- 臺北市：崧燁文
化事業有限公司 , 2024.05
面；　公分
POD 版
ISBN 978-626-394-244-8(平裝)
1.CST: 中國史 2.CST: 政變
610　　　113005203

電子書購買

臉書

爽讀 APP